RSI指标入门与实战精解

每位股民都学得会的RSI指标分析入门书

构建一套基于RSI指标的交易系统，确认股价波动的相对高点与低点

刘振清◎著

U0952996

中国宇航出版社
·北京·

版权所有　侵权必究

图书在版编目（ＣＩＰ）数据

RSI指标入门与实战精解 / 刘振清著. -- 北京 : 中国宇航出版社, 2018.1 (2025.3重印)
ISBN 978-7-5159-1426-8

Ⅰ. ①R… Ⅱ. ①刘… Ⅲ. ①股票投资－基本知识 Ⅳ. ①F830.91

中国版本图书馆CIP数据核字(2017)第316097号

责任编辑 卢　珊
责任校对 鲁　迁　　**装帧设计** 宇星文化

出版发行 **中国宇航出版社**
社　址 北京市阜成路8号　　**邮　编** 100830
(010)68768548
网　址 www.caphbook.com
经　销 新华书店
发行部 (010)68767386　(010)68371900
(010)68767382　(010)88100613(传真)
零售店 读者服务部
(010)68371105
承　印 三河市君旺印务有限公司
版　次 2018年1月第1版　　2025年3月第7次印刷
规　格 787×960　　**开　本** 1/16
印　张 13.5　　**字　数** 200千字
书　号 ISBN 978-7-5159-1426-8
定　价 35.00元

本书如有印装质量问题，可与发行部联系调换

用 RSI 指标找寻“相对高点与低点”

（代序）

股市有起有落，总会出现一个又一个的高点与低点。在最低点买入，最高点卖出，是所有股票投资者的梦想。正因如此，很多投资者都在寻找最佳的分析工具，设计最优的交易策略。

在一个正常的市场中，多空买卖双方的力量必须得到均衡，股价才能稳定。当买方力量持续增强后，必然会面临衰竭。同样，当卖方力量持续增强一段时间后，也会走向相反的方向。也就是说，当 RSI 指标上升至某一高点后必然会下降，下降至某一低点后又会上升。基于这样一种原理，RSI 的设计理念就是追求一种“相对的完美”，目标是帮助投资者找到相对的低点和高点，从而实现相对完美的交易。

利用 RSI 指标寻找股票的相对高点和低点，并不是一件容易的事。不过，若能以 RSI 指标为核心构建一套完整的交易系统，并结合其他技术分析工具，那么，这件不太容易的事也许就真的可以实现了。概括来说，投资者要想实现“相对完美”的交易，至少要做到以下三点。

第一，正确地理解 RSI 指标发出的交易信号。RSI 指标会像其他技术指标一样，发出各类买入或卖出交易信号。在 RSI 指标发出的所有信号中，背离信号是非常有代表性的一种。当 RSI 指标发出底背离信号时，往往就是股价即将启动反弹的先兆。

当然，RSI 发出的信号在很多时候都非绝对性的买入或卖出信号，而是相对的股价高低信号。为了提高 RSI 指标的有效性，在介绍 RSI 指标实战用法时，本书着重讲解了 RSI 指标与股价 K 线、其他技术指标的组合用法。

第二，建立一套符合个人特点的基于 RSI 指标的交易系统。每个投资者都有自己的性格、爱好，这些个性化特征必然反映在交易实战中。个性化特征本身并无好坏优劣之分，关键是投资者要善加引导和利用，尽可能扬长避短，这样才能在交易过程中游刃有余。本书最后介绍了基于 RSI 指标设计的交易系统，投资者可以根据个人特点加以改进和完善，使之成为自己征战股市的“独门武器”。

第三，结合大盘走势，灵活应用。应用 RSI 指标时，投资者不能机械地见到背离、交叉或超买超卖信号就入场交易，而要结合大盘走势，联系个股实际，综合判断股价的走势。当大盘走弱时，走强的个股永远只是少数。做交易绝不是找这种逆势上扬的个例，而是寻找已经显露出上升势头的股票。这就如同《孙子兵法》所言：古之所谓善战者，胜于易胜者也。

当然，作为一名投资者，能够熟练地应用 RSI 指标并做好以上三点还远远不够。在股市中交易，还需要练就更加严格的纪律执行力，更成熟的心态和更敏锐的洞察力，这些东西是任何一本书都无法直接传授给大家的，只能通过不断地交易积累和沉淀。

投资路上注定充满荆棘与坎坷，本书愿与你一路同行。

目　录 CONTENTS

第八章 以 RSI 指标为核心构建交易系统

第一章

RSI 指标精髓
——RSI 指标为何如此神奇

相对强弱指标，英文简称为“RSI”，是由美国技术分析大师威尔斯·威尔德（Wells Wilder）创立的。该指标通过比较一段时期内处于上升趋势中的平均收盘价和处于下跌趋势中的平均收盘价来分析市场买卖意向和实力，从而对未来市场走势作出预测。

第一节　RSI 指标的核心效用

RSI 指标的基本原理是，在一个正常的股市中，多空买卖双方的力量必须得到均衡，股价才能稳定。如图 1-1 所示。

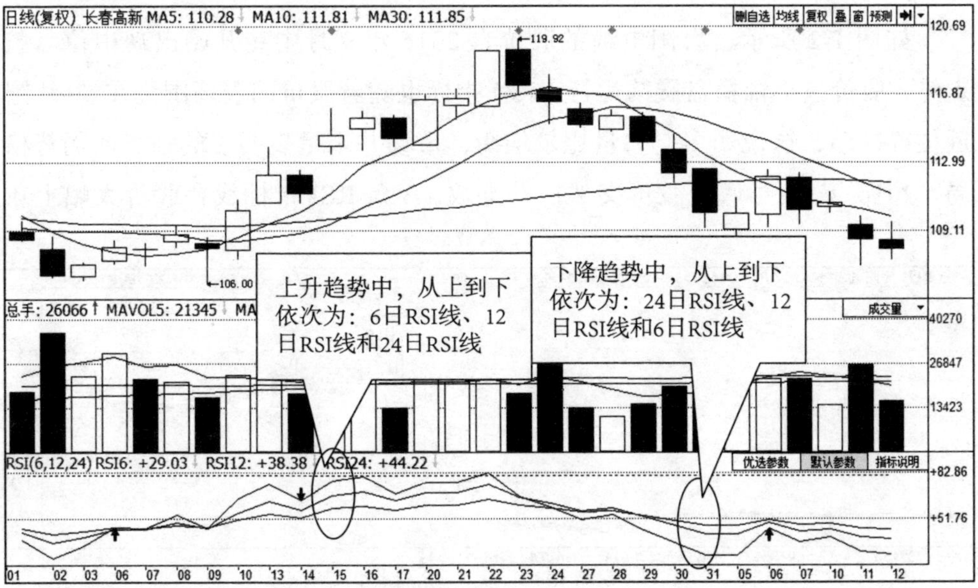

图 1-1　RSI 指标图示

如图 1-1 所示，短期、中期和长期的 RSI 指标主要由 6 日 RSI 线、12 日 RSI 线、24 日 RSI 线等 3 部分构成。

RSI 指标与 MACD 指标、KDJ 指标、布林线指标一样，属于股市技术分析中常用的经典指标。

RSI 指标的核心效用包括短线强弱走势判断、短线运行趋势识别和买卖点预判等 3 个方面。

一、短线强弱走势判断

短线强弱走势判断是 RSI 指标最核心的效用。RSI 指标是基于一定周期内上涨收盘价与下跌收盘价之间的关系建立的，其运行方向与区间可以直观地反映出当前股价运行属于强势形态还是弱势形态。

1. 运行区间反映强势与弱势

强者恒强。追随强者的足迹，是短线交易的一项重要原则，50 线则是 RSI 指标的重要临界线。当 RSI 指标高于 50 线时，说明股价运行于强势区间；反之，则说明股价运行于弱势区间。

如图 1-2 所示，太阳电缆的股价自 2016 年 9 月中旬开始出现中位盘整走势，股价呈小幅横盘震荡运行，RSI 指标也随着股价的震荡围绕在 50 线附近位置摆动，这说明多空力量比较均衡，市场并未呈现明显的强势或弱势格局。2016 年 12 月底，股价突然启动上攻，3 条 RSI 指标线在股价大幅上攻

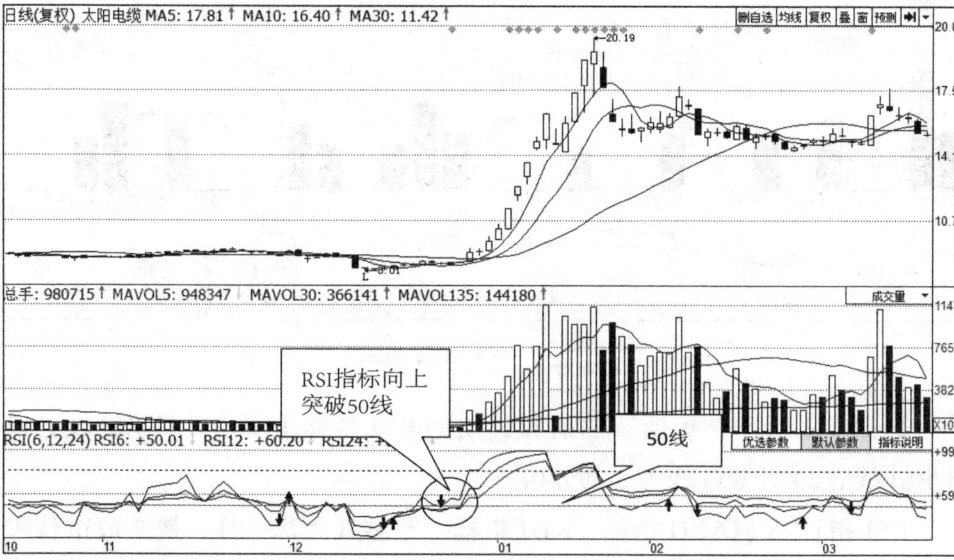

图 1-2　太阳电缆（002300）RSI 指标走势图

前全部向上突破了 50 线，这说明股价已经呈现明显的强势特征，投资者可在此时追涨买入该股。

2. 超买超卖区警惕强弱转化

强可变弱，弱亦可转强，股市局面不是一成不变的。RSI 指标数值持续增大时，说明股价呈强势运行态势。不过，若 RSI 指标运行至 80 线以上区域，则意味着股价有可能超买，未来股价有从强势转为弱势的可能；反之，若 RSI 指标运行至 20 线以下区域，股价有可能从弱转强。

如图 1-3 所示，盘江股份的股价自 2016 年 11 月 3 日自回调低点启动上涨，RSI 指标也随着股价的震荡上升逐步走高。在股价震荡上涨过程中，RSI 指标从 2016 年 11 月 4 日进入超买区间。与此同时，盘江股份的股价也触及了该波动上涨的最高点出现回落。此后，RSI 指标自超买区域回落，这说明股价很可能由强转弱，投资者宜卖出手中的股票。

二、短线运行趋势识别

若 RSI 指标的 3 条指标线全部向右上方倾斜，说明股价短线呈强势，

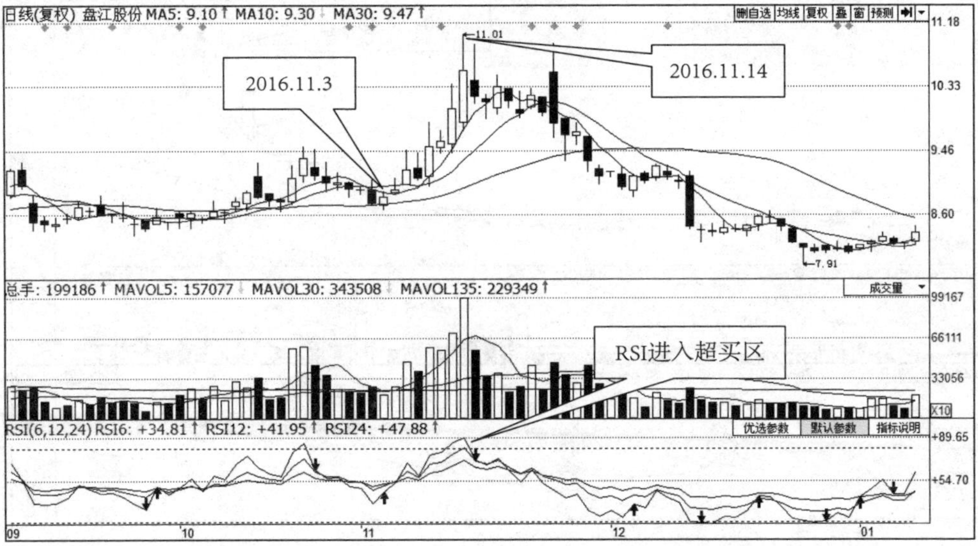

图 1-3 盘江股份（600395）RSI 指标走势图

RSI 指标线回调低点的连线就是上升趋势线；反之，若 RSI 指标向右下方倾斜，则说明股价短线呈弱势，RSI 指标线反弹高点的连线就是下降趋势线。当 RSI 指标线自上而下跌破上升趋势线，说明股价短线有下跌的风险；RSI 指标线自下而上突破下降趋势线，则说明股价短线有走强的可能。

如图 1-4 所示，嘉澳环保的股价 2017 年 3 月初自回调低点启动上涨，RSI 指标也随着股价的震荡上涨而逐步走高。在股价震荡上涨过程中，RSI 指标随着股价的起伏出现了若干次震荡，但回调的低点一个比一个高，说明此时股价处于短线上升趋势中，短线投资者只需持股待涨即可。2017 年 4 月 13 日，嘉澳环保的 RSI 指标线有效跌破上升趋势线，且 RSI 指标同步形成死叉，这说明股价短线有走弱的可能，投资者宜卖出部分或全部股票以回避下跌的风险。

三、买卖点判断

与其他技术指标相似，寻找股票的最佳买卖点，也是 RSI 指标最主要

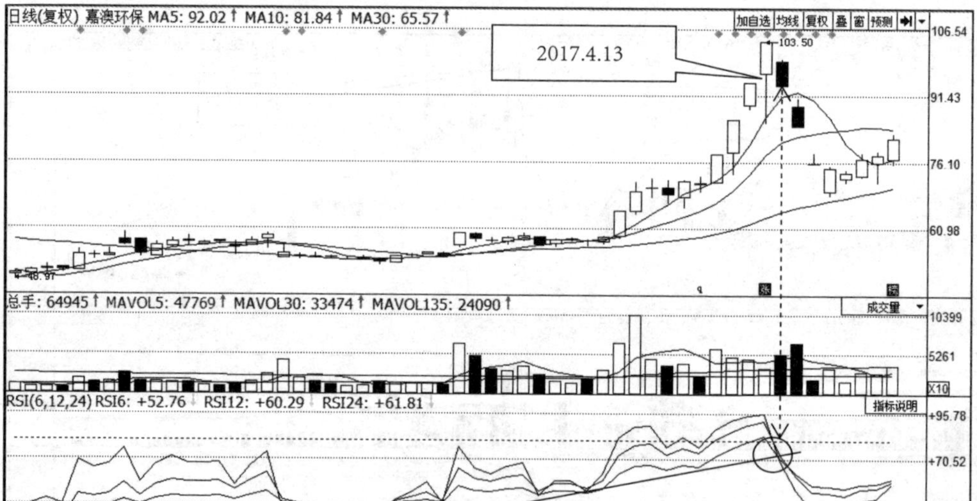

图 1-4　嘉澳环保（603822）RSI 指标的趋势运动

的作用之一。由于RSI指标在判断股价短期走势强弱方面具有很大的优势，因此常常被用作寻找短线尤其是超短线买卖点的最佳帮手。当然，当股价处于横向盘整时，RSI 指标可能会出现纠缠在一起的情况，导致发出无效的信号。

如图 1-5 所示，2017 年 1 月 14 日，蒙发利的股价经过一段时间的震荡调整后，开始启动了一波上涨。此时，RSI 指标的 6 日 RSI 线和 12 日 RSI 线同步上穿 24 日 RSI 线，形成了黄金交叉，这属于比较典型的买入信号，投资者见此信号可追涨买入。此后，该股开始了一波快速拉升行情。

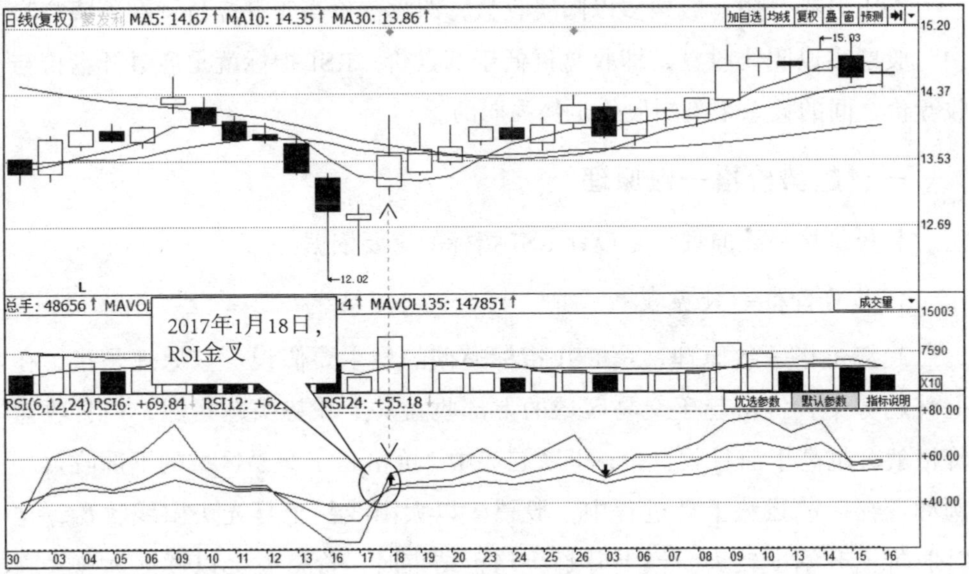

图 1-5　蒙发利（现名奥佳华，002614）RSI 指标走势图

通常情况下，出现下列情形意味着较佳的买点。

第一，短期 RSI 线向上穿越中长期 RSI 线，形成有质量的黄金交叉，意味着出现较佳的买点。并不是所有的交叉都意味着可以买入股票，只有质量较高的黄金交叉才是最佳买点。

第二，股价进入底部区域时，RSI 指标进入超卖区域后拐头向上，并突破 20 线，说明该股可能出现了一个较佳的买点。

第三，随着股价出现经典底部形态，如 W 底、三重底，RSI 指标也同步出现底部形态。当股价与 RSI 指标自底部区域反弹向上时，说明股价有可能出现上涨行情。

第二节　RSI 指标发挥作用的根源

在上升趋势中，股票多以阳线收盘，即收盘价高于开盘价；在下降趋势中，股票多以阴线收盘，即收盘价低于开盘价。RSI 指标就是通过开盘价与收盘价之间的关系来判断股价走势强弱的。

一、趋势价格一致原理

趋势价格一致原理，是设计 RSI 指标的重要依据。

1. 趋势价格一致原理

趋势价格一致原理，是 RSI 指标遵循的最主要假设。该原理是指，在上涨趋势中，价格趋于交易区域的上部收盘，上涨势头越猛烈，当日收盘价格就会越高于前日收盘价；下跌趋势中，价格趋于交易区域的下部收盘。例如，在一波强势上升过程中，股票多以大阳线甚至是光头阳线收盘，这时股价上升幅度较大。当上升趋势趋于结束时，价格就会以逐渐远离最高点的位置收盘，股价上升幅度逐渐变小，直至走向下跌，反之亦然，如图 1-6 所示。

2.RSI 指标背后的趋势价格一致原理

RSI 指标的目标，就是在一个相对强势的趋势中找到由强转弱的信号，或者在一个相对弱势的趋势中获得由弱转强的信号。当各条 RSI 指标线向右上方倾斜时，说明股价走势呈强势。当 RSI 指标线出现放平态势，说明股价上攻力度较弱。RSI 指标出现拐头迹象时，说明股价有从强势转为弱势的可能。

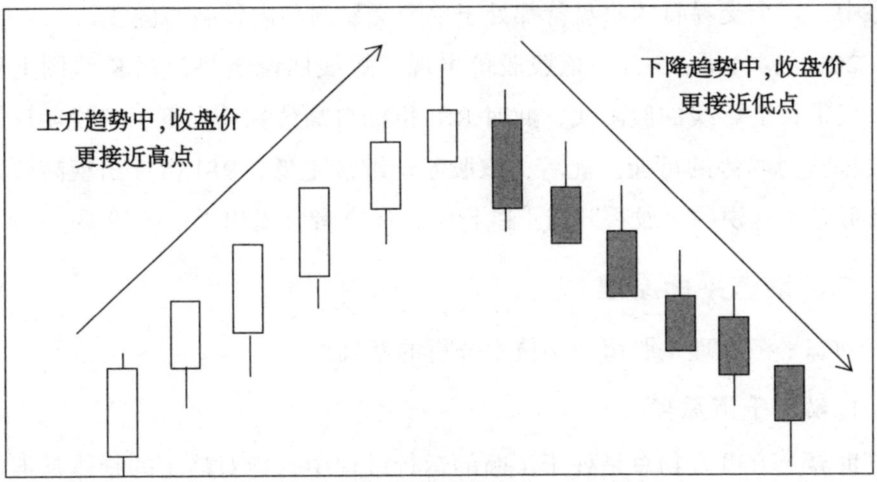

图 1-6　理想化的趋势与价格一致形态

随后，如果 RSI 指标出现高位死亡交叉，则可进一步印证股价由强转弱的事实。

如图 1-7 所示，大晟文化的股价在 2016 年 10 月中旬经历了一波调整后，重新启动上涨行情。在股价上涨时，RSI 指标也随之不断走高。在这波上升

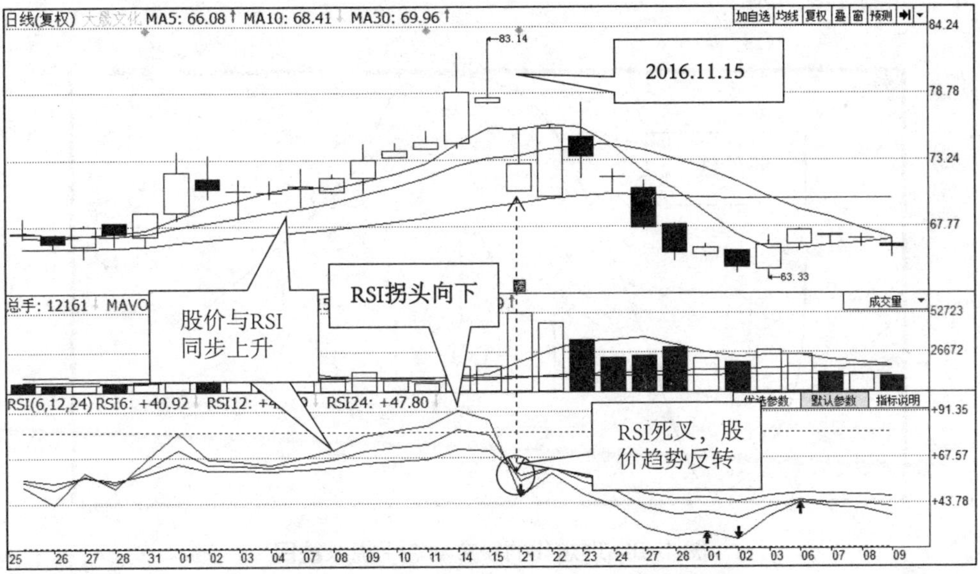

图 1-7　大晟文化（600892）RSI 指标走势图

趋势中，每个交易日的收盘价都处于单个交易周期内较高的位置。

2016 年 11 月 15 日，该股股价出现了短线回调走势，在 K 线图上留下了 1 根带长上影线的假阳线，此时 RSI 指标自高位拐头向下，这说明该股有从强势转为弱势的可能。此后，该股股价继续走低，RSI 指标出现高位死亡交叉形态，这说明该股将开启下跌行情，投资者宜卖出手中的股票。

二、动态平衡原理

动态平衡原理是股市一切技术分析的基础。

1. 动态平衡原理

世界上万事万物总是处于不断的运行过程中，绝对静止的物体是不存在的。所有运动的物体都处在相对的平衡和不平衡之中，平衡被打破就是不平衡，不平衡又会酝酿新的平衡。

股市也是如此。股价的运行往往围绕某一中心线波动，当股价上升过快时，就会向中心线回调靠拢；当股价下跌过快时，就会向上反弹靠拢，且中心线也会根据股价的波动发生变化。整个股市就是处于这种动态平衡关系之中，如图 1-8 所示。

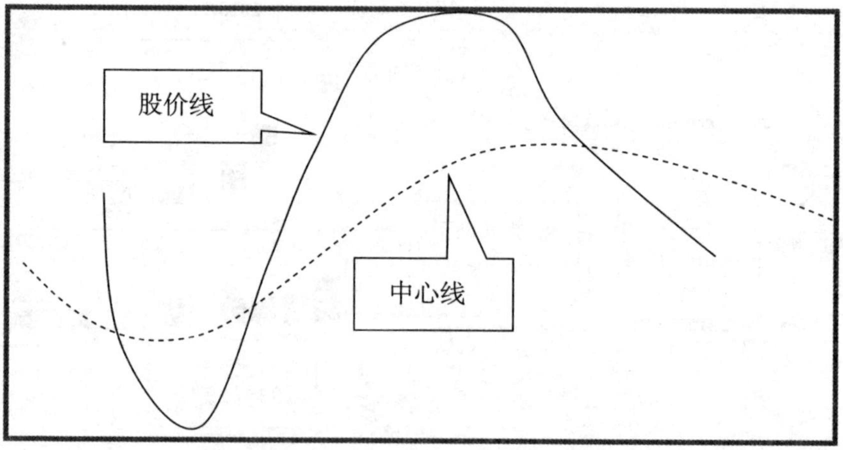

图 1-8　理想化的股市动态平衡系统图

2.RSI 指标背后的动态平衡原理

RSI 指标的设计过程很好地体现了这种动态平衡思想。在 RSI 指标中，50 线就是一条股价波动的中心线，通过将周期内最高点、最低点相对化处理，即周期内最高点固定为 100 线、最低点固定为 0 线，使得 RSI 指标的中心线无需波动即可发挥中轴作用。当 RSI 线远离 50 线运行时，就会受到 50 线的吸引而向 50 线靠拢，尤其是 RSI 指标进入极度远离 50 线的空间时（即超买区间或超卖区间），更是如此。

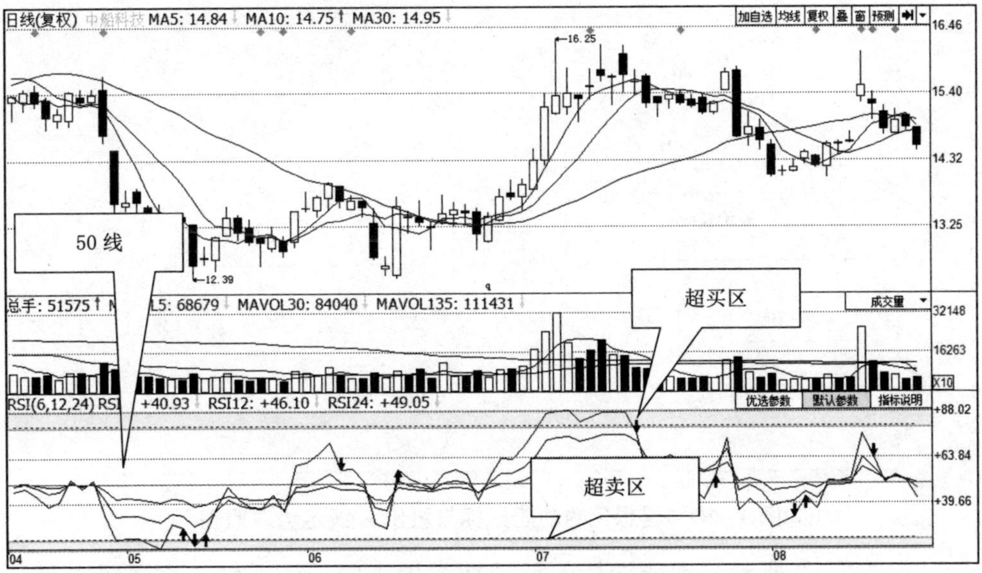

图 1–9　中船科技（600072）RSI 指标走势图

如图 1-9 所示，中船科技的股价在 2016 年 5 月上旬创下阶段低点后出现震荡反弹，RSI 指标也随之出现了剧烈波动。通过图 1-9 可以看出，RSI 指标的 3 条指标线都是围绕 50 线上下波动的。当指标线远离 50 线时，就会向相反的方向拐头，尤其是指标线进入超买或超卖区域后（图中阴影区域），很快就会转向。另外，RSI 指标向右上方运行时，股价会同步上升；指标线向右下方运行时，股价会同步下跌。由此可见，RSI 指标这种波动规律与股价动态平衡原理契合。

三、动能反转原理

动能，是指物体因运动而具有的能量。从某种意义上来说，大部分技术指标都属于动能指标的范畴，如 MACD、RSI、KDJ 等。

1. 动能反转原理

动能反转原理，是指在上涨或下跌过程中，股价都是以动能作为支撑的。股价持续上涨时，动能必然持续增大。当动能达到极限，无法继续增大或出现衰减时，股价上涨很难持续，未来有下跌的可能，反之亦然。

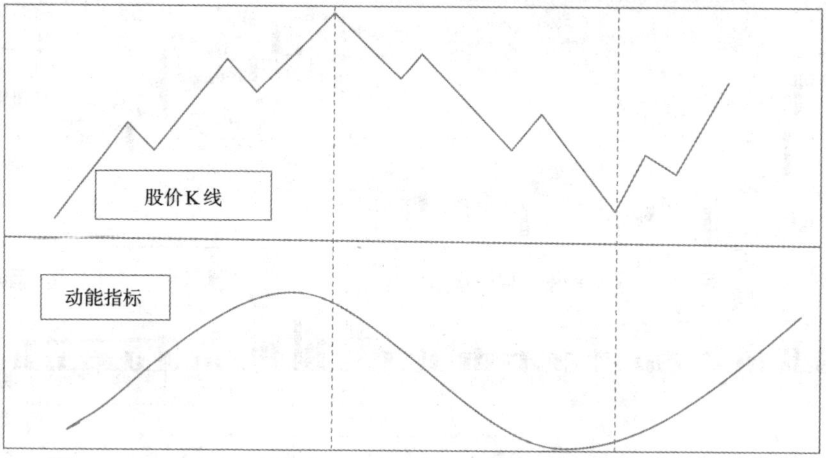

图 1–10　理想化的动能指标与股价 K 线走势对照图

如图 1-10 所示，动能指标的反转往往先于股价的反转，这说明在股价到达顶点之前，动能已经开始减弱，无法支撑股价的持续上涨了。不过，这里投资者需要记住一点：买卖信号只能通过价格形态的反转来确认，无法通过动能指标的反转来确认。就像图 1-10 所示的一样，动能指标反转后，股价还在继续上涨。尽管所有人都知道这种上涨注定持续的时间不会太久，但却没有人能准确地判断出上涨趋势在哪一刻结束。正因为如此，价格形态未发生反转时，投资者最好耐心持股，收获尽可能多的利润。

2.RSI 指标背后的动能反转原理

RSI 指标的超买超卖功能，本质上就是为更准确地捕捉动能反转和股价反转信号设计的。股价持续上涨，动能指标也会随之上升。当股价进入高位，动能指标就会进入超买区域。根据 RSI 指标的用法可知，超买区域属于非常规区间，也就是说，动能指标注定要从超买区域返回常规区间，返回时必然是股价回落的时候。

为了更早地捕捉回落的信号，除了需要关注 RSI 指标何时自超买区域返回外，还需关注 RSI 指标高位拐头以及 RSI 指标高位死叉的形态，这样才能保证获得的信号更加准确、及时。

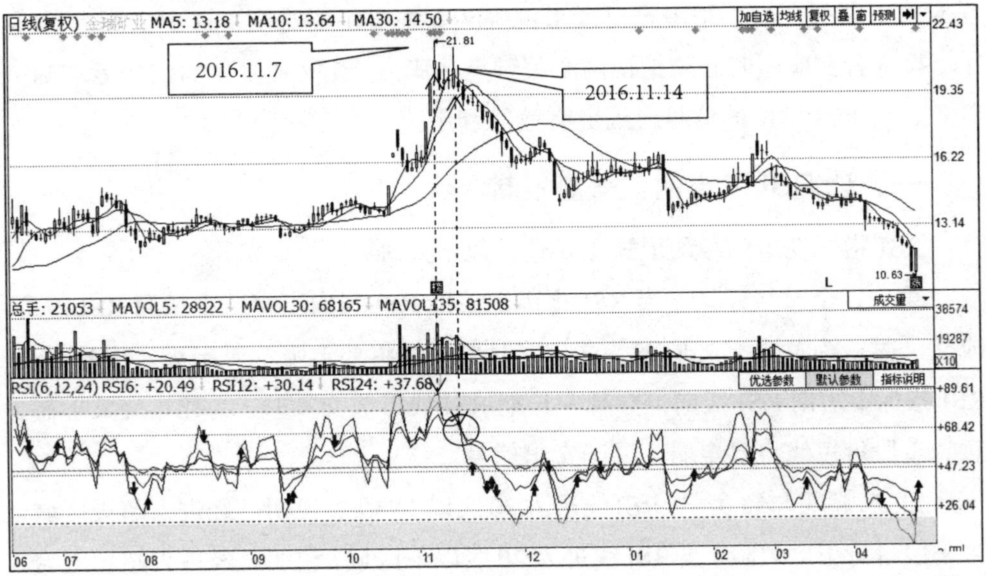

图 1-11　金瑞矿业（600714）RSI 指标走势图

如图 1-11 所示，金瑞矿业的股价在 2016 年 11 月初创下阶段高点后出现快速下跌，RSI 指标也随之出现了剧烈摆动。通过图 1-11 可以看出，2016 年 11 月 7 日，该股股价到达阶段高点时，RSI 指标的 3 条指标线全部进入超买区域，这说明推动股价上涨的动能已经达到极限，未来无法继续增强，动能反转的可能性较高，股价随时可能出现下跌。

11 月 14 日，该股股价跌幅超过 4%，6 日 RSI 线和 12 日 RSI 线向下穿越 24 日 RSI 线，形成高位死叉，且 RSI 指标的 3 条曲线全部离开超买区域回归强势区域，这说明价格反转出现，股价短期内有下行风险，短线投资者可考虑卖出股票。

第三节　如何使用 RSI 指标在股市中获利

RSI 指标的有效性已经被市场广泛认可，而高质量地应用 RSI 指标并且在股市中获利，对于很多投资者来说确实存在一定的难度。这个指标太敏感了，投资者在应用时必须把握两个关键点：其一，让 RSI 发出的信号更准确；其二，让 RSI 发出的信号得到更有效的利用。

一、让 RSI 发出的信号更准确

RSI 指标发出信号的形式主要包括以下几种。

第一，金叉与死叉。当 RSI 指标中短期 RSI 线向上穿越中长期 RSI 线形成交叉时，为黄金交叉形态，意味着股价短线将要走强，属于买入信号；当 RSI 指标中短期 RSI 线向下穿越中长期 RSI 线形成交叉时，为死亡交叉形态，意味着股价短线将要走弱，属于卖出信号。

第二，超买与超卖。当 RSI 线进入 80 线以上区域，说明已经进入超买区域，未来股价有下跌风险；当 RSI 线进入 20 线以下区域，说明已经进入超卖区域，未来股价有反弹的可能。

第三，背离。当股价走势与 RSI 指标线走势相反时，说明股价有趋势反转的可能。例如，当股价走出一浪比一浪高的趋势，而 RSI 指标的 3 条指标线却出现一浪比一浪低的趋势，则说明此时 RSI 指标与股价形成了顶背离形态，预示股价上涨难以持续。

第四，形态，即当 RSI 指标线形成某些经典的底部形态或顶部形态时，说明股价短期有触底反弹或触顶回落的可能。

一般来说，当一个技术指标发出买入或卖出信号时，投资者只需采取相应的行动即可，但 RSI 指标由于波动比较频繁，尤其是当股价出现横向盘整

阶段时，其所发出的信号多是无效的，投资者想要利用 RSI 指标在股市中获利，首先必须让 RSI 指标所发出的交易信号更加准确。

通常情况下，下列方法可以在一定程度上增强 RSI 指标的准确性。

1. 位置决定价值

50 线是 1 条重要的强弱分界线，其在研判 RSI 指标所发出的各类交易信号时，占有重要的位置。

（1）短期 RSI 指标与中长期 RSI 指标在 50 线下方区域形成的黄金交叉，所发出的买入信号相对较强，若此后 RSI 线迅速走高并向上突破 50 线区域，则可认定股价已经由弱势转为强势。

（2）短期 RSI 指标与中长期 RSI 指标在 50 线上方区域形成的死亡交叉，所发出的卖出信号相对较强，若此后 RSI 线迅速走低并向下突破 50 线区域，则可认定股价已经由强势转为弱势。

如图 1-12 所示，茂业商业的股价在 2016 年 9 月初从横盘态势启动下跌走势，RSI 指标随之向下运行。其后，股价出现反弹态势，RSI 指标也自底部回升。9 月 30 日，该股股价再次小幅上升，6 日 RSI 指标和 12 日 RSI 指

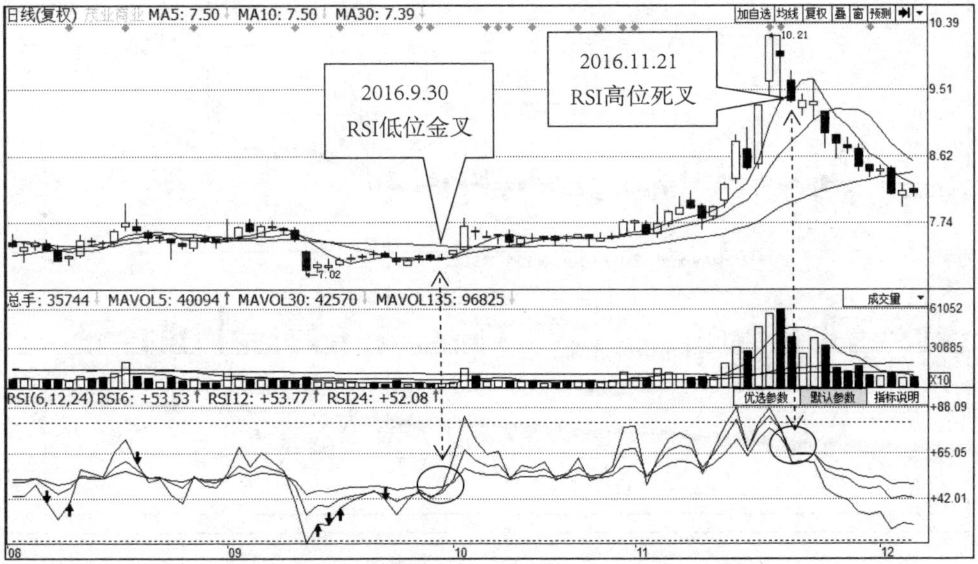

图 1-12　茂业商业（600828）RSI 指标走势图

标向上穿越 24 日 RSI 指标，形成了黄金交叉，且交叉点位于 50 线下方，这说明此交叉质量较高，投资者可考虑买入该股。

2016 年 11 月 21 日，茂业商业的股价出现触底回落迹象，6 日 RSI 指标线和 12 日 RSI 指标线向下跌破 24 日 RSI 指标线，且交叉点位于 50 线上方，这属于一个典型的死亡交叉，投资者可考虑卖出股票。

与金叉、死叉相似，RSI 指标出现拐头时，也可能引发股价运行趋势的改变，不过这种拐头形态只有发生在特定区域，才具有较强的交易指示作用，如 30 线的下方或 70 线的上方。

2. 从“量变”到“质变”

与其他技术指标不同，RSI 指标在某些特定区域多次发出买入或卖出信号时，往往能够增加信号的准确率。

RSI 指标多次金叉或死叉，发出的信号并不是无效的，而是增强版的买入或卖出信号。

如图 1-13 所示，茂业商业的股价在 2017 年 2 月出现了一波底部盘整走

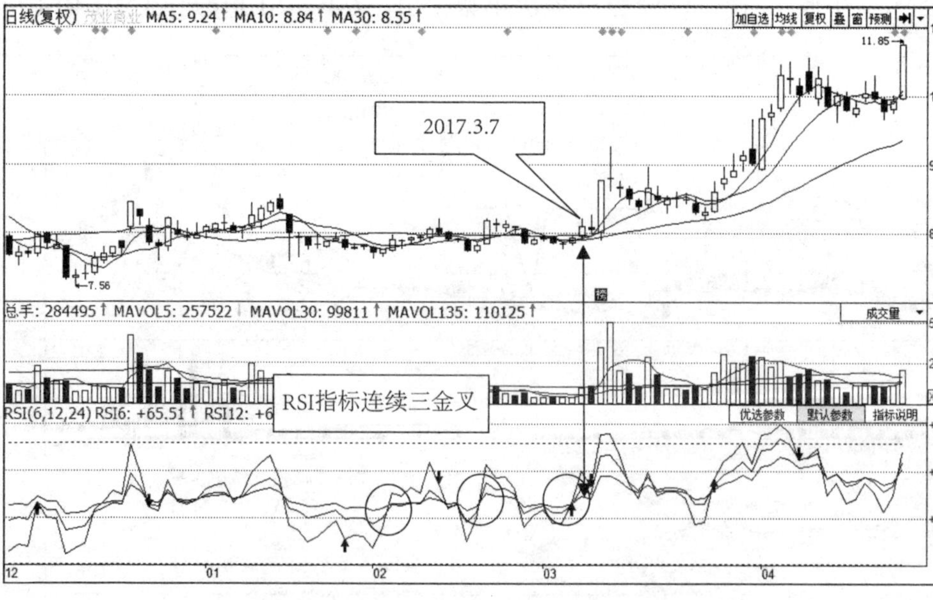

图 1–13 茂业商业（600828）RSI 指标走势图

势。在此期间，该股股价几度试图反攻，但均未如愿，RSI 指标在此期间连续 3 次出现了黄金交叉形态。这说明该股正在积聚未来上涨的动能，投资者需要耐心等待入场时机。

2017 年 3 月 7 日，RSI 指标在短期内第三次形成金叉后，快速向上突破 50 线，这说明该股走势已经由弱势转为强势，投资者可考虑买入该股。

与多次金叉、死叉相似，若 RSI 指标与股价多次出现背离形态，也能够增强背离形态买入或卖出信号的准确率。

二、有效利用 RSI 所发出的信号

为了更多地利用 RSI 指标发出的信号，很多投资者都采取了 RSI 指标与其他技术指标综合分析的方法。

1. 周期共振法

投资者如果对日线 RSI 指标发出的交易信号有所怀疑，可将交易周期扩大或缩小，综合研判买入或卖出时机是否恰当。例如，投资者可将日线 RSI 指标与周线 RSI 指标结合起来分析，若日线 RSI 指标出现底部金叉，周期 RSI 指标同步出现底部金叉，则可增加买入信号的准确性。

图 1–14　北新路桥（002307）RSI 指标日线走势图

如图 1-14 所示，北新路桥的股价在 2016 年底到 2017 年初期间出现了筑底迹象，RSI 指标在股价 K 线筑底期间出现了两次黄金交叉形态。2017 年 1 月 20 日，该股股价自底部反弹时，RSI 指标也出现了第二次黄金交叉，且交叉点位于 50 线附近，这说明本次黄金交叉成色较足。不过，鉴于股价仍处于底部区域，为了确认是否该执行买入操作，投资者可将日 K 线图调成周 K 线图，并观察此时 RSI 指标的走势。

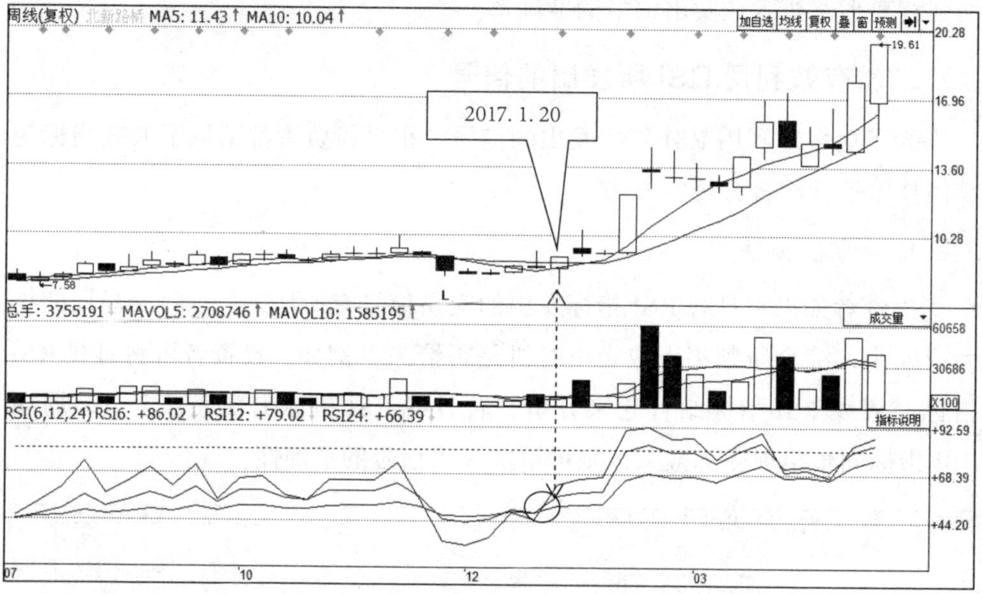

图 1-15　北新路桥（002307）RSI 指标周线走势图

如图 1-15 所示，股价在 2016 年底到 2017 年初的筑底走势，只不过是该股股价上涨途中的一次回调整理。从周线走势图上来看，该股仍处于上行趋势。1 月 20 日，该股日线 RSI 指标出现黄金交叉时，周线 RSI 指标也同步出现了低位黄金交叉，且交叉点刚好位于 50 线附近，至此，日线 RSI 指标和周线 RSI 指标出现了金叉共振形态，这属于一个比较理想的买入点。

基于以上判断，投资者可选择在日线 RSI 指标出现黄金交叉的次日买入该股，即 1 月 23 日（21 日和 22 日休市）买入该股。

同理，短线或超短线投资者可运用日线 RSI 指标结合 60 分钟 RSI 指标或 30 分钟 RSI 指标综合判断股价的买卖点。

2. 多指标组合判断买卖点

RSI 指标拥有灵敏性高的特点，但在股价上升或下跌过程中缺乏稳定性，因而投资者可考虑将 RSI 指标与 MACD 指标或布林线指标相结合的方法来判断买卖点。

如图 1-16 所示，高鸿股份的股价在 2014 年底出现了一波下跌走势。该股股价在下跌结束阶段一直沿布林线下轨线运行，期间还一度跌破了下轨线。RSI 指标也同步下跌，6 日 RSI 指标一度跌破 20 线，这说明股价走势极弱。

2014 年 12 月 24 日，该股股价自下而上突破布林线下轨线，这说明该股股价有企稳的可能，随后的 12 月 30 日，6 日 RSI 自下而上穿越 12 日和 24 日的 RSI，形成低位黄金交叉，这说明股价有反弹向上的可能，投资者可在此时买入该股。

投资者可根据个人需要，将 RSI 指标与布林线指标或 MACD 指标进行组合分析。后面章节将详细介绍这些指标的组合用法。

图 1–16　高鸿股份（000851）日线走势图

第二章

RSI 指标解析
——指标构成及交易含义

RSI 指标主要是根据一段时间内处于上升趋势中的股票收盘价在股价变动幅度中所占的比重来反映股价走势强弱的。也就是说，RSI 指标值越大，说明上涨幅度在整个股价变动幅度中的比重越大，股价走势也越强；反之，则说明股价走势较弱。

第一节　RSI 指标的构成及参数设置

RSI 指标值的取值范围在 0~100 之间，根据分析周期的不同，RSI 指标可分为短期 RSI 指标、中期 RSI 指标和长期 RSI 指标。

如图 2-1 所示，根据 RSI 指标的取值范围，可以将 RSI 指标波动的区间分为超买区、强势区、弱势区和超卖区等 4 个区间。当 RSI 指标运行于 50 线上方时，说明股价呈强势；RSI 指标向上突破 80 线，股价进入了超买区时，则有下跌的风险；当 RSI 指标运行于 50 线下方，说明股价呈弱势；RSI 指

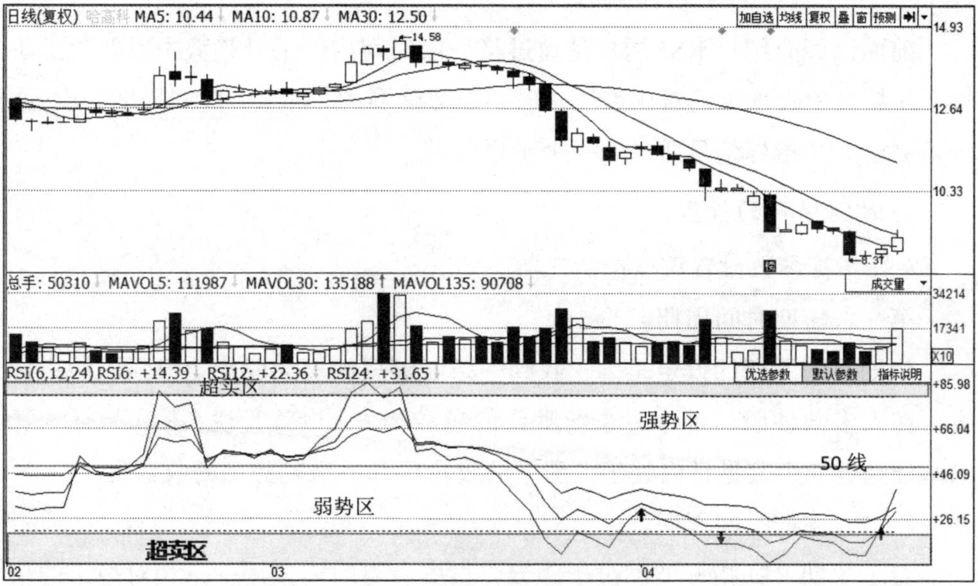

图 2-1　RSI 指标示意图

标向下跌破 20 线，进入超卖区时，则有反弹向上的可能。

RSI 指标通常由 3 条指标线组成，分别为短期 RSI 线、中期 RSI 线和长期 RSI 线。在大多数炒股软件中，3 条 RSI 指标线默认的周期分别为 6 日、12 日和 24 日。

RSI 指标值的计算方法如下。

第一步：计算 N 日内所有趋势向上的收盘价总和。

第二步：计算 N 日内所有趋势向下的收盘价总和。

第三步：分别计算第一步和第二步中的指数移动平均（EMA）结果。

第四步：用趋势向上的 EMA 总和除以趋势向下的 EMA 总和，计算 RS 数值，即：

RS=EMA（向上）/EMA（向下）

第五步：计算 RSI 指标值。

RSI=100-[100/（1+RS）]

在炒股软件中，越是短期的 RSI 指标，波动范围越大，波动越频繁。

一、RSI 指标参数设置

前面已经介绍过 RSI 指标是通过将一段时间内的上升趋势中股票收盘价与下跌趋势中收盘价的对比来反映股票走势强弱的。那么，时间周期的设置，就是决定 RSI 指标信号质量的一个重要因素。

1. 时间周期的设置

RSI 指标参数设置重点包括三项。

第一，短期时间周期。

短期时间周期的设定是为了找到一条能够反映短期股价走势强弱的指标线。在大多数炒股软件中，系统默认的参数为 6。也就是说，RSI 指标计算的基础是近 6 个交易日内处于上涨中的收盘价和下跌趋势中的收盘价。

第二，中期时间周期。

鉴于短期 RSI 指标波动过于频繁，投资者有时需要用一条相对稳定的指标线作为参考。中期时间周期的设定是为了找到一条能够反映中期股价走势强弱的指标线，在大多数炒股软件中，系统默认的参数为 12。也就是说，RSI 指标计算的基础是近 12 个交易日内处于上涨中的收盘价和下跌趋势中的收盘价。

第三，长期时间周期。

长期时间周期的设定是为了找到一条能够反映长期股价走势强弱的指标线，在大多数炒股软件中，系统默认的参数为 24。也就是说，RSI 指标计算的基础是近 24 个交易日内处于上涨中的收盘价和下跌趋势中的收盘价。

当然，投资者可根据个人的需要和经验，修改 RSI 指标的参数设计，具体方法如下。

第一步，将鼠标移至 RSI 指标线的位置，3 条 RSI 指标线均可。

第二步，右击鼠标，在弹出的对话框中选择“修改指标参数”选项，如图 2-2 所示。

第三步，在弹出的对话框中重新设置指标参数，如图 2-3 所示。

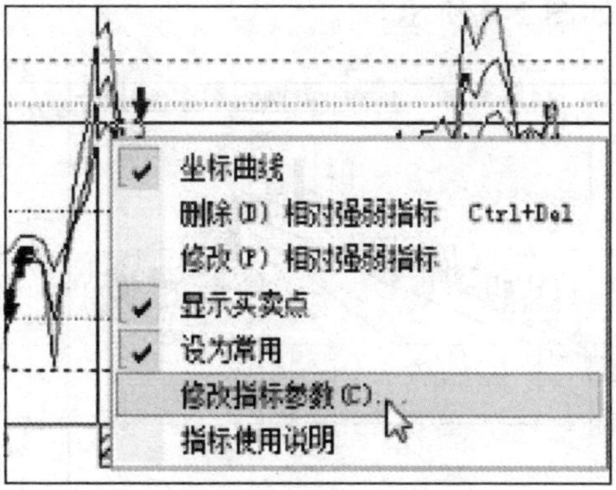

图 2–2 修改指标参数

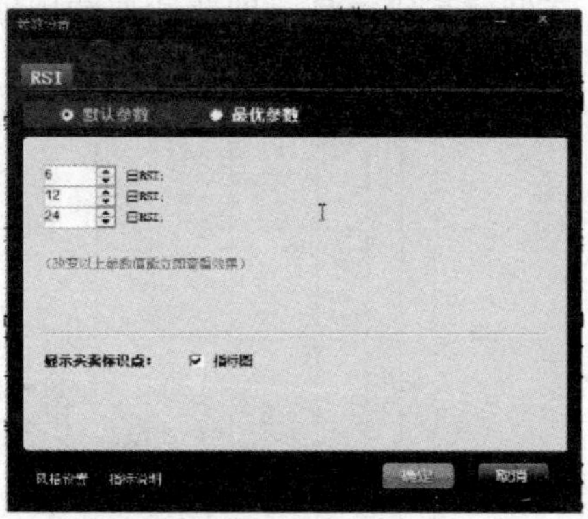

图 2–3 RSI 指标参数设置

2. 设置时间参数的依据

大多数交易软件默认的时间参数都是（6,12,24）。设置（6,12,24）这一组时间参数，依据主要是该指标引入我国股市时的休市时间安排。以前，我国执行每周休 1 天的工作休息制度，因而，“6”是 1 周交易日的天数，“24”

则是 1 个月 4 周的交易天数，也就是近 1 个月的交易天数。

投资者也可以按照目前的休假安排，将时间换成 1 周的交易天数（5,10,20）。

个别经验丰富的投资者，会将时间参数分为 3 组来观察 RSI 指标的走势，如（5,8,13）（8,13,21），这是按照斐波那契数列设置的。当然，投资者还可以根据个人喜好修改天数，如（13,21,34）（21,34,55）等。

斐波那契数列由一串神奇的数字构成：1，1，2，3，5，8，13，21，34，55，89，144，233，377，610，987，1597……直至无限。构成斐波那契神奇数字系列的基础非常简单，由 1，2，3 开始，产生无限数字系列，而 3 实际上为 1 与 2 之和，以后出现的一系列数字，全部依照上述原则，即两个连续出现的相邻数字相加，等于一个后面的数字。

很多投资者相信，斐波那契数列是一串神奇的数字，其中也蕴含了股市涨跌变化的规律，即当股价运行至斐波那契数列中某一个数字所代表的时间点时，可能会出现反转或加速。在很多炒股软件中，也有根据斐波那契数列开发的画线工具，即斐波那契周期线，如图 2-4 所示。

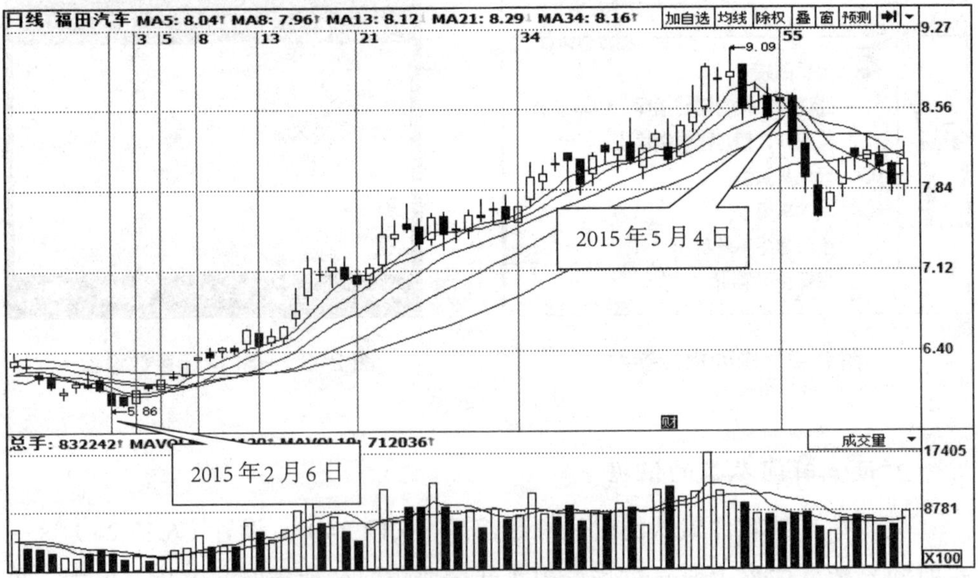

图 2–4　斐波那契周期线示意图

其实，无论设置何种时间参数，都不会对 RSI 指标的运行构成太大的影响。不过，由于 RSI 指标属于波动较为频繁的指标，因而大多数投资者都倾向于选择较短的时间周期，如 5 ~ 14。

二、短期 RSI 指标参数及交易含义

如前所述，在大多数炒股软件中，默认 6 日为短期 RSI 指标的时间周期。相比中期 RSI 指标和长期 RSI 指标，6 日 RSI 指标的波动更为敏感，比较适合短线和超短线投资者使用。

6 日 RSI 指标的交易指示含义包括以下 3 个方面。

第一，当 6 日 RSI 指标靠近 100 线时，说明指标线已经进入短线顶部区域，未来必然会向下回调。当 6 日 RSI 指标靠近 0 线时，说明指标线已经进入短线底部区域，将会向上反弹。同时，6 日 RSI 指标若未进入 80 线以下（90 线以上更好）区域即回调，则说明上涨势能不足，反之，若 6 日 RSI 指标未进入 20 线以下（10 线以下更好）区域即反弹向上，则说明下降势能不足。

第二，6 日 RSI 指标向右上方运行时，说明股价处于上涨趋势中；6 日 RSI 指标向右下方倾斜时，说明股价出现了回调或下跌。

第三，6 日 RSI 指标位于 50 线上方，且 6 日 RSI 指标向右上方倾斜，说明股价短线呈强势。若 6 日 RSI 指标位于 50 线下方，且 6 日 RSI 指标向右下方倾斜，则说明股价短线呈弱势。

如图 2-5 所示，吉林敖东的股价在 2016 年 11 月下旬出现了快速上涨走势。11 月 22 日，该股股价跳空高开高走，并以涨停报收。与此同时，RSI 指标自下而上突破 80 线，这说明 RSI 指标已经进入了超买区域，投资者宜密切关注该股其后的走势。

11 月 29 日，该股股价低开高走，在 K 线图上留下了 1 根假阳线，当日 6 日 RSI 指标出现拐头向下形态，这说明股价有回落的可能，投资者宜保持警惕，保守型投资者可考虑卖出部分股票。一旦 6 日 RSI 指标跌破 80 线，投资者即可卖出该股。

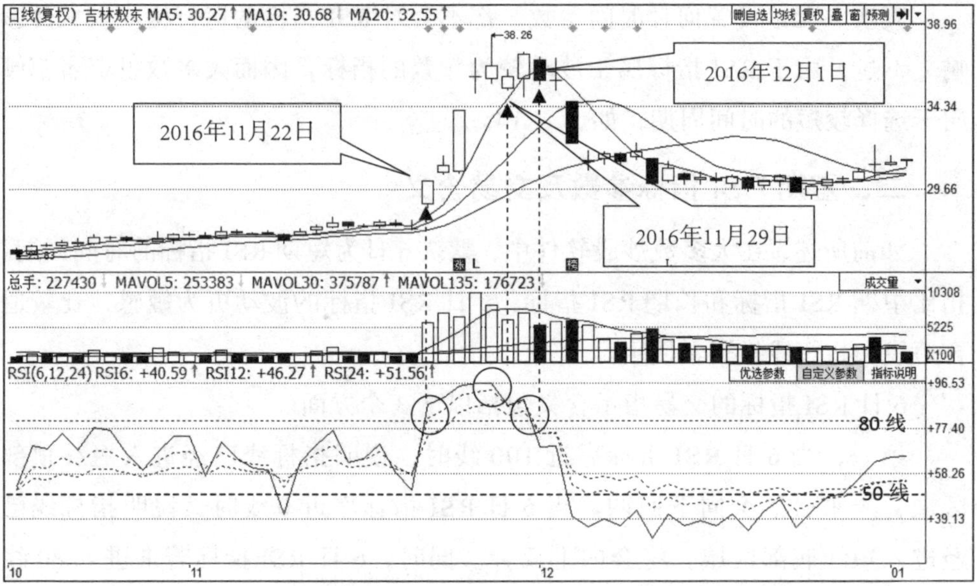

图 2-5 吉林敖东（000623）RSI 指标走势图

12 月 1 日，6 日 RSI 指标跌破 80 线，这说明该股有结束短线上涨趋势的可能，短线和超短线投资者宜卖出该股。

三、中期 RSI 指标参数及交易含义

相比短期 RSI 指标，中期 RSI 指标发出的信号更为稳定，但在速度上要稍慢于短期 RSI 指标。目前，大多数炒股软件以 12 日为中期 RSI 指标的时间周期，当然，投资者也可根据个人需要设置成 14 日或 10 日。很多中短线交易者偏向于以中期 RSI 指标作为主要的参考标准。

与 6 日 RSI 指标相似，12 日 RSI 指标的交易含义也包括以下几个方面。

第一，当 12 日 RSI 指标靠近 100 线时，说明指标线已经进入短线顶部区域，未来必然会向下回调。12 日 RSI 指标靠近 0 线时，说明指标线已经进入短线底部区域，将会向上反弹。同时，12 日 RSI 指标若未进入 80 线区域即回调，则说明上涨势能不足；若 12 日 RSI 指标未进入 20 线区域即反弹向上，则说明下降势能不足。

第二，12 日 RSI 指标向右上方运行时，说明股价处于上涨趋势中；12

日 RSI 指标向右下方倾斜时，说明股价出现了回调或下跌。

第三，12 日 RSI 指标位于 50 线上方，且 12 日 RSI 指标向右上方倾斜，说明股价短线呈强势；12 日 RSI 指标位于 50 线下方，且 12 日 RSI 指标向右下方倾斜，则说明股价呈弱势。

如图 2-6 所示，国星光电的股价在 2016 年 9 月下旬出现了快速上涨走势。9 月 6 日，该股股价跳空高开高走，并以涨停报收。与此同时，12 日 RSI 指标自下而上突破 80 线，这说明 RSI 指标已经进入超买区域，投资者宜密切关注该股其后的走势。

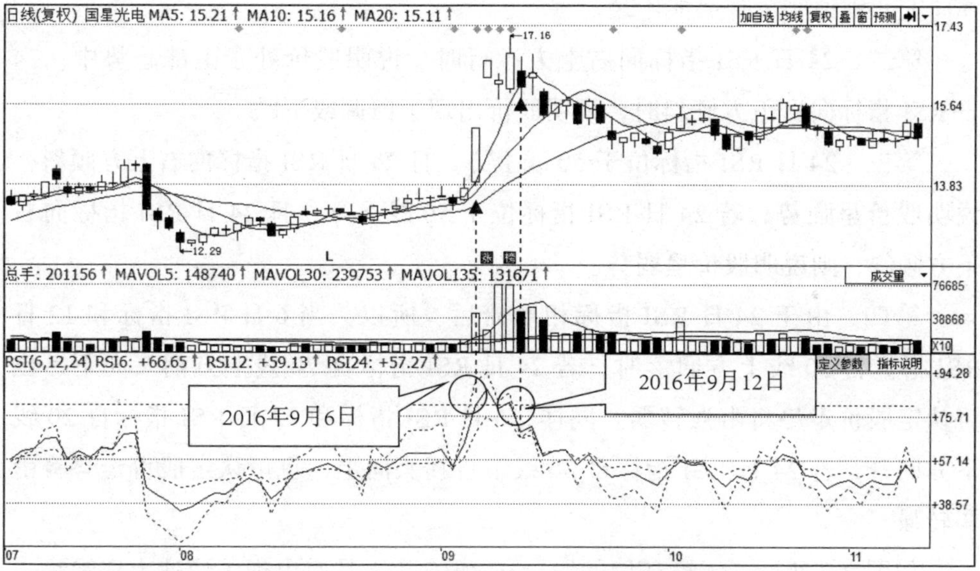

图 2-6　国星光电（002449）RSI 指标走势图

9 月 12 日，该股股价低开低走，在 K 线图上留下了 1 根中阴线，当日 12 日 RSI 指标出现拐头向下形态，并跌破 80 线，这说明该股有结束短线上涨趋势的可能，中短线投资者宜卖出该股。

四、长期 RSI 指标参数及交易含义

相比中短期 RSI 指标，长期 RSI 指标发出的信号有些滞后，在速度上要慢于中短期 RSI 指标。目前，大多数炒股软件以 24 日为长期 RSI 指标的时

间周期，当然，投资者也可根据个人需要设置成 20 日或 30 日。很多中线交易者偏向于以长期 RSI 指标作为主要的参考标准。

与 6 日 RSI 指标和 12 日 RSI 指标相似，24 日 RSI 指标的交易含义也包括以下几个方面。

第一，当 24 日 RSI 指标靠近 100 线时，说明指标线已经进入中线顶部区域，未来必然会向下回调；当 24 日 RSI 指标靠近 0 线时，说明指标线已经进入中线底部区域，将会向上反弹。同时，24 日 RSI 指标若未进入 80 线区域即回调，则说明上涨势能不足；若 24 日 RSI 指标未进入 20 线区域即反弹向上，则说明下降势能不足。

第二，24 日 RSI 指标向右上方运行时，说明股价处于上涨趋势中；24 日 RSI 指标向右下方倾斜时，说明股价出现了回调或下跌。

第三，24 日 RSI 指标位于 50 线上方，且 24 日 RSI 指标向右上方倾斜，说明股价呈强势；若 24 日 RSI 指标位于 50 线下方，且 24 日 RSI 指标向右下方倾斜，则说明股价呈弱势。

第四，由于 24 日 RSI 指标相对滞后，所以，当 6 日 RSI 指标和 12 日 RSI 指标自 80 线上方回落时，若 24 日 RSI 指标自 70 线上方拐头向下，也可认定股价走势将由强转弱。同样，6 日 RSI 指标和 12 日 RSI 指标自 20 线下方回升，若 24 日 RSI 指标自 30 线下方拐头向上，也可认定股价走势将由弱转强。

如图 2-7 所示，天壕环境的股价在 2017 年 3 月底出现了快速上涨走势。4 月 7 日，该股股价跳空低开高走，并以涨停报收。与此同时，24 日 RSI 指标自下而上突破 80 线，这说明 RSI 指标已经进入了超买区域，投资者宜密切关注该股其后的走势。由于之前 6 日 RSI 和 12 日 RSI 指标已经进入超买区域，此时 24 日 RSI 指标进入超买区域，说明该股走势已经进入极强区域，未来有转弱的可能。

4 月 12 日，该股股价低开低走，在 K 线图上留下了 1 根大阴线，当日 6 日 RSI、12 日 RSI 和 24 日 RSI 指标全部出现拐头向下形态，并跌破了 80 线，这说明该股有结束中线上涨趋势的可能，中线投资者宜卖出该股。

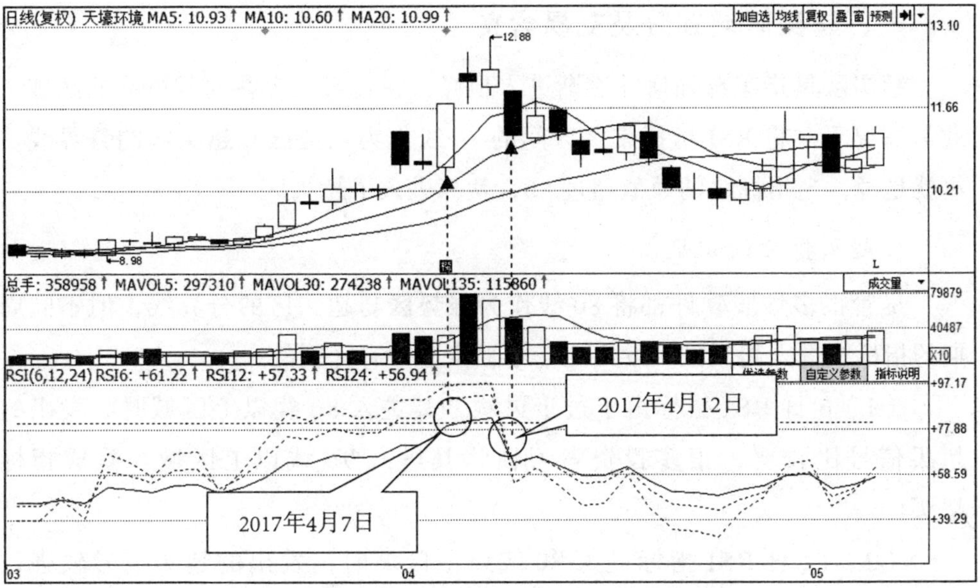

图 2-7 天壕环境（300332）RSI 指标走势图

第二节 RSI 指标运行区域划分及交易含义

按照 RSI 指标的波动区间，可以将其运行区间划分为超买区、强势区、弱势区和超卖区。如图 2-8 所示。

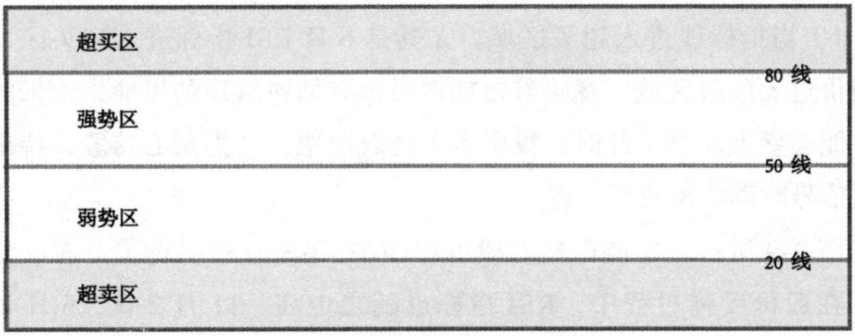

图 2-8 RSI 指标波动区间划分

一、超买区域划分及交易含义

超买区是指买盘强盛并逐渐进入顶峰，在技术上存在回调可能的区域。通常情况下，将 RSI 指标震荡区间的 80 线作为强势区和超买区的分界线。也就是说，当指标线的数值超过 80，就算进入了超买区。

1. 超买信号的识别

尽管很多炒股软件都将 80 线作为强势区与超买区的分界线，但不同周期的指标线进入超买区，发出的信号强度还是有区别的。

（1）6 日 RSI 指标由于过于灵敏，其进入 80 线以上区域时，发出的超买信号比较弱，很多投资者习惯将其进入 90 线以上区域才看成指标超买。

（2）12 日 RSI 指标进入 80 线以上区域时，发出的超买信号较强，很多投资者在确认 RSI 指标超买时，都将 12 日 RSI 指标作为重要参考指标。

（3）24 日 RSI 指标走势相对比较平缓，有时 24 日 RSI 指标还没有进入超买区域，股价上涨趋势就已经结束了，因而很多投资者在实战操作中将 24 日 RSI 指标的超买区域适当地向下移动，如将 70 线作为 RSI 指标的强势区与超买区的分界线。

2. 超买信号的交易含义

RSI 指标进入超买区域，并不意味着股价一定会下跌，要同时结合具体情况进行研判。

（1）当指标线进入超买区域，尤其是 6 日 RSI 指标进入超买区，只能说明股价进入危险区域，意味着短期内股价有加速筑顶的可能，未来的某一时间可能会盛极而衰。此时，投资者若持有股票，还需耐心持股，待出现其他卖出信号时再卖出股票不迟。

如图 2-9 所示，中能电气的股价在 2016 年 9 月初出现了一波反弹上涨走势。在股价反弹过程中，RSI 指标也随之走高。11 月 2 日，6 日 RSI 指标率先进入超买区域，这说明股价短期内可能会反转向下，但此时股价仍

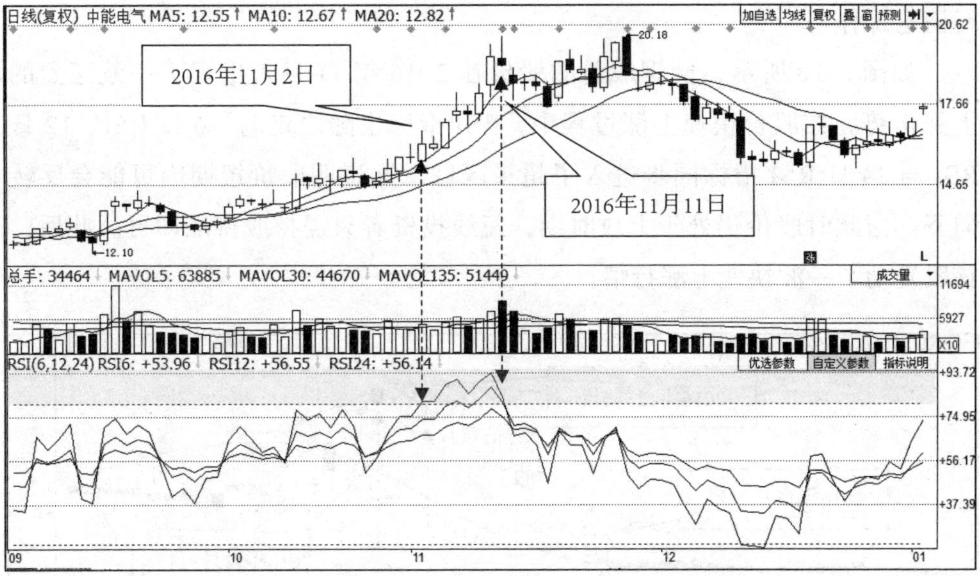

图 2-9　中能电气（300062）RSI 指标走势图

处于上攻时期，短线投资者还需持股待涨。此后，该股发动了一波快速上涨行情。

2016 年 11 月 11 日，该股股价上攻乏力，在 K 线图上留下了 1 根带上影线的小阴线，且 6 日 RSI 指标向下跌破了 80 线区域，这说明该股股价短期内将走弱，短线投资者可卖出该股。

研判该股走势可以发现，6 日 RSI 指标刚进入 80 线上方的超买区时，正是股价上涨势头最好的一段时间，但 24 日 RSI 指标却自始至终都没有进入 80 线以上区域。由此可以得出一个结论，6 日 RSI 指标进入超买区域只能作为一个预警信号，不能简单地看成卖出信号，否则将会错过股价上涨趋势中获利最丰的一段。

（2）RSI 指标在超买区域内出现拐头迹象，是一个应该重点关注的迹象，这可能意味着股价上升势能不足，或者股价即将由上升趋势转为下降趋势。若 24 日 RSI 指标自超买区域拐头，则说明股价上涨势头有结束的可能，投资者可考虑第一次减仓。若 24 日 RSI 指标跌破 80 线，投资者宜进行清仓操作。

如图 2-10 所示，柳钢股份的股价在 2016 年 11 月末出现了一波猛烈的上涨走势。在股价快速上涨过程中，RSI 指标也随之走高，6 日 RSI、12 日 RSI 与 24 日 RSI 指标同步进入了超买区域，这说明股价短期内可能会反转向下。但此时股价仍处于上攻时期，短线投资者只需持股待涨即可。此后，该股发动了一波快速上涨行情。

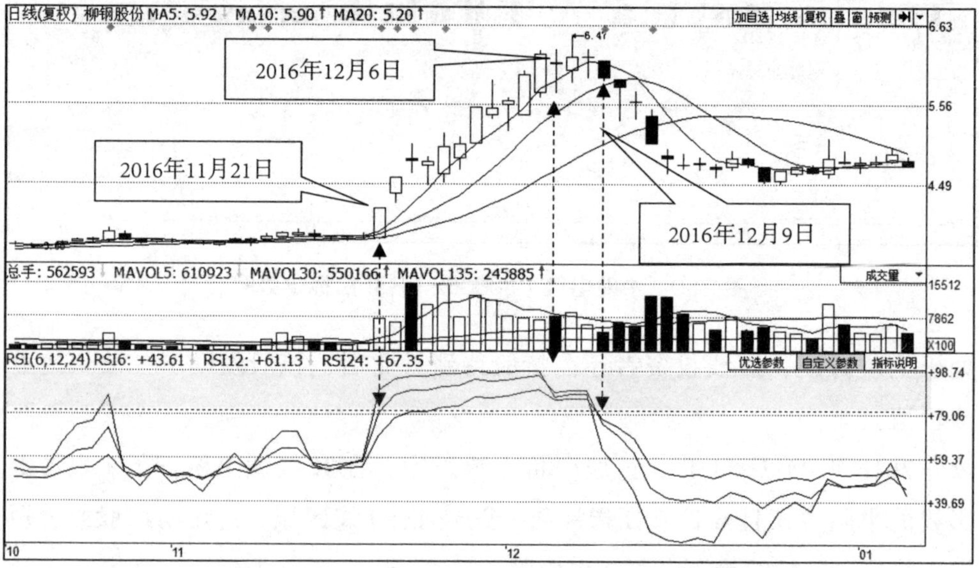

图 2-10 柳钢股份（601003）RSI 指标走势图

2016 年 12 月 6 日，该股股价上攻乏力，在 K 线图上留下了 1 根十字线，且 24 日 RSI 指标出现了向下拐头迹象，投资者可考虑在此时卖出部分股票。其后，该股在顶部区域出现了盘整。

12 月 9 日，该股收出 1 根中阴线。6 日 RSI 指标、12 日 RSI 指标和 24 日 RSI 指标同步跌破了 80 线区域，这说明该股股价短期内将走弱，短线投资者可卖出该股。

二、强势区域划分及交易含义

80 线以下至 50 线以上的区域，被称作强势区，50 线是一条重要的强弱分割线。相对而言，当 RSI 指标在强势区波动时，说明股价走势较强，投资者可继续持股。在具体的实战过程中，投资者还要研判股价与成交量的变化等因素。

1. 强势区域的识别

当 RSI 指标运行于 50 线与 80 线之间的区域时，可以认定股价处于上升趋势中，多方占据优势地位，投资者可优先选择做多。

如图 2-11 所示，中国重汽的各条 RSI 指标线在 2017 年 6 月 10 日左右自下而上穿越 50 线，进入强势区域，这意味着股价将会结束弱势调整格局。

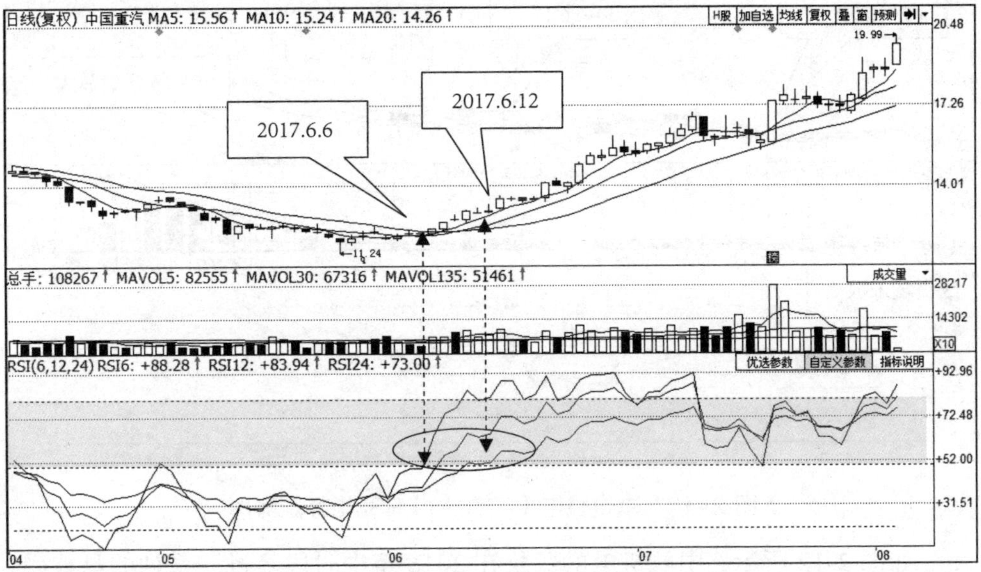

图 2-11 中国重汽（000951）RSI 指标走势图

从此之后，股价呈现震荡上扬走势，RSI 指标线随着股价的波动而波动，不过大部分时间都处于强势区范围之内。持币的投资者可在 RSI 指标回调后重新上攻时买入该股，持股的投资者可在 RSI 指标向下跌破 50 线时卖出该股。

2. 强势区域交易含义

RSI 指标运行于强势区域，包括两种情形：其一，RSI 指标处于向右上方倾斜态势，说明 RSI 指标处于上升趋势中，股价也会同步上升。其二，

RSI 指标处于向右下方倾斜态势，说明 RSI 指标处于下降趋势中，股价有下跌的风险。不过，在做出交易决策前，需要对上述两种情形进行区分。

第一，股价向右上方倾斜时，成交量有无明显的放大迹象。通常情况下，成交量若能随着股价的上升逐渐上升，则意味着股价上升的基础比较稳固，未来有继续走高的可能；反之，如果成交量并未放大，这时股价的上升趋势可能会很快结束，投资者若想入场交易，还需要其他交易信号的支持。

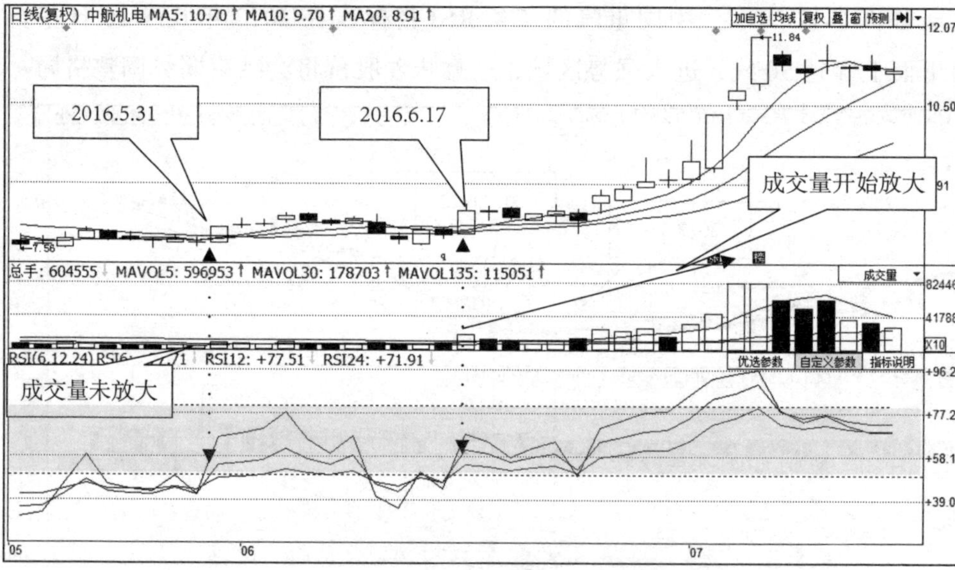

图 2-12　中航机电（002013）RSI 指标走势图

如图 2-12 所示，中航机电的股价在 2016 年中时段经过一系列的盘整后，出现了上攻迹象。2016 年 5 月 31 日，该股 RSI 指标率先向上突破了 50 线，且指标线向右上方倾斜，说明 RSI 指标已经进入了强势区域。不过，观察此时的成交量可知，该股的成交量并未出现放大，因此投资者宜保持谨慎。此后该股出现回调，RSI 指标也随之跌出了强势区域。

6 月 17 日，该股经过几个交易日的盘整后再度上攻，RSI 指标再度进入强势区。此时成交量同步出现了放大迹象，这时投资者可考虑买入操作。

第二，RSI 指标离开强势区与回到强势区。随着股价的上升，若 RSI 指标向上突破强势区，则意味着股价将会出现一波快速上升的趋势；反之，若

RSI 指标向下跌破了强势区，则说明股价很可能结束上升。

如图 2-13 所示，永新股份的股价在 2016 年底到 2017 年初期间出现了一波横盘震荡走势。在股价震荡过程中，RSI 指标始终在强势区域运行，给人一种股价走势较强的感觉，持股的投资者可继续持有该股。

2017 年 3 月 30 日，永新股份的股价放量下跌，且 RSI 指标拐头向下跌破了 50 线，这意味着 RSI 指标已经脱离了强势区域，未来有走弱的可能。持股的投资者应在 RSI 指标跌出强势趋势时执行卖出操作。

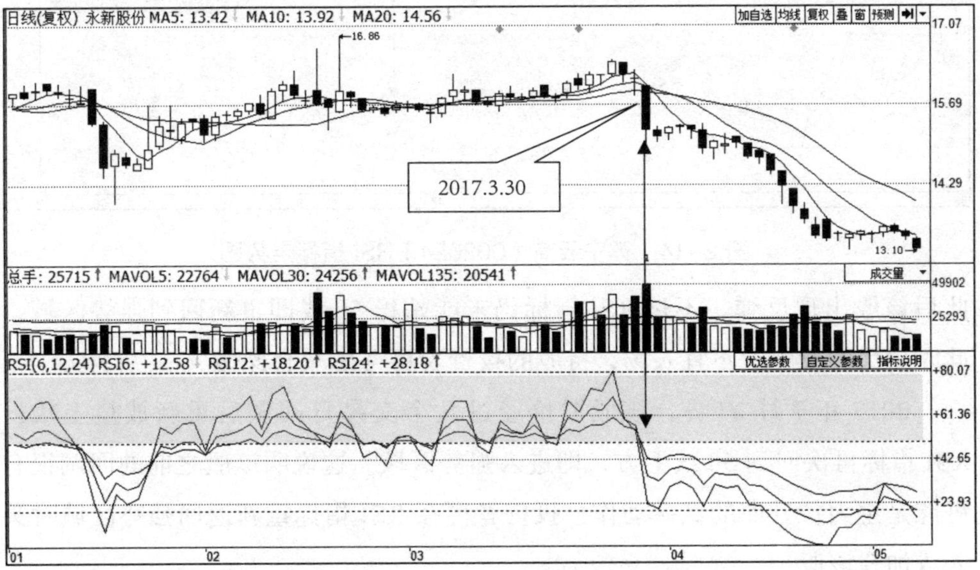

图 2-13 永新股份（002014）RSI 指标走势图

随着股价的回落，若 RSI 指标自超买区返回强势区，则意味着股价将会出现一波回调或下跌走势；反之，经过一波回调后，若 RSI 指标重新自弱势区回到强势区，则说明股价有继续走强的可能。

如图 2-14 所示，苏宁云商的股价在 2017 年中时段出现了一波横盘震荡走势。股价震荡过程中，RSI 指标始终在强势区域运行，给人一种股价走势较强的感觉，持股的投资者可继续持有该股。

2017 年 7 月 6 日，苏宁云商的股价大幅放量下跌，且 RSI 指标拐头向下跌破了 50 线，这意味着 RSI 指标已经脱离了强势区域，未来有走弱的可能。

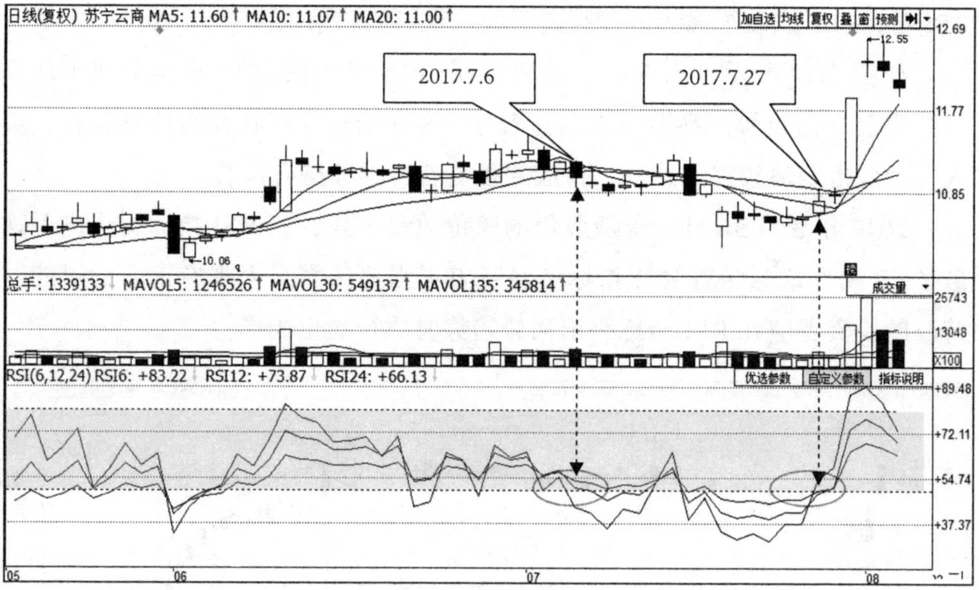

图 2-14　苏宁云商（002024）RSI 指标走势图

此后该股出现反弹，不过 RSI 指标仍未能站稳 50 线即重新回到强势区域，此时持币的投资者不宜入场，持股的投资者可考虑减仓操作。

2017 年 7 月 27 日，该股股价经过几个交易日回调后重新放量上攻，RSI 指标再次回到 50 线上方，即进入强势区域，这说明该股之前的回调很有可能是主力拉升前的试探动作，投资者可在 RSI 指标重新返回强势区域时买入或加仓该股。

三、弱势区域划分及交易含义

50 线以下至 20 线以上区域，被称作弱势区。相对而言，当 RSI 指标在弱势区波动时，说明股价走势较弱，持币的投资者可继续持币，耐心等待入场交易时机。在具体的实战过程中，投资者还要研判股价与成交量的变化等因素。

1. 弱势区域的识别

当 RSI 指标运行于 20 线与 50 线之间的区域时，可以认定股价趋势处于下降趋势中，空方占据优势地位，投资者可选择持币等待。

图 2–15 东信和平（002017）RSI 指标走势图

如图 2-15 所示，东信和平的各条 RSI 指标线在 2017 年 3 月 22 日自上而下穿越 50 线，进入弱势区域，这意味着股价将会结束强势调整格局。

从此之后，股价呈现震荡下跌走势，RSI 指标线也随着股价的波动而波动，不过大部分时间都处于弱势区范围之内。持股的投资者可在 RSI 指标跌破 50 线时卖出该股，持币的投资者可耐心持币观望。

2. 弱势区域交易含义

RSI 指标运行于弱势区域，包括两种情形：其一，RSI 指标处于向右上方倾斜态势，说明 RSI 指标处于上升趋势中，股价正处于触底反弹时段。其二，RSI 指标处于向右下方倾斜态势，说明 RSI 指标处于下降趋势中，股价有继续走低的风险。在具体的实战过程中，投资者还要研判股价运行的方向与速度等细节。

第一，股价向右上方倾斜时，说明股价有由弱转强的可能，投资者需要结合 RSI 指标线所处的位置来判断：若 RSI 指标线自下而上即将向上突破 50 线，且成交量出现了明显放大，这时投资者需要密切关注该股。一旦 RSI 指标突破 50 线，则可考虑少量买入该股。若 RSI 指标自底部向上反弹，则需借助其他技术分析方法识别股价到底是反弹走势还是反转行情，投资者不宜贸然介入。

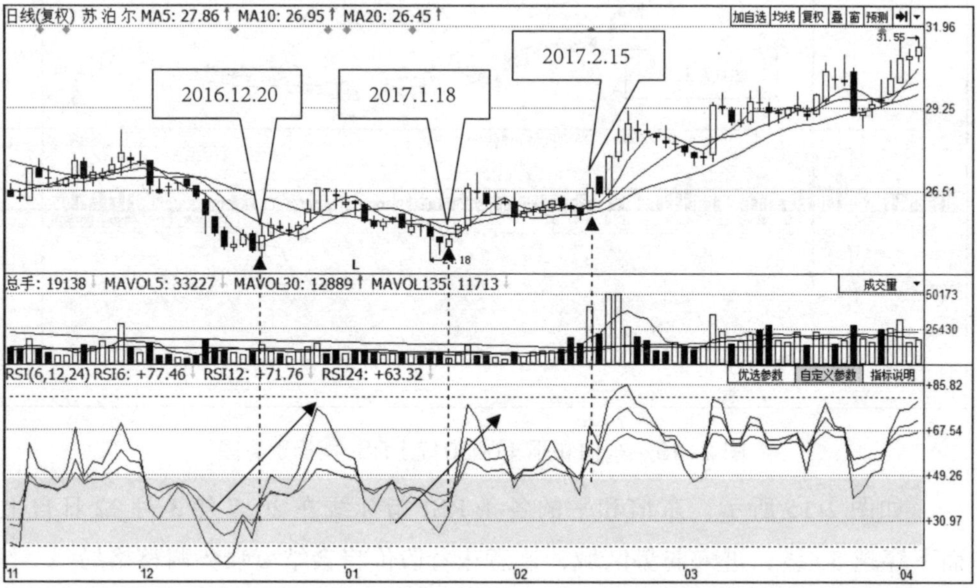

图 2-16　苏泊尔（002032）RSI 指标走势图

如图 2-16 所示，苏泊尔的股价在 2016 年底出现了震荡筑底态势。2016 年 12 月下旬，股价出现触底反弹迹象，RSI 指标自底部区域拐头向上，并出现向右上方倾斜的态势，这说明股价有上升的可能。由于此时股价处于底部区域，成交量也未出现明显放大，投资者宜保持谨慎。其后，该股反弹几个交易日重新出现调整。

2017 年 1 月 18 日，该股股价再次启动上攻，RSI 指标线再次自底部向上运行，成交量仍未明显放大，投资者宜继续观望。此后，RSI 指标线在 50 线附近位置徘徊，这时投资者需要密切关注该股以后的动向，一旦放量上攻，则可追涨买入。

2017 年 2 月 15 日，该股放量上涨，RSI 指标线自弱势区域拐头向上，投资者可在此时建仓该股。

第二，RSI 指标离开弱势区与回到弱势区。RSI 指标自上而下跌破弱势区，表明股价将会进入超卖区域，这说明此时股价正处于加速下跌趋势当中，不过未来有反弹或反转的可能。若 RSI 指标能重新回到弱势区域，与此同时，其他技术指标也支持买入操作，投资者可考虑少量建仓（因股价处于弱势区域，一定要控制风险）。

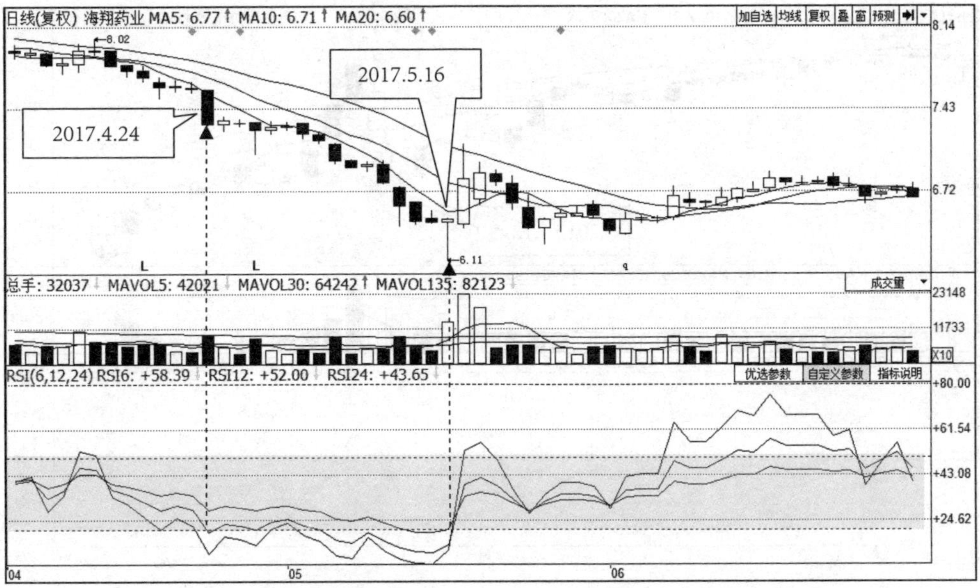

图 2-17 海翔药业（002099）RSI 指标走势图

如图 2-17 所示，海翔药业的股价在 2017 年 4 月出现了一波下跌走势。2017 年 4 月 24 日，该股股价放量下跌，RSI 指标跌破了 20 线，这说明该股可能会出现加速下跌的走势，投资者宜远离该股。

此后，该股经过一段时间的下跌后，于 5 月 16 日止跌回稳，RSI 指标重新回归弱势区域。鉴于当时股价仍运行于各条均线之下，投资者不宜执行买入操作。

若 RSI 指标自下而上突破弱势区，说明股价即将由弱转强。RSI 指标进入强势区域后不久重新回归弱势区域，说明股价仍处于盘整趋势中，未来走向并不明朗，投资者不宜执行买入操作，只需耐心持币等待。

如图 2-18 所示，贤丰控股的股价在 2017 年上半年出现了一波下跌行情，期间也曾出现过几次小幅反弹，但 RSI 指标一直运行于弱势区域。2017 年 4 月 12 日，该股股价放量反弹并突破多条均线，RSI 指标同步向上运行，并向上突破了 50 线。此后股价迅速回落，RSI 指标重新回归弱势区域，这说明此时股价的上涨只是短暂反弹，投资者宜继续持币观望。

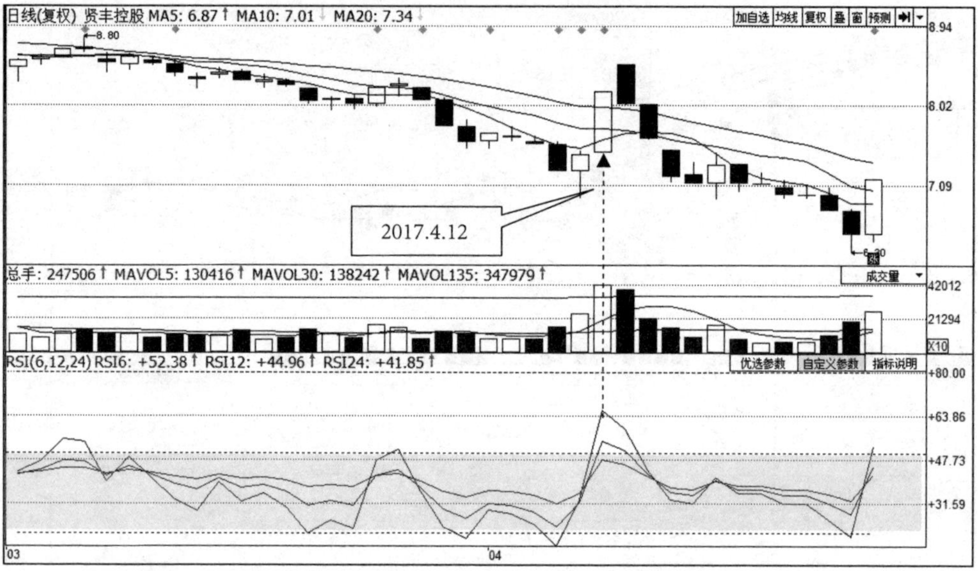

图 2-18　贤丰控股（002141）RSI 指标走势图

四、超卖区域划分及交易含义

超卖区是指卖盘强盛并逐渐进入顶峰，在技术上存在反弹可能的区域。通常情况下，将 RSI 指标震荡区间的 20 线作为弱势区和超卖区的分界线。也就是说，当指标线的数值低于 20 就算进入了超卖区。

1. 超卖信号的识别

尽管很多炒股软件都将 20 线作为弱势区与超卖区的分界线，但不同周期的指标线进入超卖区，发出的信号强度还是有所区别的。

（1）6 日 RSI 指标由于过于灵敏，其进入 20 线以下区域时，发出的超卖信号比较弱，很多投资者习惯将其进入 10 线以下区域才看作指标超卖。

（2）12 日 RSI 指标进入 20 线以下区域时，发出的超卖信号较强。很多投资者在确认超卖时，都将 12 日 RSI 指标作为重要参考指标。

（3）24 日 RSI 指标走势相对比较平缓，有时 24 日 RSI 指标还没有进入超卖区域，股价下跌趋势就已经结束了。在实战操作中，很多投资者会将 24 日 RSI 指标的超卖区域适当地向上移动，如将 30 线作为 RSI 指标弱势区与超卖区的分界线。

2. 超卖信号的交易含义

RSI 指标进入超卖区域，并不意味着股价一定会上涨，同时也要结合具体情况进行研判。

（1）当指标线进入超卖区域，尤其是 6 日 RSI 指标进入超卖区，只能说明股价进入危险区域，意味着短期内股价有加速筑底的可能，未来的某一时间可能会出现反弹走势。此时，投资者若持有现金，只需耐心等待，待其他买入信号出现时再买入股票不迟。

如图 2-19 所示，赢时胜的股价在 2017 年上半年呈现出震荡下跌的态势，RSI 指标随着股价的走低逐渐下移。2017 年 7 月 17 日，该股股价大幅下挫，

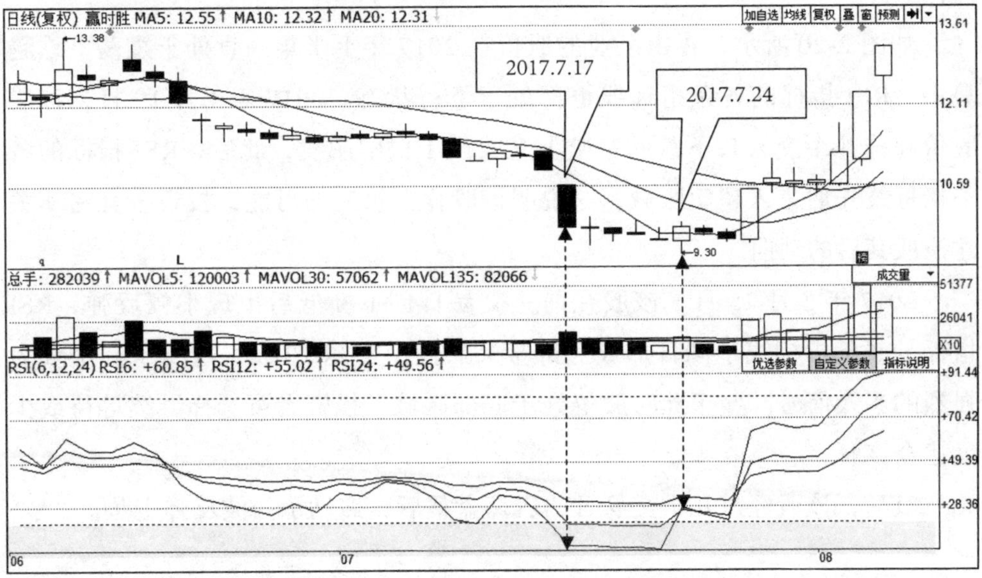

图 2-19　赢时胜（300377）RSI 指标走势图

RSI 指标中的 6 日 RSI 指标和 12 日 RSI 指标先后跌破 20 线进入超卖区域，这说明空头加大了做空的力度，未来该股有触底反弹的可能，投资者宜继续观察该股。

7 月 24 日，该股股价在底部区域盘整几日后出现小幅反弹，RSI 指标中的 6 日 RSI 指标和 12 日 RSI 指标拐头向上突破 20 线，走出超卖区域，这说明该股有企稳走强的可能。此后，该股出现了一波反弹行情。

从图 2-19 中还可以看出，24 日 RSI 指标线并未进入超卖区域，而是一直位于 30 线下方区域，这说明该指标线对股价走势的反应比较平缓。也就是说，一般情况下，24 日 RSI 指标线进入 30 线以下区域，就可以视同已经进入了超卖区域。

（2）RSI 指标在超卖区域内出现拐头迹象，是一个应该重点关注的迹象，这可能意味着股价下跌势能不足，或股价即将由下跌趋势转为上升趋势。若 24 日 RSI 指标自超卖区域拐头，则说明股价下跌势头有结束的可能，投资者可考虑第一次建仓。若 24 日 RSI 指标向上突破 20 线，则投资者宜进行加仓操作。

如图 2-20 所示，青山纸业的股价在 2017 年上半年一直处于震荡下跌趋势中，RSI 指标的各条指标线也都处于下行状态。2017 年 4 月 19 日，该股股价在前几个交易日下跌的基础上又收出 1 根中阴线，此后，RSI 指标的各条指标线先后进入超卖区域，这说明该股存在筑底的可能，投资者宜密切关注该股其后的动向。

2017 年 5 月 25 日，该股在前一交易日创下新低后出现小幅反弹，RSI 指标的 3 条指标线于同日形成底部金叉后向上穿越 20 线，这属于一个较为强烈的买入信号。鉴于此时股价处于底部区域，投资者可选择继续等待或少量建仓该股。

其后，该股经过几个交易日的震荡盘整后，启动了一波反弹走势。

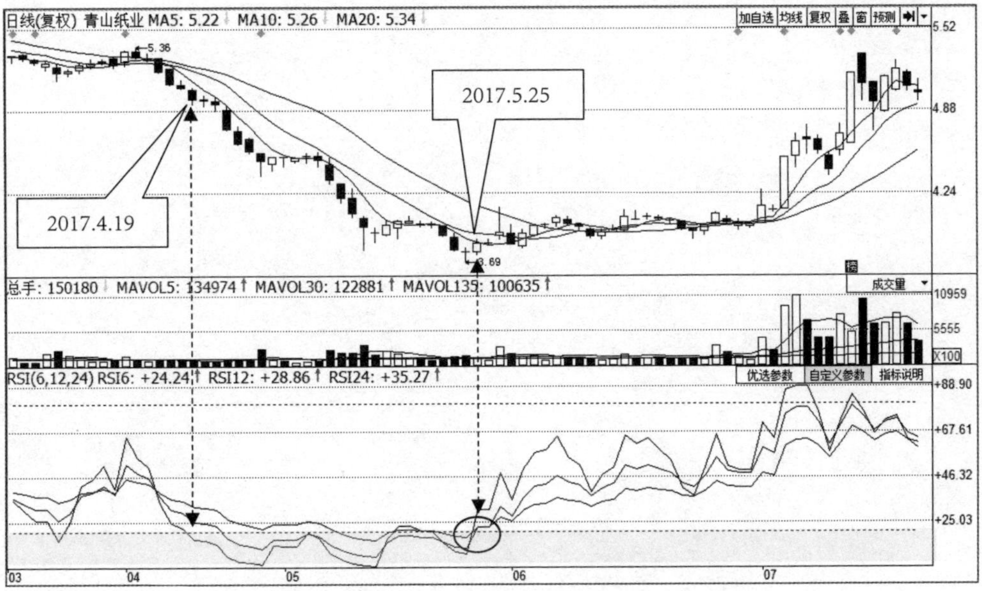

图 2-20　青山纸业（600103）RSI 指标走势图

第三章

RSI 指标三大基本形态研判

交叉、背离、超买与超卖等形态，是 RSI 指标在运行过程中经常出现的三种形态，其中每种形态都可能会对股票走势产生一定的影响。

第一节　RSI 指标超买与超卖

超买与超卖，是 RSI 指标最主要的功能之一。投资者通过识别指标超买或超卖，可以提前做好卖出或买入决策，以实现投资收益最大化。不过，这里投资者还要注意一点：超买与超卖并不是绝对的买入或卖出信号，它只是提醒投资者未来股价可能会出现运行方向的改变。

一、RSI 指标超买原理及操作建议

RSI 超买，是指股价上涨过程中买盘逐渐放大，RSI 指标逐步走高，当买盘放大到一定程度无法继续放大，RSI 指标上升的难度会越来越大，此时就说明指标已经进入超买区域，未来有下跌的风险。

1.RSI 指标超买的特征

出现 RSI 指标超买，说明上涨行情难以持续，股价未来有下跌的风险。通常情况下，RSI 指标超买具有如下几个特征。

第一，股价经过一段时间的上涨后，RSI 指标中的 6 日 RSI、12 日 RSI 和 24 日 RSI 指标先后进入超买区域，即 80 线上方区域。

第二，尽管 80 线被看成超买区与强势区的分界线，但很多投资者仍然将 6 日 RSI 指标进入 90 线以上区域才看成指标超买，但 24 日 RSI 指标很可能到达 70 线以上区域，就会被看成超买。

如图 3-1 所示，迪森股份的股价在 2015 年上半年随着大盘的上涨出现了一波上升行情。随着股价不断创出新高，RSI 指标的各条指标线也逐渐

上移。2015 年 5 月 20 日，6 日 RSI 指标率先进入超买区域，说明买方力量在持续增强，并有可能出现盛极而衰的情况，持股投资者应密切关注盘面的变化。其后，12 日 RSI 指标也进入了超买区域，这进一步说明该股存在严重的超买情况。

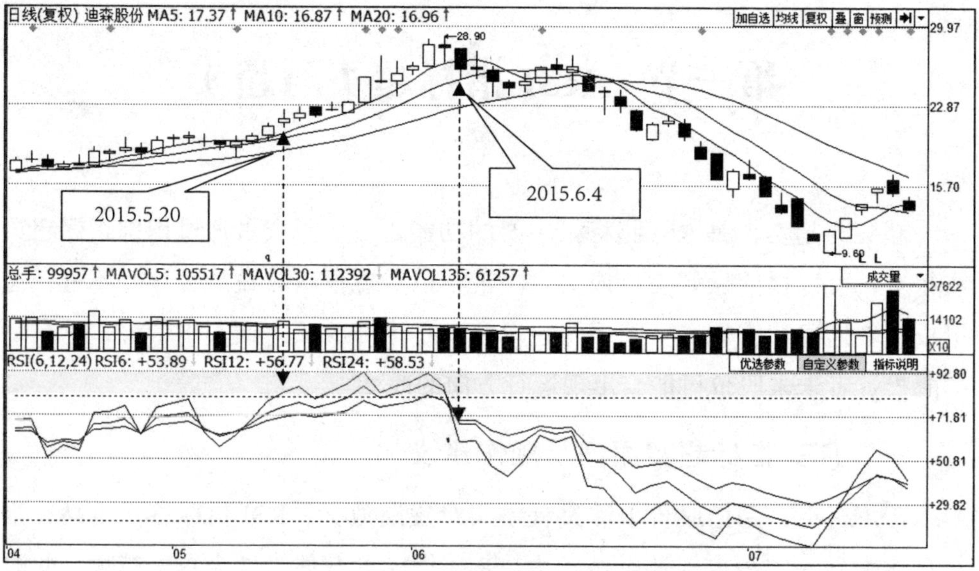

图 3-1　迪森股份（300335）RSI 指标走势图

2015 年 6 月 4 日，随着股价的回调，RSI 指标的各条指标线先后跌破 80 线，也就是说，RSI 指标离开了超买区域。这是一个典型的卖出信号，投资者可考虑卖出部分手中持有的股票。一旦 RSI 指标跌破 50 线，则可考虑清仓。

2.RSI 指标超买基本原理——动态平衡原理

动态平衡原理认为，股价往往会围绕某一中心线波动，当股价上升过快时，就会向中心线回调靠拢，且中心线也会根据股价的波动发生变化，整个股市就是处于这种动态平衡关系之中。

RSI 指标超买功能正是以这一原理为依据设计的，50 线就是股价运行的中心线，而且这一中心线并不是以某一固定价格为基准，而是以相对的比例为准绳，这就使得这一中心线可以随股价的波动而变化。当股价上升过快的时候，RSI 的各条指标线就会进入超买区域。

同时，RSI 指标本身的设计结构决定了 RSI 指标进入超买区域时，也是股价在一段时间内多次收出阳线的结果。单边上涨的股市是不存在的，因此，未来股价存在下跌的可能，此时，向中心线靠拢的概率就会逐渐加大。

3.RSI 指标超买的操作建议

RSI 指标出现超买时，投资者在具体操作方面需要注意以下几点。

第一，指标超买，说明股价上涨趋势结束的可能性正在增加，但不意味着股价立即从上涨转为下跌。其实，RSI 指标发出超买信号时，很可能是股价涨势最猛烈的时候，也是投资者获利最丰厚的时刻。其后，若有其他卖出信号发出，投资者可视风险承受能力酌情减仓。

第二，尽管出现超买信号时股价正处于快速拉升期，投资者也应该尽量克制，避免进行买入或加仓操作，而应反向做减仓操作。

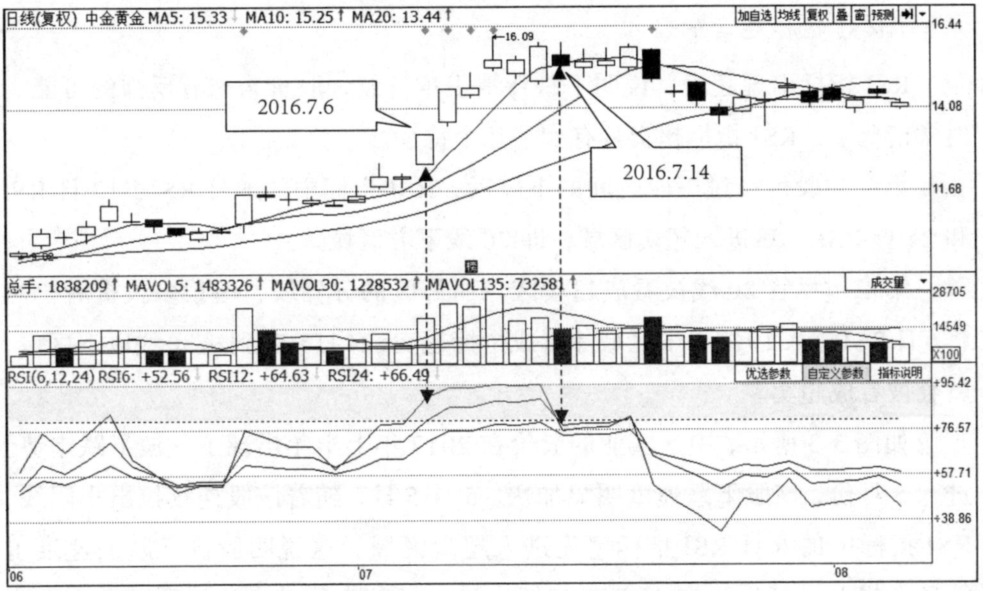

图 3-2 中金黄金（600489）RSI 指标走势图

第三，RSI 指标线从超买区返回强势区或出现高位死叉时，投资者需及时减仓甚至清仓。

如图 3-2 所示，中金黄金的股价在 2016 年年中时段启动了一波上升走势。RSI 指标的各条指标线随着股价的走高不断上移，并在 2016 年 7 月 6 日先后进入了超买区域。这说明此时多方力量空前强大，有超买的可能。不过，鉴于股价正处于快速上升途中，投资者无需卖出股票，只需警惕以后盘面可能出现的变化。

7 月 14 日，该股股价在连续几个交易日横向盘整后收出 1 根小阴线，且此时 RSI 指标向下跌破了超买区域，这说明未来该股有下行的风险，投资者宜卖出部分股票。

二、RSI 指标超卖原理及操作建议

RSI 超卖，是指股价在下跌过程中卖盘逐渐放大，RSI 指标逐步走低，当卖盘放大到一定程度无法继续放大，RSI 指标下降的难度会越来越大，此时就说明指标已经进入超卖区域，未来有反弹的可能。

1.RSI 指标超卖的特征

RSI 指标出现超卖，说明下跌行情很难持续，股价未来有反弹的可能。通常情况下，RSI 指标超卖具有如下几个特征。

第一，股价经过一段时间的下跌后，RSI 指标中的 6 日 RSI、12 日 RSI 和 24 日 RSI 先后进入超卖区域，即 20 线下方区域。

第二，尽管 20 线被看成超卖区与弱势区的分界线，但很多投资者仍然将 6 日 RSI 进入 10 线以下区域才看成指标超卖，24 日 RSI 到达 30 线以下区域，就会被看成超卖。

如图 3-3 所示，中孚实业的股价在 2017 年上半年出现了一波下跌走势。进入 5 月份，该股下跌速度明显加快。5 月 5 日，随着该股连续拉出小阴线，RSI 指标中的 6 日 RSI 指标率先进入超卖区域，这说明股价下跌的速度可能还会提升。其后，12 日 RSI 指标也进入了超卖区域，这说明随着空方力量的持续释放，未来有由弱转强的可能。不过，此时投资者仍不可贸然介

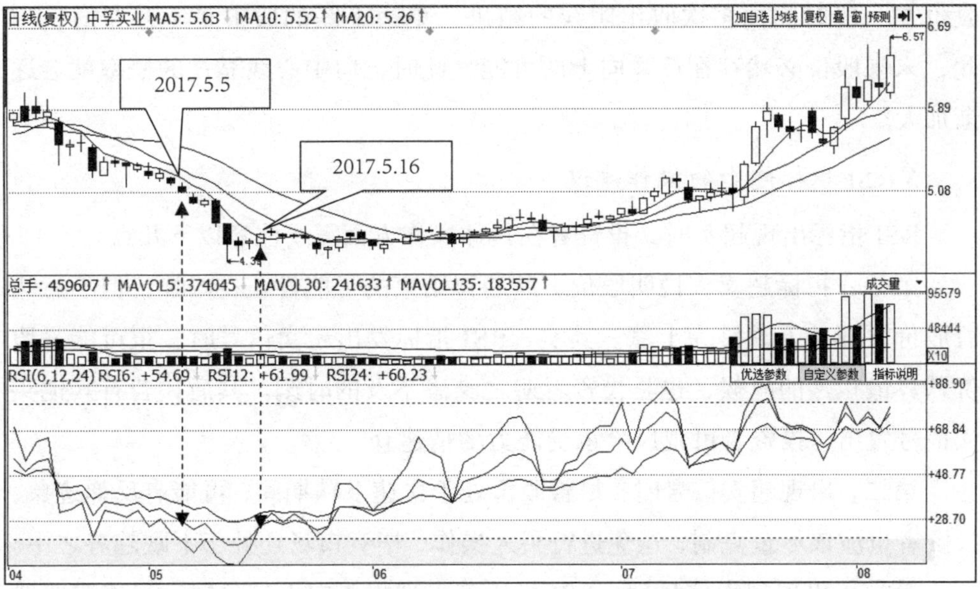

图 3-3　中孚实业（600595）RSI 指标走势图

入该股。

5 月 16 日，该股股价触底回升，6 日 RSI 指标和 12 日 RSI 指标自底部回升，并走出了超卖区域，这说明多方力量有所增强。投资者若发现其他更为明显的买入信号，可执行建仓操作。

2.RSI 指标超卖基本原理——动态平衡原理

动态平衡原理认为，股价往往会围绕某一中心线波动，当股价下跌过快时，就会向中心线回调靠拢，且中心线也会根据股价的波动发生变化，整个股市就是处于这种动态平衡关系之中。

RSI 指标超卖功能正是以这一原理为依据设计的，50 线就是股价运行的中心线，而且这一中心线并不是以某一固定价格为基准，而是以相对的比例为准绳，这就使得这一中心线可以随股价的波动而变化。当股价下跌过快的时候，RSI 指标的各条指标线就会进入超卖区域。这时，RSI 指标各条指标线与 50 线的距离越拉越大，未来势必会有一个反弹的动作。

同时，RSI 指标本身的设计结构决定了 RSI 指标进入超卖区域时，也是股价在一段时间内多次收出阴线的结果。单边下跌的股市是不存在的，因此，未来股价必然存在反弹向上的可能，此时，向中心线靠拢的概率就会逐渐加大。

3.RSI 指标超卖的操作建议

RSI 指标出现超卖时，投资者在具体操作方面需要注意以下几点。

第一，指标超卖，说明股价下跌趋势结束的可能性正在增加，但不意味着股价立即从下跌转为上涨。其实，RSI 指标发出超卖信号时，很可能是股价跌势最猛烈的时候，也是投资者避之唯恐不及的时刻。其后，若有其他买入信号发出，投资者可视风险承受能力酌情建仓。

第二，出现超卖信号时，尽管股价处于快速下跌期间，可能有反弹迹象，投资者也应该尽量克制，避免进行买入操作，毕竟市场还处于下跌趋势之中。

第三，出现超卖信号后，RSI 指标若出现拐头向上迹象时，只能表明股价有反弹的可能，但并不一定是投资者期待的反转行情。投资者若要依据“RSI 指标超卖后拐头向上”这一形态执行买入操作时必须慎重，谨防落入空方陷阱。

第四，RSI 指标线从超卖区返回弱势区或出现低位金叉时，投资者可考虑少量试探性建仓。若反弹或上涨趋势确立，同时 RSI 指标线站上 50 线，则可考虑加仓。总之，在底部区域，投资者若想入场买入股票，必须综合多种技术分析方法发出的交易信号，宁可错过，不能做错。

如图 3-4 所示，刚泰控股的股价在 2017 年上半年出现了一波震荡下跌走势，RSI 指标随着股价的走低不断下移。2017 年 7 月 11 日，该股股价加快了下跌的步伐，6 日 RSI 指标同步跌破了 20 线，进入超卖区域，这说明空方加大了打压股价的力度，未来股价存在止跌企稳的可能。

其后，该股经过几个交易日的下跌后，于 7 月 18 日创下近期新低后反弹向上。7 月 19 日，该股股价收出 1 根中阳线，6 日 RSI 指标和 12 日 RSI 指标自超卖区域拐头向上，这说明短期该股存在反弹的可能，激进型投资者可少量建仓该股。

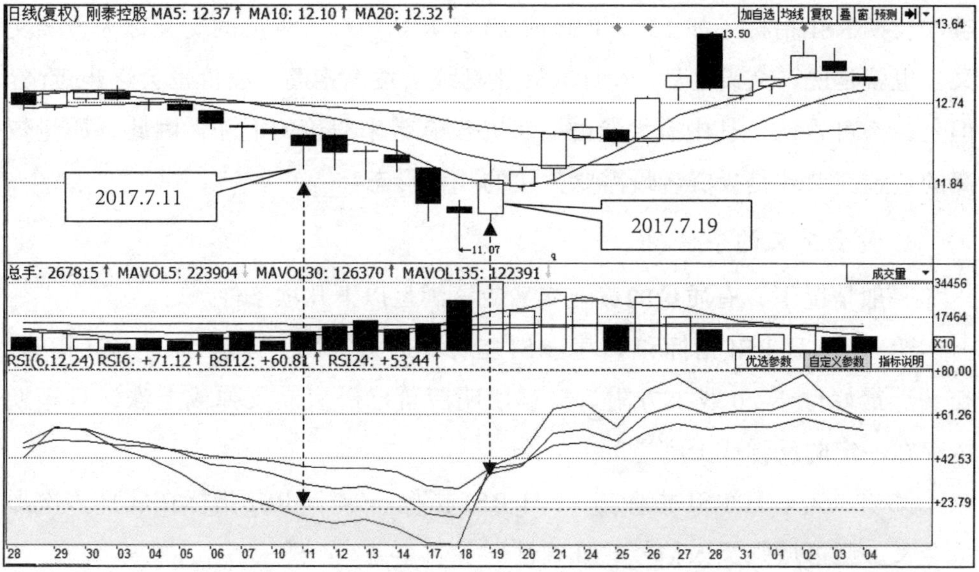

图 3-4　刚泰控股（600687）RSI 指标走势图

这里需要注意一点，6 日 RSI 指标和 12 日 RSI 指标自底部反弹，只能表明股价经过一段时间的下跌后有反弹的需求，至于反弹的高度以及是否能够形成反转，还是未知数。正因如此，激进型投资者少量介入该股后，还需密切关注该股后期的走势，一旦 RSI 指标重新跌回超卖区域，可考虑止损离场。

第二节　RSI 指标金叉与死叉

黄金交叉与死亡交叉，是 RSI 指标最经典、最有效的技术分析方法。不过，当股价出现某种趋势或盘整走势，RSI 指标中的中短期 RSI 指标线黏合在一起时形成的交叉，则不具有交易指导意义，也不在本节讨论范围之内。

一、黄金交叉的原理及操作建议

通常情况下，大家习惯将短期 RSI 指标（如 6 日 RSI 指标）自下而上穿越中长期 RSI 指标（如 12 日 RSI 或 24 日 RSI 指标）形成的交叉称为黄金交叉。也就是说，交叉之后，6 日 RSI 指标线会逐渐走高，股价也会逐步走高。但是，不可否认，其中有大量的交叉并没有带来股价的上涨，因此，质量较高的黄金交叉才是投资者最需要关注的一种形态。

1. 黄金交叉的条件

一般情况下，有质量的黄金交叉应该满足以下几项条件。

第一，6 日 RSI 指标和 12 日 RSI 指标同时自下而上穿越 24 日 RSI 指标，交叉点最好位于 20 线上方附近，这说明股价已经启动反弹或上涨，且短期内存在一定的反弹或上涨空间。

第二，若 6 日 RSI 指标与 12 日 RSI 指标、24 日 RSI 指标在底部多次形成金叉，则可增强买入信号的准确性。

第三，金叉出现时，股价 K 线应以阳线收盘，且成交量同步放大。

第四，金叉出现时，若股价 K 线同步上穿某条重要均线或阻力位，则可增强买入信号的准确性。

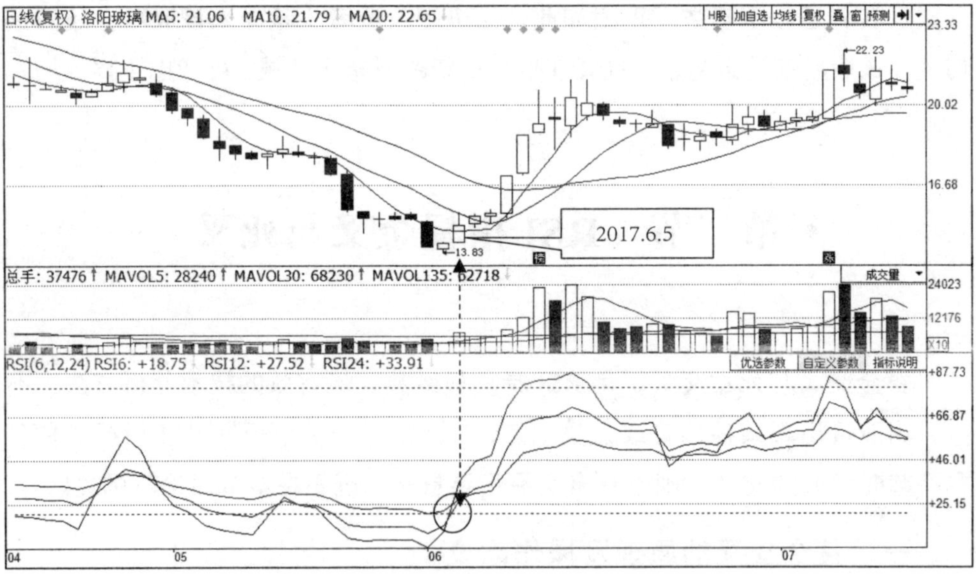

图 3-5 洛阳玻璃（600876）RSI 指标走势图

如图 3-5 所示，洛阳玻璃的股价在 2017 年上半年出现了一波震荡下跌走势，在股价下跌过程中，RSI 指标也逐渐走低。RSI 指标的各条指标线在 2017 年 5 月底先后进入超卖区域，这说明未来股价有反弹向上的可能。

2017 年 6 月 5 日，该股股价在前一交易日触底反弹的基础上再度上攻，并收出放量中阳线。与此同时，RSI 指标的 6 日 RSI 指标线和 12 日 RSI 指标线向上穿越了 24 日 RSI 指标线，形成了经典的底部黄金交叉形态，这预示着未来股价有反弹向上的可能，激进型投资者可在次日择一低点建仓该股。

2. 黄金交叉研判的依据

黄金交叉研判的依据主要包括动能反转原理和动态平衡原理。

（1）动能反转原理。

按照动能反转原理，股价在上涨或下跌过程中，都是以动能作为支撑的。股价持续下跌时，动能必然持续增大，当动能达到极限，无法继续增大或出现衰减时，股价的下跌将很难持续，未来有上涨的可能。

当 RSI 指标进入 20 线以下区域并自下而上出现拐头时，说明下跌动能变弱，推动上涨的动能开始出现，但此时仍处于下跌趋势，投资者不宜介入。其后，当短期 RSI 指标线自下而上穿越中长期 RSI 指标线时，说明短期上升动能已经取得主动。鉴于 RSI 指标的设计结构，可以推导出：当短期 RSI 指标线自下而上穿越中长期 RSI 指标线后，短期内收盘为阳线的次数和质量均要高于中长期。也就是说，短期内股价上涨动能开始呈现强势，短期内 RSI 指标继续走高的可能性较大，股价也会同步上升。

不过，由于此时短期 RSI 指标线和中长期 RSI 指标线尚处于底部区域，市场仍由空方主导，因此，为了提高买入信号的准确性，投资者需要尽量参考股价 K 线走势、形态以及成交量情况进行综合判断。

（2）动态平衡原理。

股价往往围绕某一中心线波动，当股价上升过快时，就是向中心线回调靠拢；当股价下跌过快时，就会向上反弹靠拢，且中心线也会根据股价的波动发生变化，整个股市就是处于这种动态平衡之中。

当股价持续调整或下跌时，短期 RSI 指标和中长期 RSI 指标就会持续下降，并远离中心线 50 线。当短期 RSI 指标和中长期 RSI 指标下降到一定程度后，短期 RSI 指标会先中长期 RSI 指标一步启动反弹，向中心线 50 线靠拢，黄金交叉点就是对反转或反弹趋势成立的一个确认。

3. 黄金交叉的操作建议

按照黄金交叉出现的位置不同，可将其划分为低位金叉和高位金叉两种。前面讲述的富有质量的黄金交叉，其实就是低位金叉的一种特殊形态。

（1）低位金叉。

通常情况下，低位金叉发出的买入信号要比高位金叉更高，其研判方法与前面讲述的黄金交叉相同。不过，在具体操作时，还需要注意以下几点。

第一，股价 K 线与成交量的关系，即当股价自底部上升，且成交量放大时，入场交易成功率更高。

第二，交叉点最好位于 20 线上方附近，且黄金交叉形成后，6 日 RSI 指标、12 日 RSI 指标和 24 日 RSI 指标能够全部向上远离 20 线区域。

第三，交叉次数越多，成功率越高。

如图 3-6 所示，明泰铝业的股价自 2017 年上半年开始出现了一波震荡下跌走势，随着股价的走低，RSI 指标的各条指标线逐渐下移。2017 年 5 月下旬，6 日 RSI 指标率先进入了超卖区域，这说明未来该股股价有反弹的可能。

2017 年 6 月 2 日，该股股价低开高走，在 K 线图上留下 1 根小阳线，且成交量出现放大态势。与此同时，6 日 RSI 指标和 12 日 RSI 指标自下而上穿越了 24 日 RSI 指标，形成了底部金叉形态，且交叉点位于 20 线上方附近位置，这说明该交叉质量较佳，未来股价继续上涨的可能性较大。

通常情况下，股价经过长时间下跌后，自底部开始反弹，RSI 指标此时出现的第一个黄金交叉的可靠性，需要借助其他技术分析手段进行验证。当股价反弹数个交易日后回调再上涨后，RSI 指标在底部形成的第二个黄金交叉买入指示作用更强。其实，这与波浪理论中“第一浪起点买入失败率较高，而第三浪买入可靠性更强”的意思类似。当然，RSI 指标底部的第一个黄金

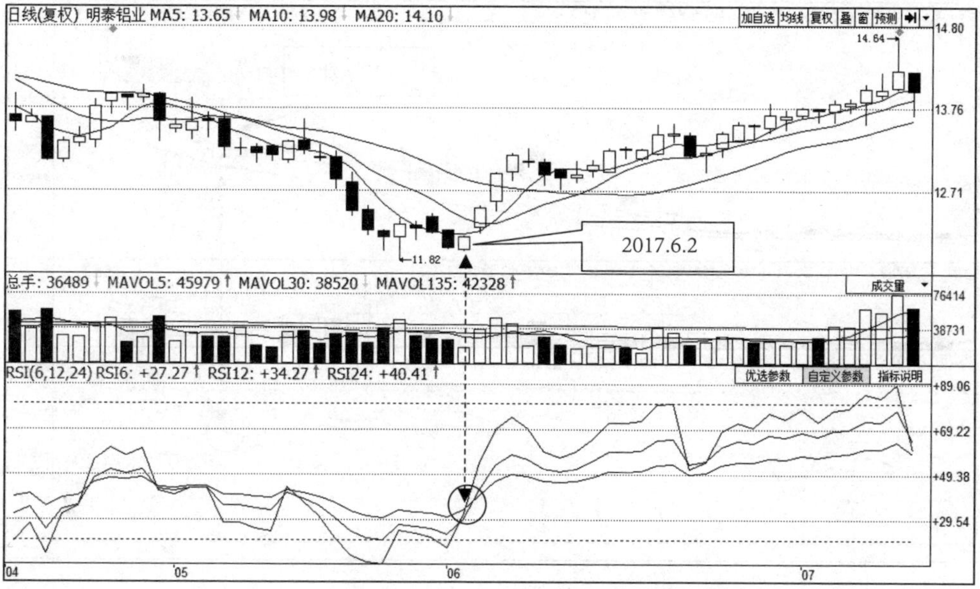

图 3-6　明泰铝业（601677）RSI 指标走势图

交叉，可以只是 6 日 RSI 指标向上穿越 12 日 RSI 指标，不一定要穿越 24 日 RSI 指标，毕竟 24 日 RSI 指标的灵敏性较弱。

（2）高位金叉。

通常情况下，高位金叉发出的买入信号相对较弱，不过这也要结合具体情况进行分析。在下列情况下，RSI 指标出现高位金叉时，买入信号较强。

第一，股价处于上升趋势中，此时，若股价出现短暂的回调，RSI 指标势必跟随调整，并出现死叉。其后股价调整结束重新上升，RSI 指标就会在高位出现一个金叉。如果之前的死叉和高位金叉只是 6 日 RSI 指标与 12 日 RSI 指标之间的交叉，其交叉点一直位于 24 日 RSI 指标线的上方，则可增强该金叉的成色。

第二，高位金叉出现前，股价调整时，成交量表现为缩量态势，RSI 指标再度出现金叉时，成交量却出现了放大态势。

如图 3-7 所示，山鹰纸业的股价在 2017 年 6 月下旬开始启动了一波上升行情，该股股价在上升过程中曾出现了几次回调。随着股价的回调，RSI

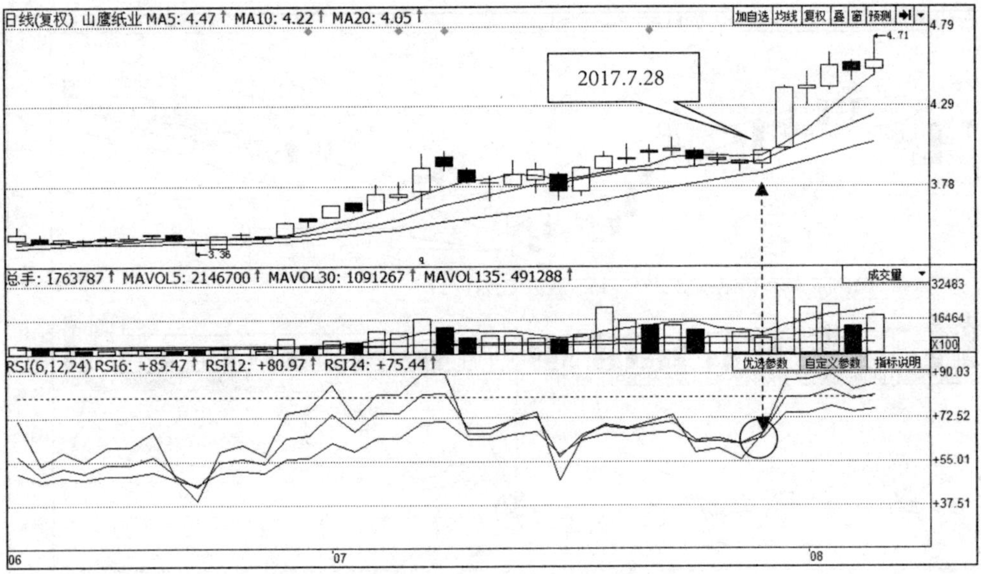

图 3-7　山鹰纸业（600567）RSI 指标走势图

指标也自高位回落，6 日 RSI 指标先后跌破了 12 日 RSI 指标和 24 日 RSI 指标，给人一种股价即将下跌的感觉。由于此时 RSI 指标并未有效跌破 50 线区域，投资者仍可认为股价运行于强势区域。

其后，该股股价在回调几个交易日后重新上攻。7 月 28 日，该股股价以小阳线报收，且 K 线位于各条均线之上，6 日 RSI 指标和 12 日 RSI 指标同步向上穿越 24 日 RSI 指标，形成了高位金叉。该股股价在回调时，成交量呈现萎缩状态，股价重新上攻时，成交量放大明显，这说明之前的回调只是股价上攻途中的一次修正，未来该股继续上攻的可能性较高，投资者可考虑补仓该股。

二、死亡交叉的原理及操作建议

短期 RSI 指标自上而下穿越中长期 RSI 指标形成的交叉称为死亡交叉。也就是说，交叉之后，短期 RSI 指标会逐渐走低，股价也会逐步走低。但有时候交叉形成后，短期 RSI 指标并没有迅速走低，而是转头向上，与中期 RSI 指标再度形成交叉，股价也随之再度上涨。鉴于这种情况，作为投资者，判断死亡交叉的质量，合理控制仓位就是必须的。

1. 死亡交叉的类型

原则上，每种死亡交叉都可能带动股价出现一波下跌走势，不过，比较有代表性的还是高位死亡交叉和低位死亡交叉两种。

第一，高位死亡交叉。6 日 RSI 指标线经过一段时间的快速上涨后，自上而下快速穿越 12 日 RSI 指标线和 24 日 RSI 指标线，且交叉点位于 80 线以上的位置。这种情况多数属于行情反转，即股价由快速上涨转为下跌，也有个别死叉属于上涨过程中的回调整理。若 6 日 RSI 指标线与 12 日 RSI 指标线在高位形成死亡交叉，且两条指标线均未跌破 24 日 RSI 指标线，更可认定此时的下跌只是股价上涨过程中的一次整理。

第二，低位死亡交叉。6 日 RSI 指标线经过一段时间的快速下跌后出现短暂反弹，随后便自上而下快速穿越 12 日 RSI 指标线、24 日 RSI 指标线，且交叉点位于 20 线以下的位置。此时，由于下跌动能已经充分释放，股价随后的下跌空间比较有限，而且很快就可能进入筑底阶段。

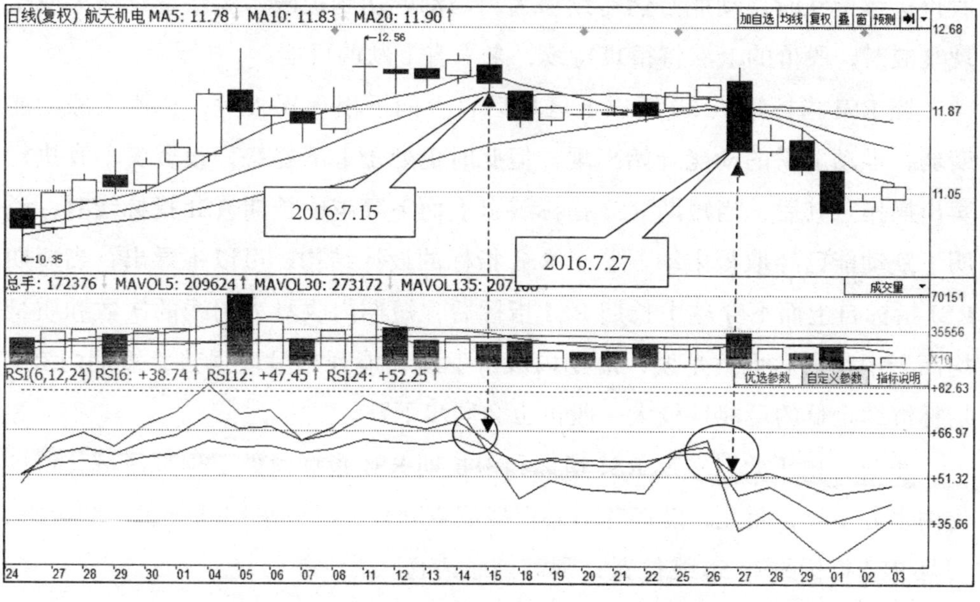

图 3-8 航天机电（600151）RSI 指标走势图

如图 3-8 所示，航天机电的股价经过一轮上涨之后，在 2016 年 7 月中下旬出现了明显的筑顶迹象。2016 年 7 月 15 日，该股股价收出 1 根小阴线，6 日 RSI 指标线向下穿越 12 日 RSI 指标线和 24 日 RSI 指标线形成了高位死叉，且交叉点位于 80 线附近，这说明该股短期内有回调或下跌的风险，投资者宜卖出手中的部分股票。

其后，该股经过两个交易日的下跌后，又出现了小幅上升。2016 年 7 月 27 日，1 根大阴线打破了整个股价的上升格局，同时，6 日 RSI 指标线与 12 日 RSI 指标线、24 日 RSI 指标线再度形成死亡交叉，此时卖出信号已经非常明确了，投资者宜清仓该股。

2. 死亡交叉研判的依据

与黄金交叉相同，死亡交叉研判的依据主要包括动能反转原理和动态平衡原理。

（1）动能反转原理。

按照动能反转原理，股价在上涨或下跌过程中，都是以动能作为支撑的。股价持续上涨时，动能必然持续增大，当动能达到极限，无法继续增大或出现衰减时，股价的上涨将很难持续，未来有下跌的可能。

当 RSI 指标进入 80 线以上区域后自上而下出现拐头时，说明上涨动能变弱，推动下跌的动能开始出现，但此时仍处于上涨趋势，投资者不宜执行卖出操作。其后，当短期 RSI 指标线自上而下穿越中长期 RSI 指标线时，说明下跌动能已经取得主动。鉴于 RSI 指标的设计结构，可以推导出：当短期 RSI 指标自上而下穿越中长期 RSI 指标后，短期内收盘为阴线的次数和质量均高于中长期。也就是说，短期内股价下跌动能开始呈现强势，短期内 RSI 指标继续走低的可能性较大，股价也会同步下跌。

不过，由于此时短期 RSI 指标和中长期 RSI 指标尚处于顶部区域，市场仍由多方主导，因此，投资者不必直接清空仓位，可以采用部分卖出的策略。一旦 RSI 指标跌破 50 线位置，则需彻底清仓。

（2）动态平衡原理。

股价往往会围绕某一中心线波动，当股价上升过快时，就会向中心线回调靠拢，且中心线也会根据股价的波动发生变化，整个股市就是处于这种动态平衡之中。当股价持续下跌时，短期RSI指标和中长期RSI指标会持续走低，并远离中心线 50 线。当短期 RSI 指标和中长期 RSI 指标下降到一定程度后，短期 RSI 指标会先中长期 RSI 指标一步向中心线 50 线靠拢，反弹或反转就会出现。拐头意味着回调或反转可能会出现，而死亡交叉点就是对反弹或反转趋势成立的一个确认。

3. 死亡交叉的操作建议

死亡交叉因其出现的位置不同，往往预示着不同的交易指导意义。

（1）高位死叉。当股价上涨至高位或者正处于高位盘整阶段时，6 日 RSI 指标下穿 12 日 RSI 指标和 24 日 RSI 指标，此时出现的死叉，往往预示着股价将出现一波回调或下跌走势，此时，投资者最好能够部分出货。

不过，若出现下列情形之一，投资者需要特别注意。

第一，6 日 RSI 指标与 12 日 RSI 指标形成死叉时，30 日均线和 24 日 RSI 指标仍旧呈上升态势，且股价没有跌破明显的支撑位（没有跌破 10 日均线更好），6 日 RSI 和 12 日 RSI 没有跌破 24 日 RSI 指标，则未来股价重新上涨的可能性较大。

第二，死叉出现前，股价上涨过程中，成交量持续放大；死叉出现，股价回调时，成交量呈萎缩态势。

第三，股价明显处于上涨趋势中，且市场做多气氛浓厚。

如图 3-9 所示，凌云股份的股价在 2017 年 4 月初启动了一波快速上涨行情。该股股价不断创出新高时，RSI 指标的各条指标线也先后进入超买区域。2017 年 4 月 12 日，该股股价在前一交易日涨停的前提下以跌停报收。与此同时， 6 日 RSI 指标与 12 日 RSI 指标跌破 24 日 RSI 指标形成死叉，且交叉点位于 80 线附近，这属于典型的高位死叉，未来该股走弱的可能性很大。鉴于该股之前已经有过一段大幅拉升的过程，因此，未来大幅回调的概率很高。

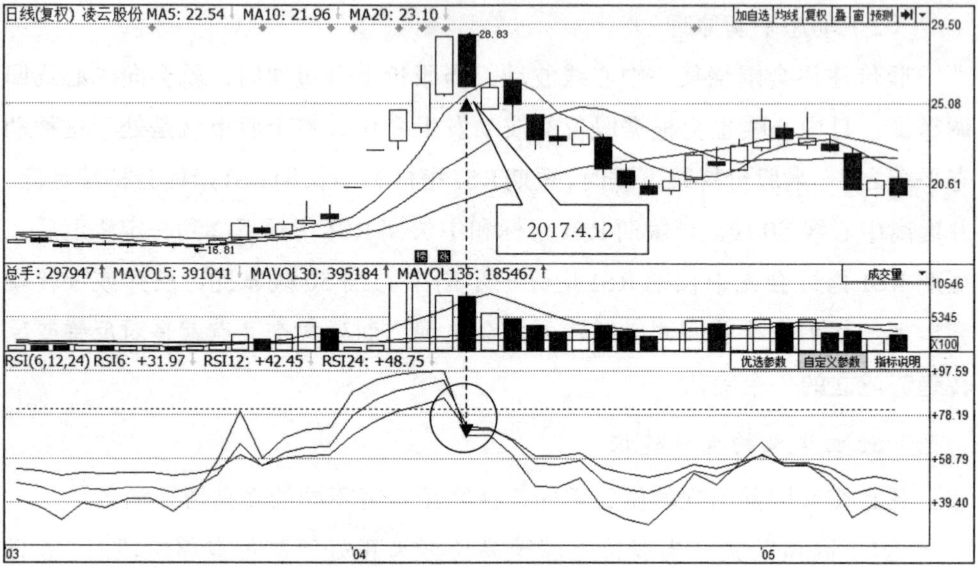

图 3-9 凌云股份（600480）RSI 指标走势图

（2）低位死叉。当股价处于底部区域时，RSI 指标的各条指标线也会随之来到超卖区域附近，此时，若股价出现小幅反弹，6 日 RSI 指标很可能会向上穿越 12 日 RSI 指标形成底部金叉。此后，若股价重归跌势，则 6 日 RSI 指标会再度穿越 12 日 RSI 指标形成底部死叉。底部死叉的形成，大致与这样两种情况有关。

其一，主力在股价下跌或筑底时，会采用一些诱多与打压技巧，使得更多的投资者丧失对该股的信心而放弃持有该股。

其二，主力在拉升股价前采用的一个试盘动作，用以测试筹码的牢靠程度。

总之，当股价处于底部区域时，持币的投资者不宜轻易入场。

如图 3-10 所示，赛福天的股价在 2017 年上半年开始一路呈震荡下行趋势。随着股价的下跌，RSI 指标的各条指标线也全线走低。处于下跌趋势中的赛福天曾出现了几次短暂的反弹，在 2017 年 5 月 4 日到 5 月 22 日期间，RSI 指标曾两次出现低位死亡交叉形态。由于此时该股正处于下跌趋势中，投资者宜远离该股。

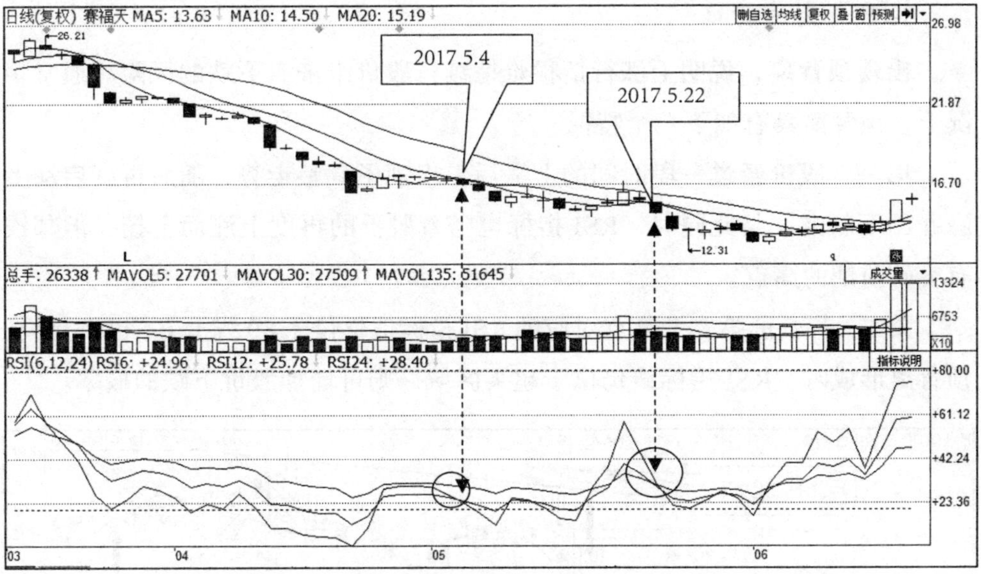

图 3-10　赛福天（603028）RSI 指标走势图

低位死叉出现之前，会出现低位金叉，但这个低位金叉往往是主力为散户设置的一个诱多陷阱。很多投资者见到低位金叉就想买入股票，很容易被套牢在“半山腰”。

第三节　RSI 指标顶背离与底背离

RSI 指标背离，是指股价在上涨（下跌）过程中不断创出新高（新低），但 RSI 指标却没有创出新高（新低）的一种现象。

RSI 指标背离主要包括顶背离和底背离两种。

一、顶背离的原理及操作建议

顶背离是指股价在上涨过程中创下的高点一个比一个高，但 RSI 指标中的各条指标线却没有创出新高的现象。

1. 顶背离的特征

出现顶背离，说明上涨行情很难持续，股价未来有下跌的风险。通常情况下，顶背离具有如下几个特征。

第一，股价经过一段时间的上涨后，出现了调整走势，随后再度启动上涨并创下新高。与此同时，RSI 指标也随着股价的再度上涨而上扬，但却没有突破前期的高点。

第二，若股价第二个高点对应的 RSI 指标值仍位于 80 线上方，也就是说，顶背离形成时，RSI 指标线仍位于超买区域，则可增加股价下跌的概率。

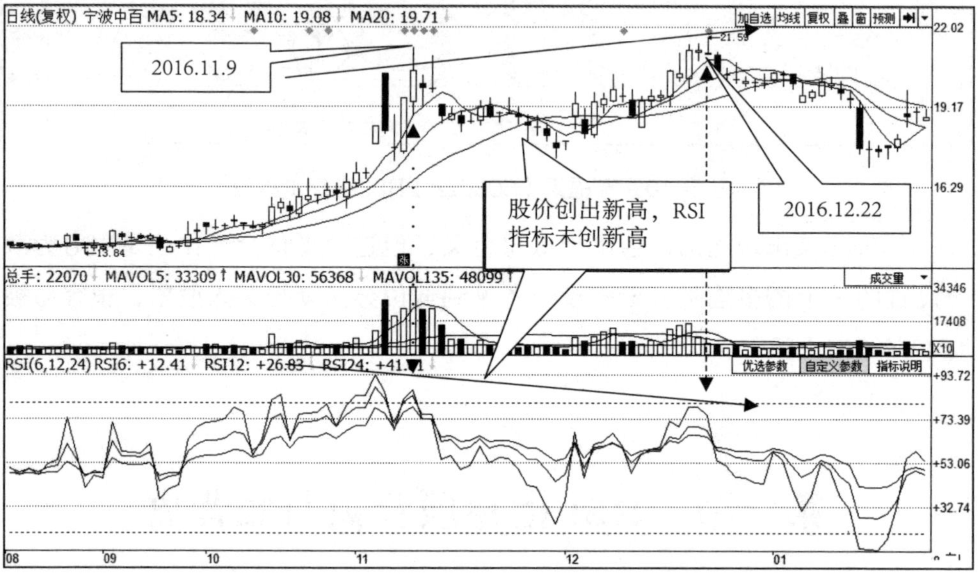

图 3–11 宁波中百（600857）RSI 指标走势图

如图 3-11 所示，宁波中百的股价在 2016 年下半年的一波上升趋势中，于 2016 年 11 月到 12 月期间出现了明显的筑顶迹象。2016 年 11 月 9 日，该股股价创下一段时间内的高点后回落，在 K 线图上留下了长上影线，与此同时，RSI 指标也创下一个高点后迅速回落。

此后，该股股价经过一段时间的调整后重新开始上升。2016 年 12 月 22 日，该股股价再次创出新高，且此高点高于 11 月 9 日创下的高点。与此同时，RSI 指标也随着股价的上涨创出一个高点，不过这个高点相比于 11 月 9 日的高点要低。也就是说，在股价创出新高时，RSI 指标并未随之创出新高，RSI 指标顶背离形态正式形成。

RSI 指标出现顶背离，说明股价上涨力量不足，未来存在下跌的可能。一旦更为明确的卖出信号出现，投资者应立即卖出该股。

2. 顶背离背后的原理

（1）趋势价格一致原理。

趋势价格一致原理是指在上涨趋势中，价格趋于交易区域的上部收盘。这一理论直接反映到 RSI 指标中，就会出现这样的情况。正常上升趋势中，股票收盘价呈上涨的情况非常多，RSI 指标的数值必然持续走高。也就是说，上升趋势中，RSI 指标线会一直上升。理论上，当股价创下相邻两个高点，且后一个高于前一个的时候，RSI 指标的数值也会出现同样的情形，即后一个高点高于前一个高点。当 RSI 指标并未与股价同步时，说明股价的上升趋势存在不确定性，至少不是一个正常的上升趋势。这样的上升趋势，必然不会长期存在，不久的将来上升趋势必然会出现转向。

（2）动能反转原理。

动能反转原理是指股价在上涨或下跌过程中，都是以动能作为支撑的。股价持续上涨时，动能必然持续增大。当动能达到极限，无法继续增大或出现衰减时，股价的上涨将很难持续，未来有下跌的可能。顶背离出现时，股价连续形成两个高点，动能必然会连续两次出现增大。当股价形成后一个高点时，动能无法创下新的高点，这就说明动能有所不足，未来股价下跌的概率很大。

3. 顶背离的操作建议

股价与 RSI 指标出现顶背离时，在具体操作方面需要注意以下几点。

第一，成交量的变化。股价与 RSI 指标出现顶背离时，又同步与成交量指标出现顶背离，则意味着股价下跌的可能性非常大。

第二，股价与 RSI 指标出现顶背离的次数越多，股价下跌的可能性越大。

第三，顶背离形成后，短期 RSI 指标自上而下穿越中长期 RSI 指标形成交叉时，投资者可卖出部分股票。若 RSI 指标跌破 50 线，则可清空仓位。

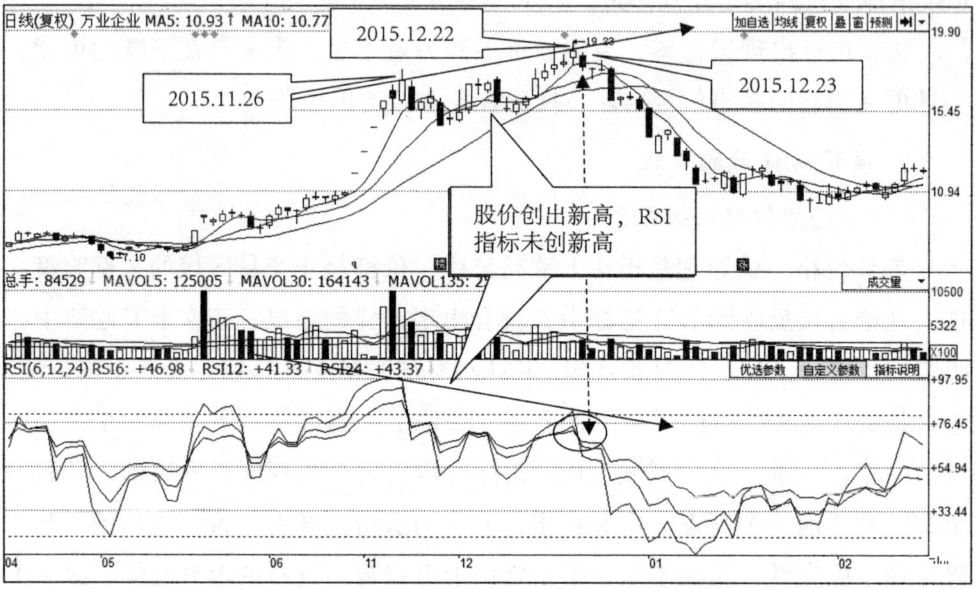

图 3–12　万业企业（600641）RSI 指标走势图

如图 3-12 所示，万业企业的股价在 2015 年下半年出现了一波大幅上涨行情。随着股价的上涨，RSI 指标的各条指标线也逐步进入超买区域。

2015 年 11 月 26 日，万业企业的股价创下阶段高点后出现回调。与此同时，RSI 指标也在同日创下阶段高点，其后随着股价的回调而逐步走低。

其后，该股股价经过一段时间的震荡盘整，重新启动了上攻行情，RSI 指标也随之走高。2015 年 12 月 22 日，该股股价再度刷新前期高点后出现回调，此时 RSI 指标也在形成高点后拐头向下，不过，RSI 指标创下的高点要远远低于 11 月 26 日形成的高点。这说明 RSI 指标并未随着股价创出新高而再创新高，于是 RSI 指标与股价正式形成顶背离形态。

12 月 23 日，万业企业的股价以中阴线报收，6 日 RSI 指标和 12 日 RSI 指标同时拐头向下穿越 24 日 RSI 指标，这说明该股的卖点已经出现，投资者宜获利了结。

二、底背离的原理及操作建议

底背离是指股价在下跌过程中，创下的低点一个比一个低，但 RSI 指标没有创出新低的现象。

1. 底背离的特征

出现底背离说明下跌行情很难持续，股价未来存在筑底反弹的可能。通常情况下，底背离具有如下几个特征。

第一，股价经过一段时间的下跌后出现了反弹走势，随后再度启动下跌并创下新低。与此同时，RSI 指标也随着股价的再度下跌而下降，但却没有跌破前期的低点。

第二，若股价第二个低点对应的 RSI 指标值仍位于 50 线下方，则可增加股价反弹或反转的概率。

第三，RSI 指标出现底背离，只能说明未来股价有触底反弹的可能，并不意味着股价马上会反弹，因而投资者需要等待更为明确的买入信号才能入场。

如图 3-13 所示，申能股份的股价在 2017 年上半年出现了一波震荡下跌行情。随着股价的下跌，RSI 指标的各条指标线也逐步走低。

2017 年 4 月 24 日，申能股份的股价在创下阶段低点后出现反弹。与此同时，RSI 指标也在同日创下阶段低点，其后随着股价的反弹逐步走高。

其后，该股股价经过一段时间的震荡盘整，重新启动了下跌行情，RSI 指标也随之走低。2017 年 5 月 11 日，该股股价再度刷新前期低点后出现反弹。此时，RSI 指标也在形成低点后拐头向上，不过 RSI 指标创下的低点要远远高于 4 月 24 日形成的低点。这说明 RSI 指标并未随着股价创出新低而再创新低，至此，RSI 指标与股价正式形成底背离形态。

2. 底背离背后的原理

（1）趋势价格一致原理。

趋势价格一致原理，是指在下降趋势中，价格趋于交易区域的下部收盘。这一理论直接反映到 RSI 指标中，就会出现这样的情况。正常下跌趋势中，

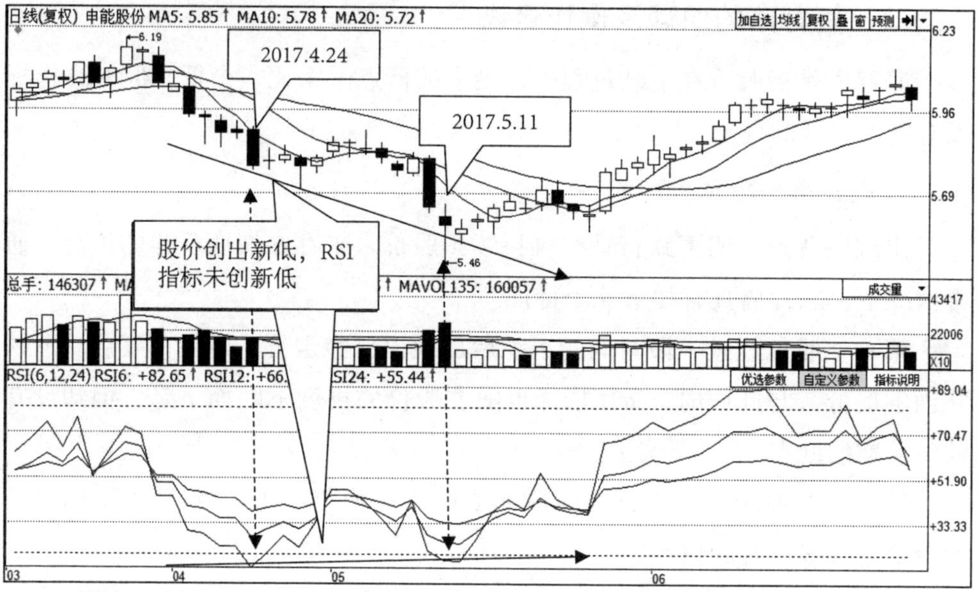

图 3–13　申能股份（600642）RSI 指标走势图

股票收盘价呈下跌的情况非常多，RSI 指标的数值必然持续走低。也就是说，下跌趋势中，RSI 指标线会一直下跌。理论上，当股价创下相邻两个低点且后一个低于前一个的时候，RSI 指标的数值也必然会出现同样的情形，即后一个低点低于前一个低点。但是，当 RSI 指标并未与股价同步时，说明股价的下跌趋势存在不确定性，至少不是一个正常的下跌趋势。这样的下跌趋势必然不会长期存在，在不久的将来必然会出现转向。

（2）动能反转原理。

动能反转原理是指股价在上涨或下跌过程中，都是以动能作为支撑的。股价持续下跌时，动能必然持续增大。当动能达到极限，无法继续增大时，股价的下跌将很难持续，未来有反弹的可能。底背离出现时，股价连续形成两个低点，动能必然会连续两次出现增大。当股价形成后一个低点时，动能无法创下新的低点，这就说明动能有所不足，未来股价反弹的概率很大。

3. 底背离的操作建议

股价与 RSI 指标出现底背离时，在具体操作方面需要注意以下几点。

第一，成交量的变化。股价与 RSI 指标出现底背离时，又同步与成交量指标出现底背离，则意味着股价反弹的可能性非常大。

第二，股价与 RSI 指标出现底背离的次数越多，说明股价反弹的可能性越大。

第三，底背离形成后，短期 RSI 指标自下而上穿越中长期 RSI 指标形成交叉时，投资者可买入部分股票。若 RSI 指标向上突破 50 线，则可加仓买入。

如图 3-14 所示，华新水泥的股价在 2017 年上半年出现了一波震荡下跌走势。该股股价在下跌过程中不断刷新最低点，而 RSI 指标却出现了一波比一波高的走势。2017 年 4 月 24 日，华新水泥的股价创出阶段低点后反弹，RSI 指标同步出现阶段低点后反弹。5 月 11 日，该股股价再创新低，而 RSI 指标虽走出低点，但此低点比 4 月 24 日的低点要高。5 月 24 日，该股股价第三次创出新低，而 RSI 指标创出的低点比 5 月 11 日的低点还要高。也就是说，随着股价连续创出新低，RSI 指标的 3 个低点却是一个比一个高。至此，RSI 指标底背离形态正式形成，未来股价结束筑底、反弹向上的概率很大。

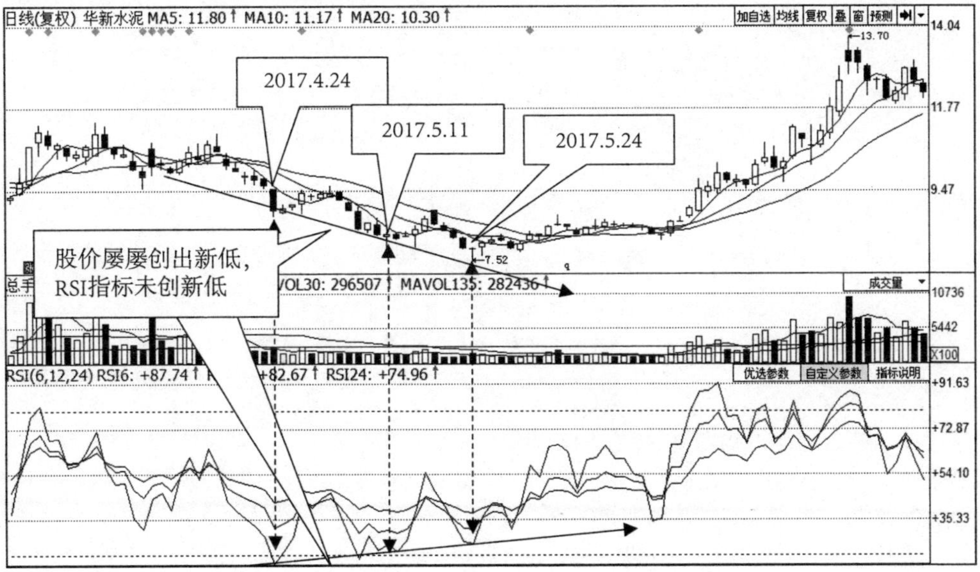

图 3-14　华新水泥（600801）RSI 指标走势图

第四章

RSI 指标经典分析技法

前面介绍的 RSI 指标的用法，多是利用 3 条 RSI 指标线来分析股价走势的。投资者也可以选择 1 条指标线分析股价的运行趋势，例如，6 日 RSI 指标或 12 日 RSI 指标。当然，投资者也可以根据个人偏好选择分析周期，如 9 日 RSI 指标。本章以 12 日 RSI 指标为例，介绍单条 RSI 指标线的分析方法。

第一节　RSI指标顶部与底部分析

RSI指标运行至超买或超卖区域时，就会出现明显的顶部或底部形态，这也可以理解为超买或超卖的另一种特殊形式。投资者如果选择的分析周期比较短，如6日、9日、12日，那么，以80线和20线作为超买和超卖区域的分界线即可。若选择的分析周期较长，如14日、21日、24日、33日，则可考虑将70线和30线作为超买和超卖区域的分界线。

一、RSI指标顶部分析

RSI指标运行至超买区域或接近超买区域时，多方力量很可能随时由强转弱。此后，由于多方力量无法持续增强，RSI指标线就会出现回落现象，而此时股价可能还会因为惯性的作用继续上攻一段时间，也就是说，RSI指标很可能会先于股价形成顶部。RSI指标的顶部形态，其实就是提醒投资者行情反转可能到来。

1.RSI指标的顶部特征

RSI指标形成顶部时，具有如下几项特征。

第一，随着股价的上涨，RSI指标已经越过或接近80线，这意味着多方力量即将衰竭。

第二，RSI指标线不再继续上升，而是出现了明显拐头向下走势，这说明多空双方力量对比发生转变，也说明多方力量开始呈现明显的不足。

第三，随着RSI指标顶部出现，股价出现了回调或盘整走势。

如图 4-1 所示，长春一东的股价在 2016 年底启动了一波快速上涨行情。随着股价的上升，RSI 指标也快速上升，并在 2017 年初进入了超买区域，此时投资者需要特别留心 RSI 指标未来的动向。

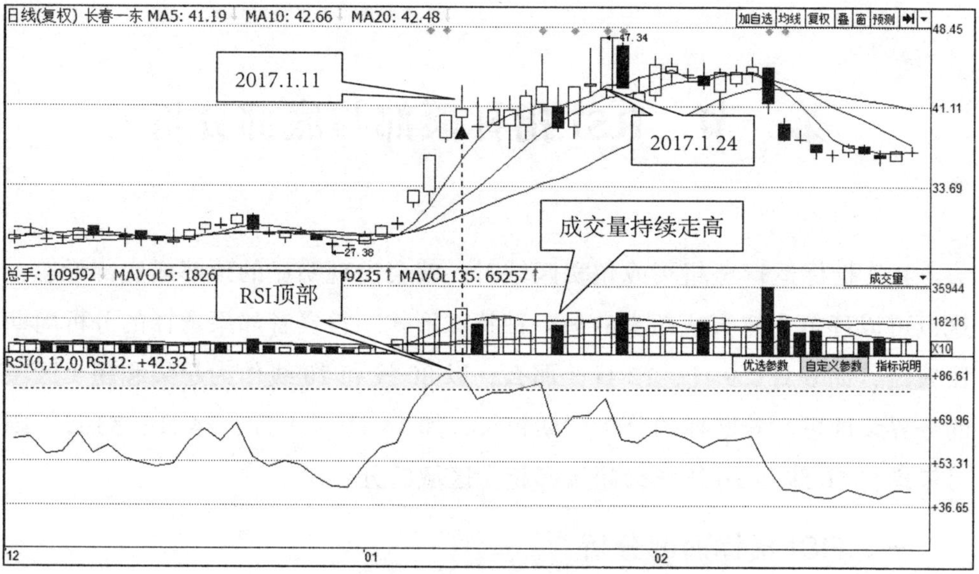

图 4-1　长春一东（600148）RSI 指标走势图

2017 年 1 月 11 日，该股股价触及高点后回落。与此同时，RSI 指标在超买区域内拐头向下，形成一个顶部形态。这说明该股短期内多方力量存在不足，未来有下跌的风险。

其后，该股股价经过几个交易日的调整后重新上涨，不过涨幅十分有限，并在 1 月 24 日再次创出新高后回落，而此时 RSI 指标并未接近超买区域。

从该股的 K 线图上可以看出，自 1 月 11 日该股创出高点回落后，成交量一直居高不下，这说明其后该股的震荡上升只是主力为了出货而采取的诱多行为。也就是说，RSI 指标顶部形态可以提前为投资者提供顶部预警。

2.RSI 指标形成顶部后的操作建议

RSI 指标形成顶部后，投资者可参考以下几项操作策略。

第一，RSI 指标形成顶部后，跌破 80 线位置，可考虑减仓操作。通常情况下，RSI 指标超买后，股价可能还有一段升幅，不过，相比之前的上涨，此时投资者面临的风险与收益都在增加（毕竟股价最后阶段的升幅往往都是非常巨大的，也就是人们常说的“最后的疯狂”），因此，最安全的做法是先卖出部分股票。

第二，RSI 指标形成顶部后的运行态势，决定了后续的操作方针。如 RSI 指标经过回调后重新上升，且能够超越前一个高点，则说明股价有可能出现一波新的上攻，投资者可考虑补仓。如 RSI 指标小幅回升，投资者可继续持有剩余的股票；如 RSI 指标跌破 50 线，则说明多空力量对比逆转，投资者可考虑清仓操作。

第三，观察 RSI 指标形成顶部之后的量价关系。若 RSI 指标形成顶部后，股价出现横向震荡或缓慢上升态势，且成交量居高不下，则说明主力很可能在出货。股价回调时，若成交量萎缩，且股价重新上升时成交量再度放大，则意味着之前的回调可能仅是上涨途中的一次整理。

如图 4-2 所示，皖江物流的股价在 2016 年下半年启动了一波快速上涨行情。随着股价的上升，RSI 指标也快速上升，并在 2016 年 11 月下旬进入了超买区域，此时投资者需要特别留心 RSI 指标未来的动向。

2016 年 11 月 25 日，该股股价触及高点后回落。与此同时，RSI 指标在超买区域内拐头向下，形成一个顶部形态。这说明该股短期内多方力量出现不足，未来有下跌的风险，保守型投资者可在 RSI 指标跌破 80 线时卖出部分股票。

其后，该股股价经过几个交易日的调整后重新上涨，不过涨幅十分有限。12 月 7 日股价再次创出新高后回落，而此时 RSI 指标并未接近超买区域，投资者可在此时再次卖出部分股票。

从该股的 K 线图可以看出，自 11 月 25 日该股创出新高点回落后，成交

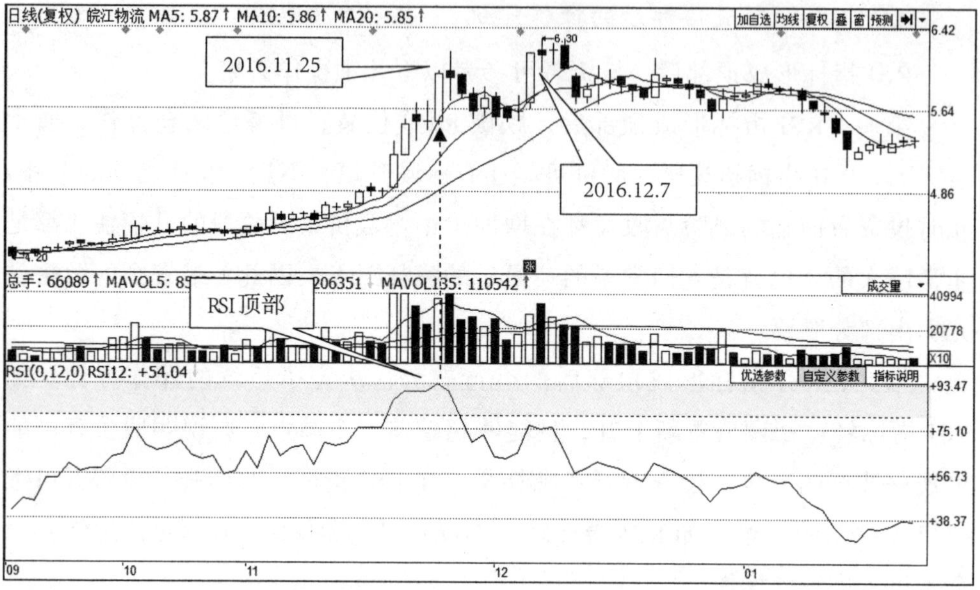

图 4-2 皖江物流（600575）RSI 指标走势图

量一直居高不下，这说明其后该股的震荡上升只是主力为了出货而采取的诱多行为，投资者可在 RSI 指标跌破 50 线时清空仓位。

二、RSI 指标底部分析

RSI 指标运行至超卖区域或接近超卖区域时，空方力量很可能随时由强转弱。此后，由于空方力量无法持续增强，RSI 指标线就会出现反弹现象，此时股价可能还会因为惯性的作用继续下跌一段时间，也就是说，RSI 指标很可能会先于股价形成底部。RSI 指标的底部形态，其实就是提醒投资者行情反转可能到来。

1.RSI 指标的底部特征

RSI 指标形成底部时，具有如下几个特征。

第一，随着股价的下跌，RSI 指标已经越过或接近 20 线，这意味着空方力量即将衰竭。

第二，RSI 指标线不再继续下降，而是出现了明显的拐头向上走势，这说明多空双方力量对比发生转变，也说明多方开始显示实力。

第三，随着 RSI 指标出现底部，股价出现了反弹或盘整走势。

如图 4-3 所示，焦作万方的股价在 2017 年上半年启动了一波震荡下跌行情。随着股价的下跌，RSI 指标也快速下降，并在 2017 年 5 月中旬进入了超卖区域，此时投资者需要特别留心 RSI 指标未来的动向。

2017 年 5 月 15 日，该股股价触及低点后反弹。与此同时，RSI 指标在超卖区域内拐头向上，形成一个底部形态。这说明该股短期内空方力量出现不足，未来有反弹的可能。

图 4-3　焦作万方（000612）RSI 指标走势图

其后，该股股价经过几个交易日的整理后重新下跌，不过跌幅十分有限，并在 6 月 2 日再次创出新低后反弹向上，而此时 RSI 指标并未到达超卖区域。

从该股的 K 线图上可以看出，自 5 月 15 日该股触及低点反弹后，成交量并未明显放大，这说明主力并未进场。6 月 2 日，该股才在创下新低后反弹向上。也就是说，RSI 指标底部形态可以提前为投资者提供底部预警。

2.RSI 指标形成底部后的操作建议

RSI 指标形成底部后，投资者可参考以下几项操作策略。

第一，RSI 指标形成底部后，向上突破 20 线位置，说明 RSI 底部形态形成。通常情况下，RSI 指标超卖后，股价可能还会有一段跌幅，不过相对之前的下跌，此后的跌幅可能不会太大，不过投资者仍不宜入场交易，毕竟当时仍是空方占据绝对优势的地位。

第二，RSI 指标形成底部后的运行态势，决定了后续的操作方针。如 RSI 指标经过反弹后重新下跌，且能够跌破前一个低点，则说明股价可能有一波新的下跌。如 RSI 指标形成底部形态后再度小幅下跌，且新形成的低点高于前一个低点，投资者可在其他技术指标发出入场信号时（如股价向上突破 10 日均线、股价突破趋势线等）少量建仓。如 RSI 指标向上突破 50 线，则说明多空力量对比逆转，投资者可考虑加仓操作。

第三，RSI 指标形成底部形态与形成顶部形态后的操作方法不同，底部形态本身并不构成买入信号，只是提醒投资者股价可能会触底，投资者在选择入场时机时必须慎重。

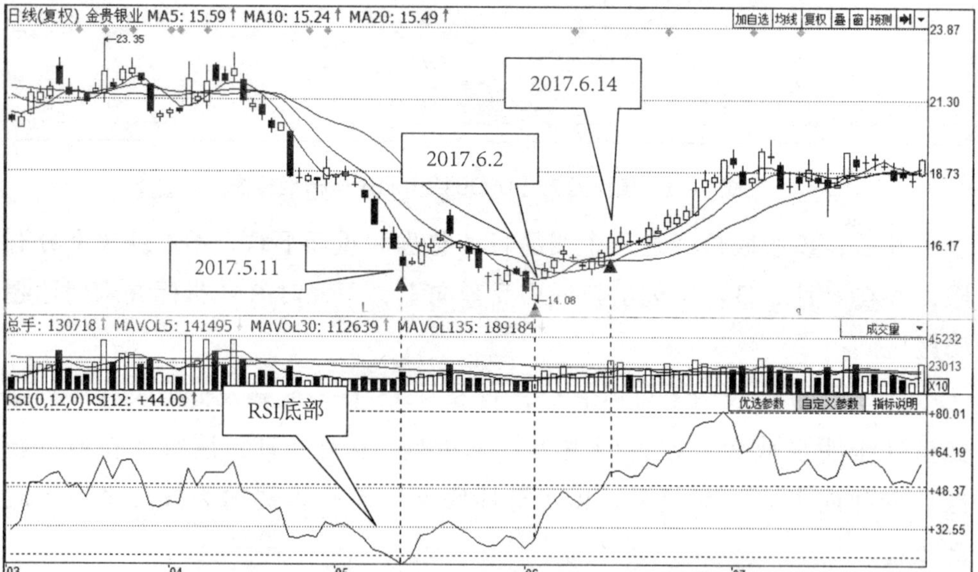

图 4-4　金贵银业（002716）RSI 指标走势图

如图 4-4 所示，金贵银业的股价在 2017 年上半年启动了一波震荡下跌行情。随着股价的下跌，RSI 指标也快速下降，并在 2017 年 5 月中旬进入了超卖区域，投资者需要特别留心 RSI 指标未来的动向。

2017 年 5 月 11 日，该股股价触及低点后反弹。与此同时，RSI 指标在超卖区域内拐头向上，形成一个底部形态。这说明该股短期内空方力量出现不足，未来有反弹的可能。

其后，该股股价经过几个交易日的整理后重新下跌，不过跌幅十分有限。6 月 2 日，股价再次触及新低后反弹向上，而此时 RSI 指标并未到达超卖区域，这只能说明股价有触底反弹的可能，投资者不宜入场交易。

此后，该股股价不断上涨，并在 6 月 14 日放量突破多条均线，同时 RSI 指标向上突破了 50 线，这说明多空双方实力已经逆转，投资者可以考虑建仓该股。

第二节　RSI 指标经典形态分析

RSI 指标是为数不多的能够对其走势形态进行直接分析的指标。投资者可以通过分析 RSI 指标的一些经典形态来识别底部与顶部。

一、W 底形态

RSI 指标随着股价的下跌而下降，在股价下跌的尾声，RSI 指标线可能会在底部区域出现反复震荡走势，从而形成 W 底形态。

1.RSI 指标 W 底的特征

W 形底又称双重底，出现在一段下跌行情的末尾。该形态有两个明显的价格低谷，且两个低谷的最低点大致处于同一价位上，形状就像英文字母“W”。如图 4-5 所示。

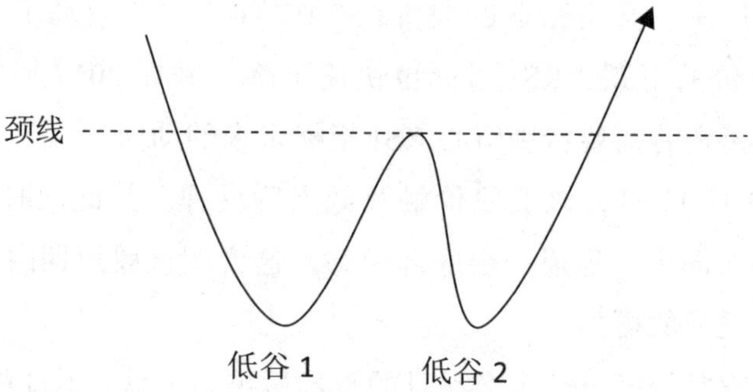

图 4–5　W 形底

RSI 指标 W 形底的形成经历了这样的过程：RSI 指标随着股价下跌到达一定的点位水平后，下跌动能出现不足。由于股价太低，持股的投资者不愿意割肉，一些持币的投资者受到低价吸引尝试买入，因而股价出现技术性反弹，RSI 指标随之走高，形成了第一个低谷。股价上涨了一定幅度之后，短期获利的投资者及时将获利回吐，前期不愿割肉的投资者也趁机减仓卖出，之后股价再次下跌，RSI 指标随之走低。RSI 指标回落到上次低点附近时获得支撑，此时股价可能已经重新开始上涨，吸引了越来越多的投资者跟进买入，股价冲破了前一次反弹的高点，RSI 指标随之反弹，形成了第二个低谷。

通过反弹高点画一条水平直线，就得到了 W 形底的颈线。RSI 指标向上突破该颈线，才能视为 W 形底形态正式构筑完成。

2.RSI 指标 W 底的形成与操作建议

W 形底是一种转势形态，它的出现预示着跌势即将结束。不过，投资者还应注意以下几点。

第一，W 形底形成过程中，若底部的低点位于 20 线下方，则可增强 W 底的有效性。

第二，W 形底形成过程中，股价的运行可能出现这样三种情况。

其一，RSI 指标形成第二个底部时，股价并未到达前一低点即已展开反弹。这是由于股价在第二次筑底时，股价未跌至较低价位，就被急于入场的资金拉起。这种情况较少发生，多数是由于一些利好消息或大盘上涨带动个股快速上攻形成的一种状况。

其二，RSI 指标形成 W 底时，股价同步形成了 W 底，这说明股价与动能走势相吻合。一旦股价向上突破 W 底颈线位置，投资者即可跟进建仓。

其三，RSI 指标形成第二个底部，且第二个底略高于第一个底，同时股价跌破了前期低点，这就形成了一种底背离形态。这种底背离形态预示着股价在未来的某一时段将启动反弹走势，投资者宜密切关注盘面变化。

第三，RSI 指标形成 W 底后，若股价反弹，RSI 指标向上突破 W 底颈线位置时，投资者应留意盘面变化，随时准备入场。若有其他技术指标发出入场信号，则可少量建仓。

第四，RSI 指标突破颈线位后，如果继续上升，且突破了 50 线位置，投资者可考虑加仓买入。

第五，在 W 底形成过程中，RSI 指标有时会有多于两个底的形态出现，但是也可按照 W 底的原则进行分析，如图 4-6 所示。

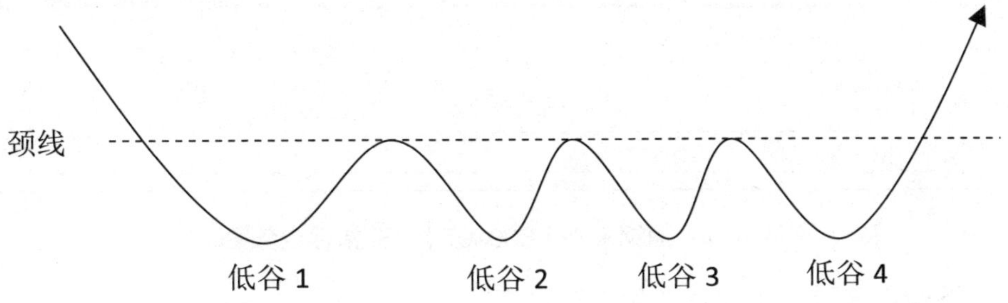

图 4–6　变形 W 底

下面来看一下酒钢宏兴的案例。

如图 4-7 所示，酒钢宏兴的股价在 2017 年上半年出现了一波下跌走势。随着股价的走低，RSI 指标逐渐下跌。2017 年 4 月至 5 月上旬期间，酒钢宏兴的股价出现了震荡式下跌，即在下跌途中出现了一小波反弹，与此同时，RSI 指标呈现出了 W 底形态。出现这种形态，说明该股下跌动能不足，未来有反弹的可能。

2017 年 5 月 16 日，酒钢宏兴的股价小幅反弹，RSI 指标自底部向上突破了 W 底的颈线位置，这说明该股反弹行情一触即发，投资者宜做好准备，激进型投资者可少量建仓该股。

其后，该股股价出现了一波横向盘整。6 月 14 日，该股股价突破并站稳了均线，RSI 指标也在此时向上突破了 50 线位置，这说明该股多空力量已经逆转，投资者可考虑建仓或加仓。

图 4-7　酒钢宏兴（600307）RSI 指标走势图

下面再来看一下宏达股份的案例。

如图 4-8 所示，宏达股份的股价在 2017 年上半年出现了一波下跌走势。随着股价的走低，RSI 指标逐渐下跌。2017 年 4 月至 5 月中旬，宏达股份的股价出现了震荡式下跌，即在下跌途中出现了几次小波段反弹。与此同时，RSI 指标在底部形成过程中出现了多次反复，构成了 W 底变形形态，这说明该股下跌动能不足，未来有反弹的可能。

2017 年 5 月 25 日，宏达股份的股价小幅反弹，RSI 指标自底部向上突破了 W 底的颈线位置，这说明该股反弹行情一触即发，投资者宜做好准备，激进型投资者可少量建仓该股。

其后，该股股价出现了一波横向盘整。6 月 13 日，该股股价突破并站稳了均线，RSI 指标也在此时向上突破了 50 线位置，这说明该股多空力量已经逆转，投资者可考虑建仓或加仓。

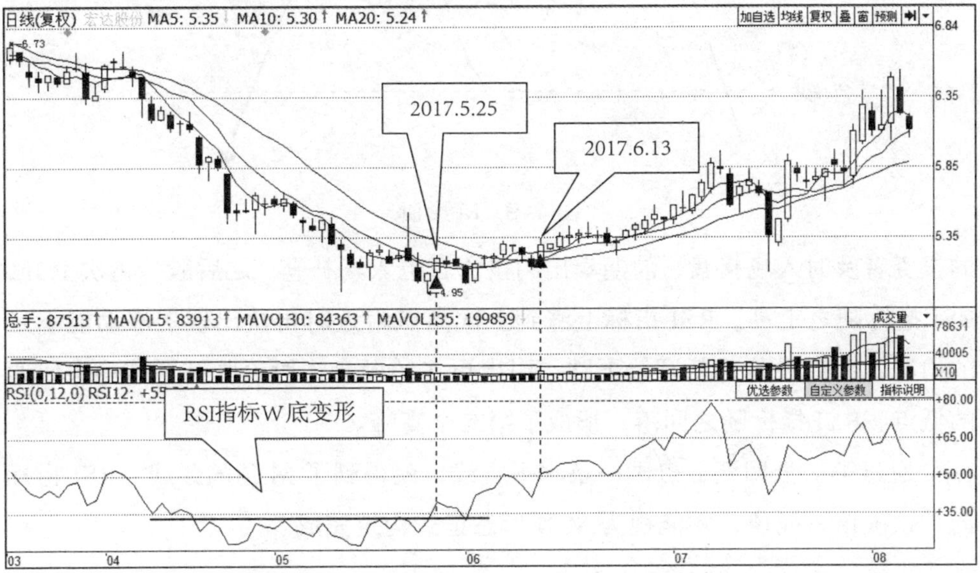

图 4-8 宏达股份（600331）RSI 指标走势图

二、M 顶形态

RSI 指标随着股价的上涨而上升，在股价上涨的尾声，RSI 指标线在顶部区域可能会出现反复震荡走势，从而构成了 M 顶形态。

1.RSI 指标 M 顶的特征

M 顶又称双重顶，出现在一段上涨行情的末尾。该形态有两个明显的价格高峰，且两个高峰的最高点大致处于同一价位上，形状就像英文字母“M”。如图 4-9 所示。

RSI 指标 M 形顶的形成经历了这样的过程：RSI 指标随着股价上涨到一定的点位水平后，上涨动能开始不足。由于股价太高，持币的投资者不愿入场，一些持股的投资者开始尝试兑现利润，因而股价出现技术性调整，RSI 指标随之走低，形成了第一个高峰。股价跌到一定幅度之后，继续看好后市

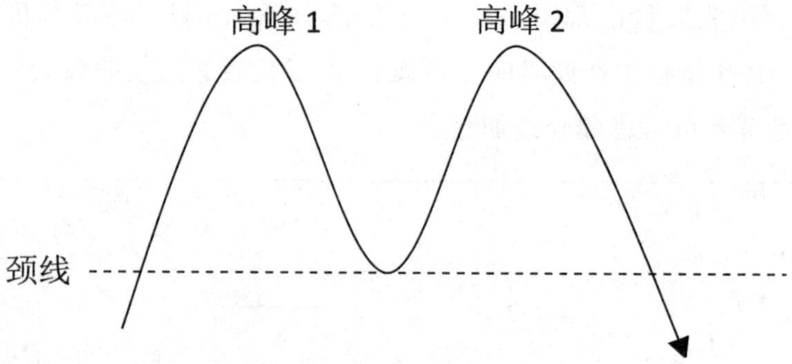

图 4–9　M 形顶

的投资者及时入场接盘，前期卖出的投资者也入场补仓，之后股价再次上升，RSI 指标随之走高。RSI 指标上涨到上次高点附近时再次出现上涨动能不足的情况，此后股价重新开始下跌，引出更多的抛盘，股价跌破了前一次回调的低点，RSI 指标随之回落，形成了第二个高峰。

通过第一个回调低点画一条水平直线，就得到了 M 顶的颈线。RSI 指标向下跌破该颈线位，才能视为 M 顶形态正式构筑完成。

2.RSI 指标 M 顶的形成与操作建议

M 顶是一种转势形态，它的出现预示着涨势即将结束，不过投资者还应注意以下几点：

第一，在形成 M 顶的过程中，若顶部的高点位于 80 线上方，则可增强 M 顶的有效性。

第二，在形成 M 顶的过程中，股价的运行可能出现以下 3 种情况。

其一，RSI 指标形成第二个顶部时，股价并未到达前一高点即已回落，这是由于股价在第二次筑顶时未涨至较高价位，就被急于抛售的卖盘打压回落。

其二，RSI 指标形成 M 顶时，股价同步形成了 M 顶，这说明股价与动能走势吻合。一旦股价向下跌破 M 顶的颈线位置，投资者即可跟进卖出。

其三，RSI 指标形成第二个顶部时，第二个顶略低于第一个顶，而股价突破了前期高点，这就形成了一种顶背离形态，预示着股价在未来的某一时段将启动下跌走势，投资者宜密切关注盘面变化，不急于卖出股票。

第三，RSI 指标形成 M 顶后，若股价回落，RSI 指标向下跌破 M 顶的颈线位置时，投资者可考虑部分出货。一旦 RSI 指标跌破 50 线，则应清仓。

第四，在 RSI 指标形成 M 顶的过程中，有时会有多于两个顶的形态出现，但是也可按照 M 顶的原则进行分析，如图 4-10 所示。

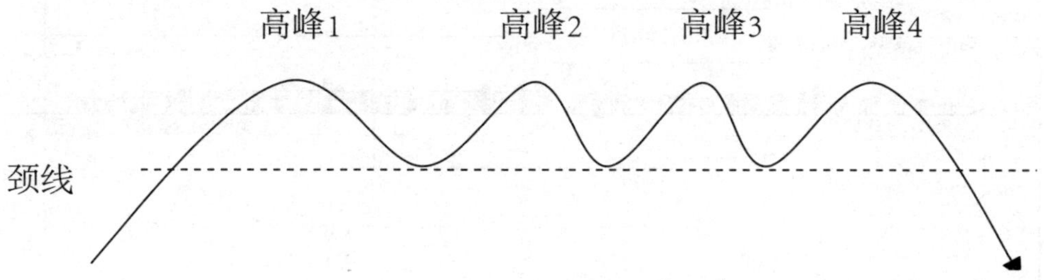

图 4-10 变形 M 顶

下面来看一下万向德农的案例。

如图 4-11 所示，万向德农的股价在 2015 年上半年出现了一波上涨走势。随着股价的走高，RSI 指标逐渐上移。2015 年 4 月至 5 月上旬，万向德农的股价出现了震荡式上升，即在上升途中出现了一小波回调。与此同时，RSI 指标呈现出了 M 顶形态，这说明该股上升动能不足，未来有下跌的可能。

2015 年 5 月 22 日，万向德农的股价小幅回调，RSI 指标自顶部向下跌破了 M 顶的颈线位置，这说明该股下跌行情一触即发，投资者宜卖出部分股票。

其后，该股股价经过几个交易日的调整后重新上升，不过这一升势并未维持太久。6 月 18 日，该股股价跌破了多条均线，RSI 指标也在此时向下跌破了 50 线位置，这说明该股多空力量已经逆转，投资者可考虑清仓。

下面再来看一下太极实业的案例。

如图 4-12 所示，太极实业的股价在 2016 年上半年出现了一波上涨走势。随着股价的走高，RSI 指标逐渐上移。2016 年 5 月至 7 月上旬，太极实业的股价出现了震荡式上升，即在上升途中出现了一小波回调。与此同时，RSI 指标呈现出了 M 顶变形的顶部形态，这说明该股上升动能不足，未来有下

图 4-11　万向德农（600371）RSI 指标走势图

图 4-12　太极实业（600667）RSI 指标走势图

跌的可能。

2016 年 6 月 30 日，太极实业的股价开始回调，RSI 指标自顶部向下跌破了 M 顶的颈线位置，这说明该股下跌行情一触即发，投资者宜卖出部分股票。

其后，该股股价经过几个交易日的调整后重新上升，不过这一升势并未维持太久。7 月 12 日，该股股价跌破了多条均线，RSI 指标也在此时向下跌破了 50 线位置，这说明该股多空力量已经逆转，投资者可考虑清仓。

三、头肩底形态

头肩底形态的形成与 W 底相似，也是在一段下跌行情的末尾，RSI 指标线在底部区域出现反复震荡走势，从而构成一种底部形态。

1.RSI 指标头肩底的特征

头肩底出现在下跌行情中，由 3 个低谷组成，左右 2 个低谷相对较浅，基本处在同一水平位置上，中间 1 个低谷的低点明显低于左右 2 个低谷的低点，其形态就像一个倒立的人的头部和两肩。如图 4-13 所示。

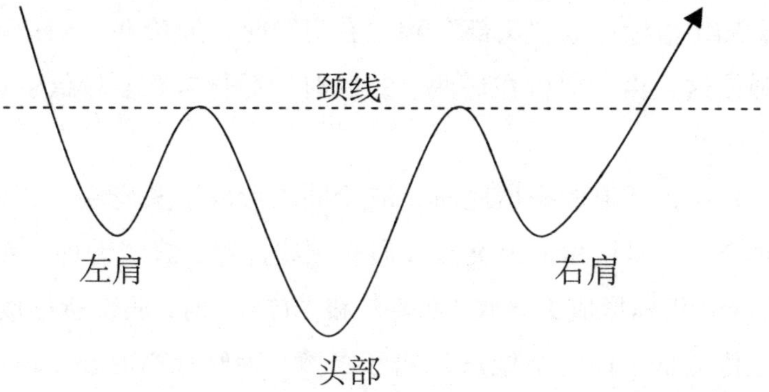

图 4-13　头肩底

RSI 指标头肩底的形成经历了这样的过程：RSI 指标随着股价下跌到一定的点位水平后，下跌动能出现不足。由于股价太低，持股的投资者不愿割肉，一些持币的投资者受到低价吸引尝试买入，因而股价出现技术性反弹，RSI 指标随之走高，形成第一个低谷，即“左肩”。股价反弹到一定的幅度之后，短期获利的投资者及时兑现利润，前期不愿割肉的投资者也趁机逢高卖出，之后股价再次下跌，RSI 指标随之走低，此次 RSI 指标跌破了前次低点后才获得支撑。由于很多投资者将此时的价位看成理想的入场价位，因而买盘入场，股价再次被拉升，RSI 指标随之回升，由此形成了“头部”形态。股价上升不久再次被抛盘打压，RSI 指标回落至“左肩”位置才获得支撑。之后因买盘涌入，股价上涨，RSI 指标再次上升，形成了第三个低谷，即“右肩”。至此，RSI 指标的头肩底形态正式形成。

将中间两次反弹形成的高点相连，画一条直线，就得到了头肩底的颈线。RSI 指标向上突破该颈线，才能视为头肩底形态正式构筑完成。

2.RSI 指标头肩底的操作建议

头肩底是一种转势形态，它的出现预示跌势即将结束，不过，投资者还应注意以下几点。

第一，在头肩底形成过程中，若头部的低点位于 20 线下方，则可增强头肩底的有效性。

第二，在头肩底形成过程中，股价的运行可能出现以下 3 种情况。

其一，RSI 指标形成“头部”和“右肩”时，股价并未到达前一低点即已展开反弹，这是由于股价在后两次筑底时，股价未跌至较低价位就被急于入场的资金拉起。

其二，RSI 指标形成头肩底时，股价同步形成了头肩底，这说明股价与动能走势吻合。一旦股价向上突破头肩底颈线位置，投资者即可跟进建仓。

其三，RSI 指标形成头肩底“头部”和“右肩”时，股价所形成的低点中，若最后一个低点低于前一个低点，就形成了一种底背离形态，预示着股价在未来的某一时段将启动反弹走势，投资者宜密切关注盘面变化。

第三，RSI 指标形成头肩底后，若股价反弹，RSI 指标向上突破头肩底颈线位置时，投资者应注意盘面变化，随时准备入场。若有其他技术指标发出入场信号，可少量建仓。

第四，RSI 指标突破颈线位后，如果继续上升，且突破了 50 线位置，投资者可考虑加仓买入。

下面来看一下云天化的案例。

如图 4-14 所示，云天化的股价在 2017 年上半年出现了一波下跌走势。随着股价的走低，RSI 指标逐渐下跌。2017 年 4 月至 6 月上旬，云天化的股价出现了震荡式下跌，即在下跌途中出现了几次小幅反弹。与此同时，RSI 指标呈现出了头肩底形态，这说明该股下跌动能不足，未来有反弹的可能。

2017 年 5 月 25 日，云天化的股价小幅反弹，RSI 指标自底部向上突破了头肩底的颈线位置，这说明该股反弹行情一触即发，投资者宜做好准备，激进型投资者可少量建仓该股。

其后，该股股价出现了一波横向盘整。6 月 20 日，该股股价突破并站稳了均线，RSI 指标也在此时向上突破了 50 线位置，这说明该股多空力量已经逆转，投资者可考虑建仓或加仓。

图 4-14 云天化（600096）RSI 指标走势图

下面再来看一下青山纸业的案例。

如图 4-15 所示，青山纸业的股价在 2017 年上半年出现了一波下跌走势。

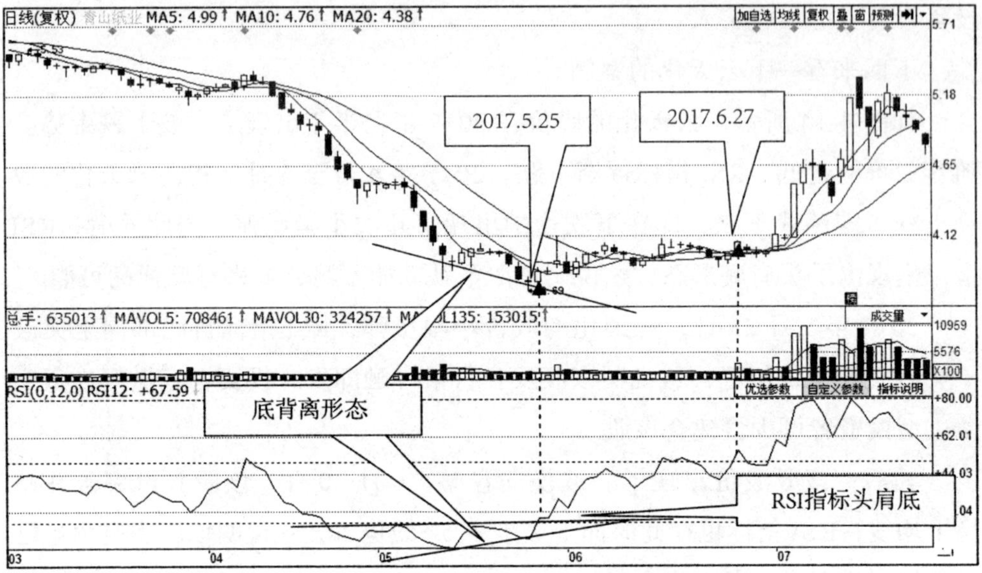

图 4-15　青山纸业（600103）RSI 指标走势图

随着股价的走低，RSI 指标逐渐下跌。2017 年 4 月至 6 月上旬，青山纸业的股价出现了震荡式下跌，即在下跌途中出现了几次小幅反弹。与此同时，RSI指标呈现出了头肩底形态，这说明该股下跌动能不足，未来有反弹的可能。在 RSI 指标走出头肩底“头部”和“右肩”过程中，股价 K 线形成的低点却一个比一个低，这时就形成了底背离形态。

2017 年 5 月 25 日，青山纸业的股价小幅反弹，RSI 指标自底部向上突破了头肩底的颈线位置，这说明该股反弹行情一触即发，投资者宜做好准备，激进型投资者可少量建仓该股。

其后，该股股价出现了一波横向盘整。6 月 27 日，该股股价突破并站稳了均线，RSI 指标也在此时向上突破了 50 线位置，这说明该股多空力量已经逆转，投资者可考虑建仓或加仓。

四、头肩顶形态

头肩顶形态的形成与 M 顶相似，也是在一段上涨行情的末尾，RSI 指标线在顶部区域出现反复震荡走势，从而构成一种顶部形态。

1.RSI 指标头肩顶的特征

头肩顶出现在上涨行情中，由 3 个高峰组成，左右 2 个高峰相对较矮，基本处在同一水平位置上，中间 1 个高峰的高点明显高于左右 2 个高峰的高点，其形态就像一个人的头部和两肩。如图 4-16 所示。

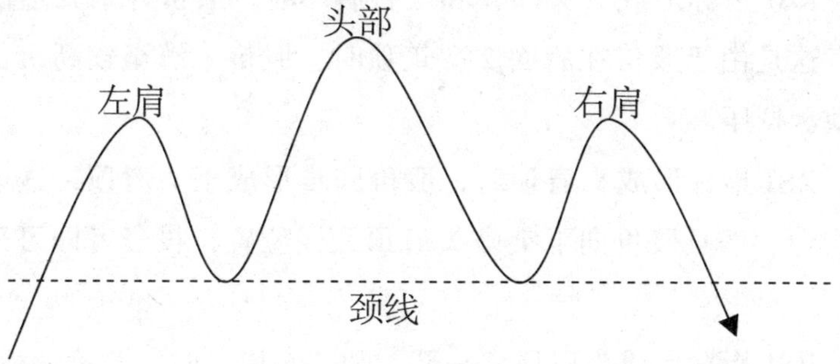

图 4–16 头肩顶

RSI 指标头肩顶的形成经历了这样的过程：RSI 指标随着股价上涨到一定的点位水平后，上涨动能开始不足。由于股价太高，持币的投资者不愿入场，一些持股的投资者开始兑现利润，因而股价出现技术性回调，RSI 指标随之走低，形成了第一个高峰，即“左肩”。股价回调一定的幅度之后，前期出局的投资者开始回流，前期不愿入场的投资者也趁机买入，之后股价再次上涨，RSI 指标随之走高。此次 RSI 指标突破了前次高点后受到压力，由于很多投资者将此时的价位看成理想的出货价位，因而卖盘涌出，股价再次被打压，RSI 指标随之回落，并形成了“头部”形态。股价下跌不久，再次被承接盘拉起，RSI 指标回升至“左肩”位置又受到阻力，之后卖盘涌出，股价下跌，RSI 指标再次被打压，形成了第三个高峰，即“右肩”。至此，RSI 指标的头肩顶形态正式形成。

将中间两次回落形成的低点相连，画一条直线，就得到了头肩顶的颈线。RSI 指标向下跌破该颈线，才能视为头肩顶形态正式构筑完成。

2.RSI 指标头肩顶的操作建议

头肩顶是一种转势形态，它的出现预示着上涨行情即将结束，不过，投资者还应注意以下几点。

第一，在头肩顶形成过程中，若头部的高点位于 80 线上方，则可增强头肩顶的有效性。

第二，在头肩顶形成过程中，股价的运行可能出现以下这样 2 种情况。

其一，RSI 指标形成“头部”和“右肩”时，股价并未到达前一高点即出现回落，这是由于股价在后面 2 次筑顶时，股价未涨至较高价位，就被急于离场的抛盘打压。

其二，RSI 指标形成头肩顶时，股价同步形成了头肩顶，这说明股价与动能走势吻合。一旦股价向下突破头肩顶颈线位置，投资者即可采取卖出操作。

其三，RSI 指标形成头肩顶“头部”和“右肩”时，股价形成的高点中，最后一个高点若高于前一个高点，就形成了一种顶背离形态，预示着股价在未来的某一时段将启动反弹走势，投资者宜密切关注盘面变化。

第三，RSI 指标形成头肩顶后，RSI 指标跌破颈线位时，投资者宜卖出部分股票。

第四，RSI 指标突破颈线位后，如果继续下跌且跌破了 50 线位置，投资者可考虑清空仓位。

下面来看一下华胜天成的案例。

如图 4-17 所示，华胜天成的股价在 2016 年下半年出现了一波上涨走势。随着股价的走高，RSI 指标逐渐上移。2016 年 9 月至 10 月，华胜天成的股价出现了震荡式上升，即在上升途中出现了几次小幅回调。与此同时，RSI 指标呈现出了头肩顶形态，这说明该股上升动能不足，未来有下跌的可能。

2016 年 10 月 20 日，华胜天成的股价小幅回调，RSI 指标自顶部向下跌破了头肩顶的颈线位置，这说明该股下跌行情一触即发，投资者宜卖出部分股票。

其后，该股股价经过几个交易日的调整后，于 10 月 28 日跌破了多条均线，RSI 指标也在此时向下跌破了 50 线位置，这说明该股多空力量已经逆转，投资者可考虑清仓。

图 4-17 华胜天成（600410）RSI 指标走势图

第三节 RSI 指标支撑位与阻力位分析

从整体来说，RSI 指标的运行态势与股价的走势是一致的。通过引入趋势线，可以更好地对股价的运行趋势作出分析。

一、趋势线与趋势线的画法

趋势线是以道氏理论为基础演化而来的，是由投资者根据当前股价运行状态画出的一条能够对未来股价运行趋势作出预判的直线。

在股价运动当中，如果其包含的波峰和波谷都相应地高于前一个波峰和波谷，那么就称为上涨趋势；如果其包含的波峰和波谷都低于前一个波峰和波谷，那么就称为下跌趋势。如果后面的波峰与波谷都基本与前面的波峰和波谷持平的话，则称为振荡趋势，或者横盘趋势，或者无趋势。

趋势线主要包括上升趋势线、下降趋势线和横向趋势线三类，由于横向趋势出现的概率较低，本书不做深入讨论。

1. 上升趋势线

上升趋势线是指在股价上涨趋势中，连接明显的支撑区域（最低点）的直线。一般情况下，上升趋势线一旦形成，就会对股价产生一定的支撑作用。

画上升趋势线时，需要掌握以下几项要领。

第一，上升趋势线是以 2 个回调低点为关键点位所画的直线，因而投资者所选的第二个低点必须高于第一个。通常情况下，这 2 个下跌低点应该是股价 2 次回调后重新上涨的转折点。

第二，2 个下跌低点之间必须有一定的距离，不能是 2 个紧紧相邻的低点。

第三，通过 2 个上升的低点连线所画的上升趋势线，必须经过第三个低点确认。

第四，画上升趋势线时，必须以 K 线实体为出发点，即以阳线的开盘价或阴线的收盘价为基点。

下面以江粉磁材为例进行说明。

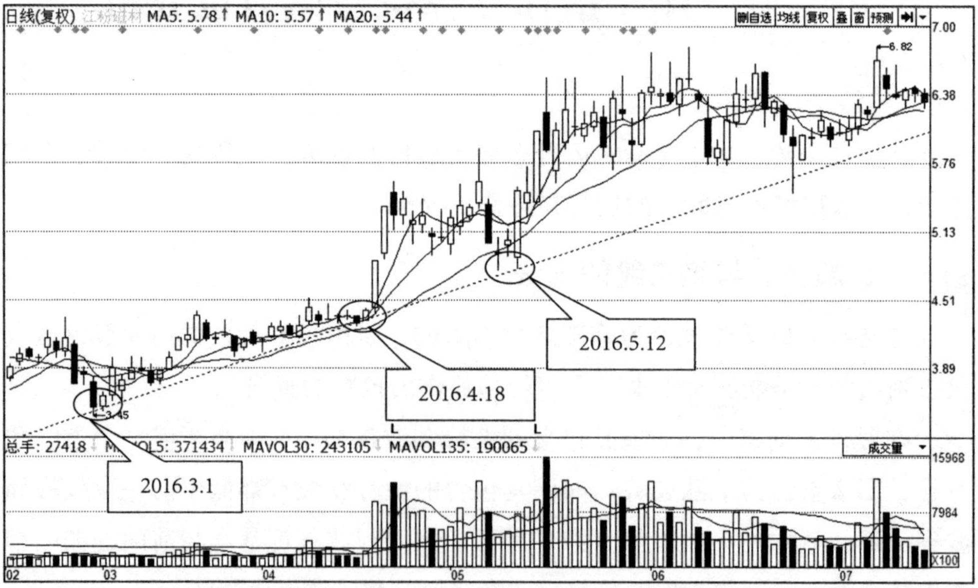

图 4-18 江粉磁材（002600）上升趋势线

如图 4-18 所示，江粉磁材的股价自 2016 年 1 月末出现震荡上涨走势，并于 3 月 1 日创下了一段时间内的回调低点。此后，该股经过一段小幅上涨后出现回调，于 4 月 18 日形成了第二个回调的低点，且 4 月 18 日形成的低点高于 3 月 1 日，这说明该股处于上升趋势中。此时，投资者可以用 3 月 1 日的低点与 4 月 18 日形成的低点画出 1 条上升趋势线。2016 年 5 月 12 日，股价回调几日后到达趋势线位置，因受趋势线支撑重新上涨，说明此趋势线具有一定的支撑作用。

上升趋势线一旦形成，就会对股价起到一定的支撑作用。当股价回调到上升趋势线附近时，往往会有大量买盘涌入，使股价再次回升。不过，当股价跌穿趋势线且被验证有效，那么，上升趋势线的支撑作用将会消失。

在所有上升趋势线中，下面几种趋势线更为重要。

第一，趋势线涉及的时间越长，趋势线的支撑作用越强。

第二，股价沿趋势线上涨过程中，回调触及趋势线后上涨的次数越多，趋势线的作用越强。

第三，接近 45 度角的趋势线的支撑作用强于其他角度的支撑线。

2. 下降趋势线

下降趋势线是指在股价下跌趋势中，连接明显的阻力区域（最高点）的直线。一般情况下，下降趋势线一旦形成，就会对股价产生一定的阻力作用。

画下降趋势线时，需要掌握以下几项要领。

第一，下降趋势线是以 2 个反弹高点为关键点位所画的直线，因而投资者所选的第二个高点必须低于第一个。通常情况下，这 2 个反弹高点应该是股价 2 次反弹后重新下跌的转折点。

第二，2 个反弹高点之间必须有一定的距离，不能是 2 个紧紧相邻的高点。

第三，通过 2 个下跌的高点连线所画的下降趋势线，必须经过第三个低点确认。

第四，画下降趋势线时，必须以 K 线实体为出发点，即阳线的收盘价或阴线的开盘价为基点。

下面以黄山旅游为例进行说明。

如图 4-19 所示，黄山旅游从 2017 年 4 月 21 日开始走出了一波下跌行情，股价沿下降趋势线运行。

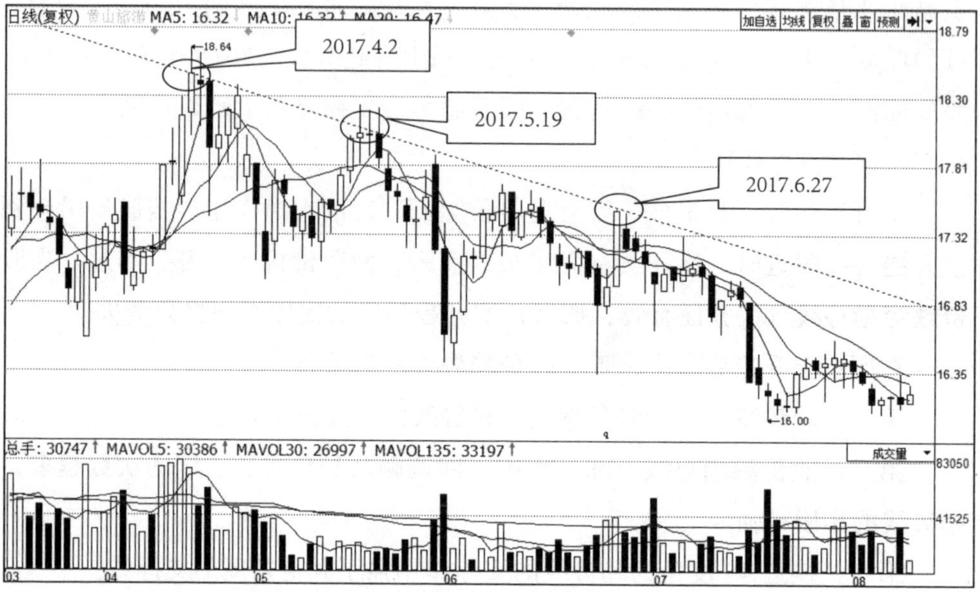

图 4–19 黄山旅游（600054）下降趋势线

2017 年 4 月 20 日，黄山旅游收出 1 根带长上影线的中阳线，预示多空双方争斗极为激烈，未来走势具有不确定性。随后，该股启动了一波下跌行情。

2017 年 5 月 19 日，该股经历了几个交易日的回调整理形成 1 个高点之后，再次拉出 1 根小阴线，此时投资者可以用这一高点与前一次股价启动前形成的高点画出 1 条下降趋势线。

6 月 27 日，股价盘整几日后到达趋势线位置，因受趋势线阻力重新下跌，说明此趋势线具有一定的阻力作用。

下降趋势线一旦形成，就会对股价起到一定的阻力作用。处于下跌过程中的股价，每次反弹到下降趋势线附近时，往往会有大量卖盘涌出，使股价再次回落。不过，如果股价向上突破下降趋势线且被验证有效，那么下降趋势线的阻力作用将会消失。

在所有下降趋势线中，下面几种趋势线更为重要。

第一，趋势线涉及的时间越长，趋势线的阻力作用越强。

第二，股价沿趋势线下跌的过程中，回调触及趋势线后下跌的次数越多，趋势线的作用越强。

第三，接近 45 度角的趋势线的阻力作用要强于其他角度的阻力线。

二、借助趋势线判断阻力位与买入时机

将 RSI 指标与下降趋势线结合，可以有效识别 RSI 指标运行的趋势和阻力位，并判断 RSI 指标突破的时机。

1. 下降趋势线与 RSI 指标的阻力位

通过 RSI 指标的走势绘制下降趋势线时，需要注意以下几点。

第一，与绘制股价下降趋势线相同，需要选择 RSI 指标反弹的 2 个高点作为基准点绘制下降趋势线，且需第三个反弹高点作为验证。

第二，2 个反弹高点之间必须有一定的距离，不能是 RSI 指标 1 次反弹时形成的紧紧相连的 2 个高点。

第三，绘制下降趋势线时，还要考虑股价的除权、除息等问题。如果 1 只股票近期（即绘制趋势线跨越的周期）出现除权或除息时，投资者在绘制 RSI 指标下降趋势线前，应该将其复权，然后再绘制下降趋势线。

第四，为了保险起见，针对一波下降行情，投资者可画多条下降趋势线，然后随着 RSI 指标的变动不断修正、取舍，直至确认趋势线对股价确有阻力作用为止。

如图 4-20 所示，万东医疗 2017 年 4 月 7 日拉出一根大阳线后，次日高开低走，在 K 线图上留下 1 根大阴线。与此同时，RSI 指标拐头向下，形成了 1 个短期高点。此后，RSI 指标随着股价的下跌走出了一波下跌行情。

2017 年 5 月 3 日，万东医疗收出 1 根小阳线，与此同时，RSI 指标形成了 1 个反弹高点，此后又回归下跌通道，预示股价将要走低。投资者可以用这一高点与此股下跌启动时形成的高点画出 1 条下降趋势线。

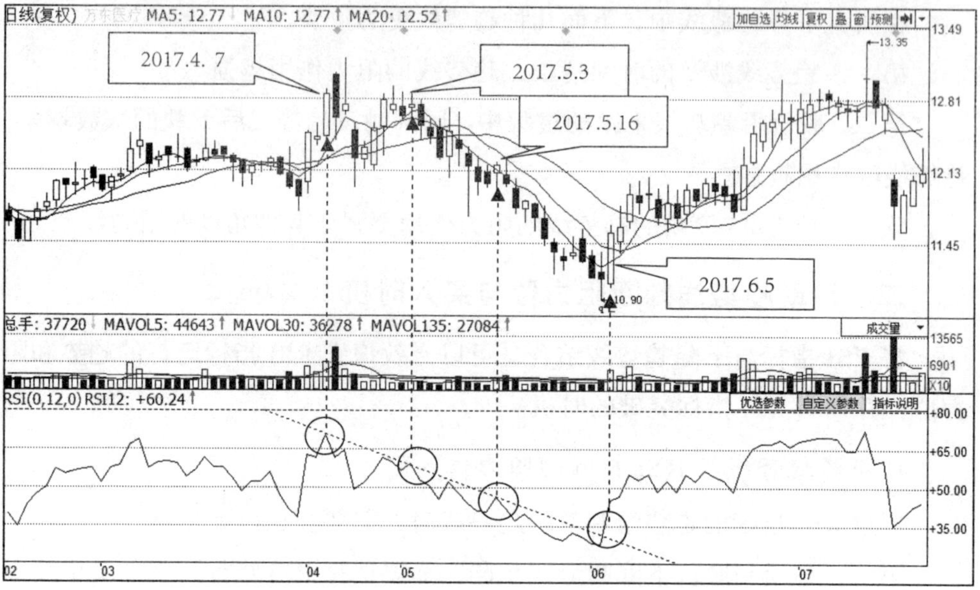

图 4-20　万东医疗（600055）RSI 指标下降趋势线

5 月 16 日，股价小幅反弹，RSI 指标拐头向上，但因受趋势线阻力而重新下跌，说明此趋势线具有一定的阻力作用。

此后，该股一路沿着趋势线下跌，RSI 指标反弹到趋势线附近时，都因受趋势线的阻力而重新下跌。直至 6 月 5 日，RSI 指标向上突破了下降趋势线，RSI 指标才由跌势转为升势，股价也进入了反弹通道。

2. RSI 指标突破阻力位的操作要点

RSI 指标沿下降趋势线运行以及突破阻力位的操作要点如下。

第一，RSI 指标运行于下降趋势线下方，说明股价上攻动能不足，多空力量对比中，空方占据优势地位，投资者不宜入场交易。

第二，RSI 指标自下而上突破下降趋势线，只能说明多方动能得到加强，股价有时并不会立即启动反弹，只是股价即将反弹的预警信号。

第三，RSI 指标自下而上突破下降趋势线前，若其进入了 20 线以下区域，这时候发出的突破信号更具可靠性。

如图 4-21 所示，兴发集团从 2017 年 3 月 20 日拉出 1 根大阳线后，次

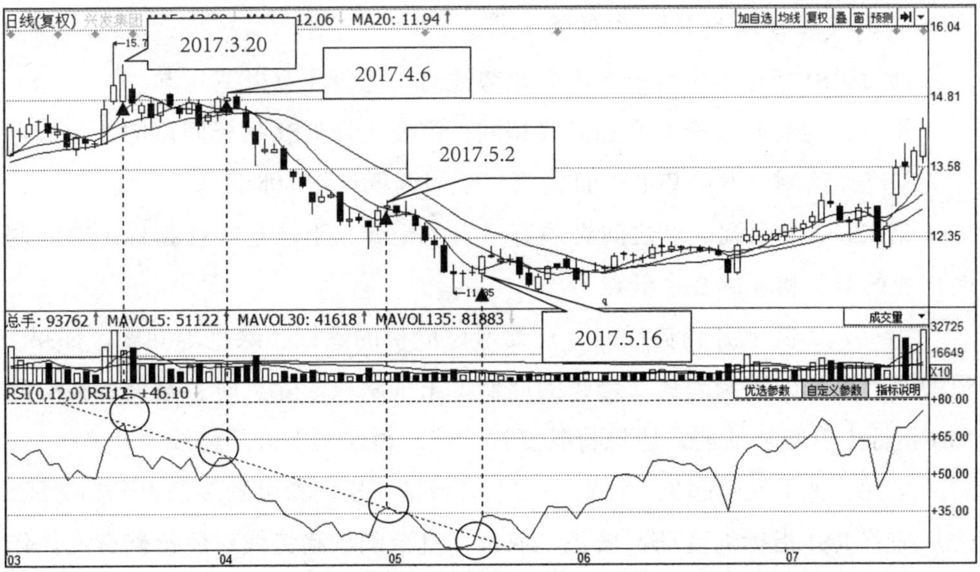

图 4-21 兴发集团（600141）RSI 指标走势图

日低开低走，在 K 线图上留下了 1 根中阴线。与此同时，RSI 指标拐头向下，形成了 1 个短期高点。此后，RSI 指标随着股价的下跌开始走出了一波下跌行情。

2017 年 4 月 6 日，兴发集团收出 1 根小阳线，与此同时，RSI 指标形成了 1 个反弹高点，此后又回归下跌通道，预示股价将要走低。投资者可以用这一高点与此股下跌启动时形成的高点画出 1 根下降趋势线。

5 月 2 日，股价小幅反弹，RSI 指标拐头向上，但因受趋势线阻力重新下跌，说明此趋势线具有一定的阻力作用。

5 月 16 日，RSI 指标向上突破了下跌趋势线，RSI 指标由跌势转为升势，股价也开始了一波震荡反弹走势。不过，投资者看到 RSI 指标突破下降趋势线时不宜立即入场，应该等股价 K 线发出更为明确的买入信号时再入场建仓。

三、借助趋势线判断支撑位与卖出时机

将 RSI 指标与上升趋势线结合，可以有效地识别 RSI 指标运行的趋势和支撑位，并判断 RSI 指标突破的时机。

1. 上升趋势线与 RSI 指标的支撑位

通过 RSI 指标的走势绘制上升趋势线时，需要注意以下几点。

第一，与绘制股价上升趋势线相同，需要选择 RSI 指标回调的 2 个低点作为基准点绘制上升趋势线，且需第三个回调低点作为验证。

第二，2 个回调低点之间必须有一定的距离，不能是 RSI 指标 1 次回调时形成的紧紧相连的 2 个低点。

第三，绘制上升趋势线时，还要考虑股价的除权、除息等问题。如果 1 只股票近期（即绘制趋势线跨越的周期）出现除权或除息时，投资者在绘制 RSI 指标上升趋势线前，应该将其复权，然后再绘制上升趋势线。

第四，为了保险起见，针对一波上升行情，投资者可画多条上升趋势线，之后随着 RSI 指标的变动再修正、取舍，直至确认趋势线对股价确有支撑作用为止。

如图 4-22 所示，维科精华从 2015 年 8 月 26 日拉出 1 根中阴线后，次日高开高走，在 K 线图上留下了 1 根中阳线。与此同时，RSI 指标拐头向上，形成了 1 个短期低点。此后，RSI 指标随着股价的上涨走出了一波上升行情。

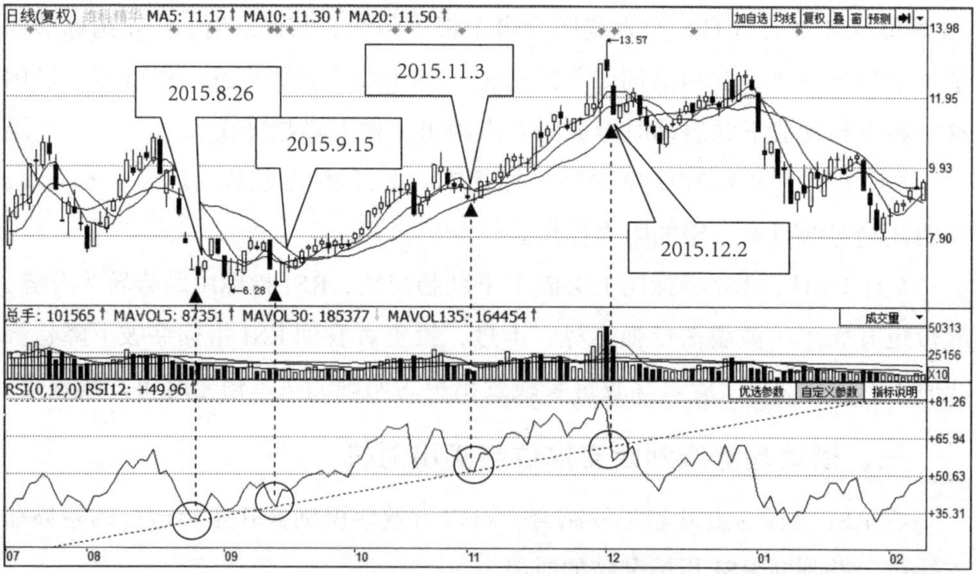

图 4-22　维科精华（600152）RSI 指标上升趋势线

2015 年 9 月 15 日，维科精华收出 1 根小阴线，与此同时，RSI 指标形成了 1 个回调低点，此后又回归上升通道，预示股价将要走高。投资者可以用这一低点与此股反弹启动时形成的低点画出 1 条上升趋势线。

11 月 3 日，股价经历了几个交易日的回调后收出小阴线，RSI 指标随股价回调遇上升趋势线支撑再度拐头向上，说明此趋势线具有一定的支撑作用。

此后，该股一路沿着趋势线上升，直至 12 月 2 日，RSI 指标向下跌破了上升趋势线，RSI 指标由升势转为跌势，股价也进入下跌通道。

2. RSI 指标跌破支撑位的操作要点

RSI 指标沿上升趋势线运行以及跌破支撑位的操作要点如下。

第一，RSI 指标运行于上升趋势线上方，说明股价下跌的动能不足，多空力量对比中，多方仍占据优势地位，投资者不宜放弃手中的筹码。

第二，RSI 指标自上而下跌破上升趋势线，只能说明空方动能得到加强，股价有时并不会立即启动反弹，只是股价即将走低的一个预警信号。

第三，RSI 指标自上而下跌破上升趋势线前，若其进入了 80 线以上区域，这时候发出的卖出信号更具可靠性。

图 4–23 联美控股（600167）RSI 指标走势图

如图 4-23 所示，联美控股从 2016 年 12 月 26 日拉出 1 根小阴线后，次日高开高走，在 K 线图上留下了 1 根中阳线。与此同时，RSI 指标拐头向上，形成了 1 个短期低点。此后，RSI 指标随着股价的上涨走出了一波上升行情。

2017 年 1 月 18 日，联美控股收出 1 根十字阴线，与此同时，RSI 指标形成了 1 个回调的低点，此后又回归上升通道，预示股价将要走高。投资者可以用这一低点与此股反弹启动时形成的低点画出 1 条上升趋势线。

2017 年 3 月 3 日，股价经历了几个交易日的回调后收出十字阴线，RSI 指标随股价回调遇上升趋势线支撑再度拐头向上，说明此趋势线具有一定的支撑作用。

此后，该股一路沿着趋势线上升，直至 3 月 28 日，RSI 指标向下跌破了上升趋势线，RSI 指标由升势转为跌势，股价也进入了下跌通道。此时，投资者宜密切关注盘面的变化，出于谨慎的考虑，宜卖出部分股票。其后，该股股价虽有一波反弹，但规模不大，且 RSI 指标并未再次回归到上升趋势线上方，说明多空力量已经逆转，空方开始占据优势地位，投资者可以在股价再度跌破多条均线时执行清仓操作。

第五章

RSI 指标组合分析技术

如前所述，在 RSI 指标发出的信号中，除了金叉与死叉，更多的是预警类信号，而非直接的入场或离场信号。例如，RSI 指标进入 80 线以上区域，表明已经进入超买区域，预示未来股价将会下跌，但何时下跌却并未直接给出答案。在这种情况下，将 RSI 指标与其他技术分析方法相结合，可以更加准确地判断股票的买点与卖点。

第一节　RSI 指标与 K 线结合分析

RSI 指标发出交易预警信号，而 K 线能够更为具体地发出买入或卖出交易信号。不过，K 线直接发出的信号准确率并不是很高，若将两者的信号结合分析，则可增强买入或卖出的正确性。本节将介绍几种有代表性的 K 线形态与 RSI 指标走势的组合分析方法，供读者参考。

一、早晨之星与 RSI 指标超卖、金叉

早晨之星属于典型的买入信号，若 RSI 指标在早晨之星形成之前出现金叉或指标超卖形态，则可增强早晨之星信号的有效性。

1. 早晨之星形态及交易含义

早晨之星也叫启明星，启明星通常出现在黎明之前最黑暗的时候，可以视为黑夜与白昼的分界点。早晨之星在不确定的状态下却有确定的含义，即说明股价已经到达谷底，行情将摆脱下跌的阴影，重现光明，一般出现在下跌行情结束时。

早晨之星由 3 根 K 线组成，第一根为大阴线或中阴线，第二根为跳空低开的小阳线或小阴线，第三根为大阳线或中阳线，且其收盘价必须位于第一根阴线的中部以上位置。如图 5-1 所示。

出现早晨之星表示多空双方的力量对比发生了转换，行情由空方主导转变成多方主导，后市看涨。

第一，早晨之星是常见的见底回升信号，其信号意义较为明显。投资者

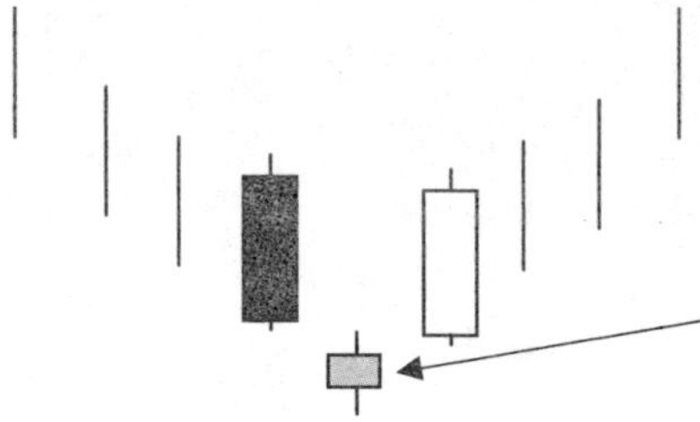

图 5-1 早晨之星

一看到这种形态，就应该考虑买入。

第二，投资者买入的时机可以选择在早晨之星第三根阳线形成的当日，如果当日没有买入，可以选择次日建仓。

第三，中间的星线实体越小，其与第一根阴线之间的跳空幅度越大，那么反转的可能性越大。第三根阳线的收盘价越高，买入信号就越强烈。

第四，以早晨之星为标准买入股票的投资者，应该将止损位定在中间星线的最低价上。

2. 组合形态交易含义

RSI 指标出现超卖与金叉，说明该股下跌动能不足，未来将触底反弹。此时 K 线走出早晨之星形态，则意味着股价的反弹已经启动，此时按照早晨之星形态的要求执行买入操作，可提升买入操作的准确性。

3. 组合形态操作建议

“早晨之星 +RSI 超卖 + 低位金叉”的具体要求如下。

第一，股价 K 线在形成大阴线与十字星时，RSI 指标最好触及 20 线下方区域，这说明 RSI 指标已经进入了超卖区域。

第二，RSI 指标低位金叉最好位于 20 线上方区域，且 6 日 RSI 和 12 日 RSI 即将向上穿越 24 日 RSI 指标，此时投资者可考虑建仓操作。

第三，RSI 指标金叉后，若能很快突破 50 线位置，则说明市场已经由空方占优势转为多方占优势，投资者可考虑加仓该股。

第四，按此形态买入股票后，若 RSI 指标拐头向下，重新跌破 20 线，或股价 K 线跌破早晨之星形态的最低价，可执行卖出止损操作。

如图 5-2 所示，新疆天业的股价在 2017 年 5 月底出现了明显的下跌乏力现象。2017 年 6 月 1 日，该股以中阴线报收，且 RSI 指标下行并触及 20 线区域，RSI 指标进入超卖区域，说明股价下跌趋势在未来可能会转向。

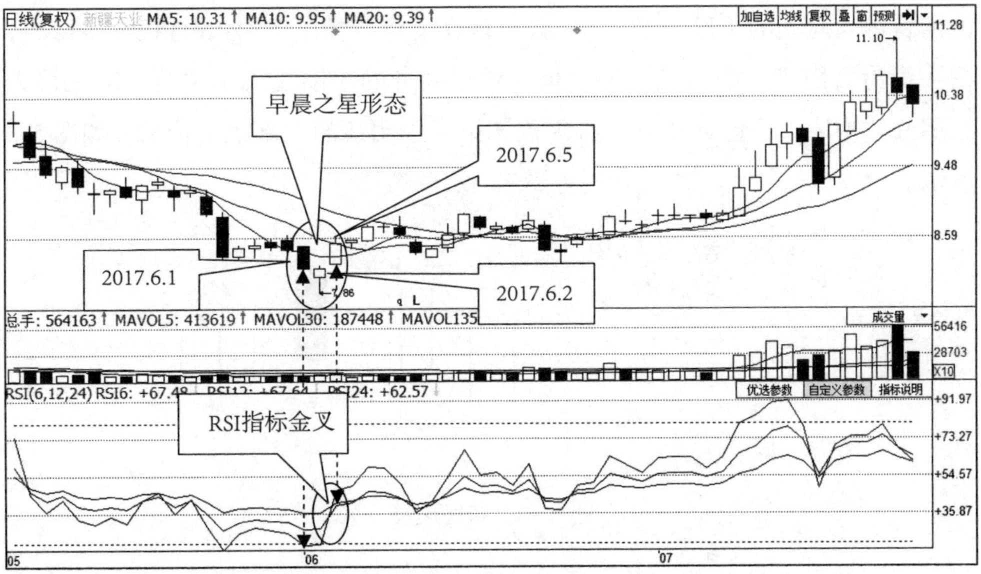

图 5–2　新疆天业（600075）日 K 线走势图

6 月 2 日，该股在 K 线图上留下了 1 根小阳线，此时，RSI 指标出现向右上方倾斜态势。6 月 5 日（6 月 3 日、6 月 4 日周末休市），该股跳空高开高走，在 K 线图上留下了 1 根中阳线，且与此前 2 日的 K 线共同构成了早晨之星形态，这属于典型的买入信号。

与此同时，RSI 指标自超卖区域反向上攻，6 日和 12 日 RSI 指标向上突破了 24 日 RSI 指标，且交叉点位于 20 线附近，这说明此时 RSI 指标形成的交叉属于低位黄金交叉，且交叉质量较高。

基于以上判断，投资者可在此日少量建仓该股。其后，若 RSI 指标向上突破 50 线或 K 线向上突破重要均线时，可加仓该股。

二、黄昏之星与 RSI 指标超买、死叉

黄昏之星属于典型的卖出信号，若 RSI 指标在黄昏之星形成之前出现死叉或指标超买形态，则可增强黄昏之星信号的有效性。

1. 黄昏之星形态及交易含义

黄昏之星形态是通过“夜幕降临，明星出现”暗喻股价已经到达顶峰，市场将进入黯淡的下跌行情。它一般出现在上涨行情结束时，由 3 根 K 线组成，第一根为大阳线或中阳线，第二根为跳空高开的小阳线或小阴线，第三根为大阴线或中阴线，且其收盘价必须位于第一根阴线的中部以下位置。如图 5-3 所示。

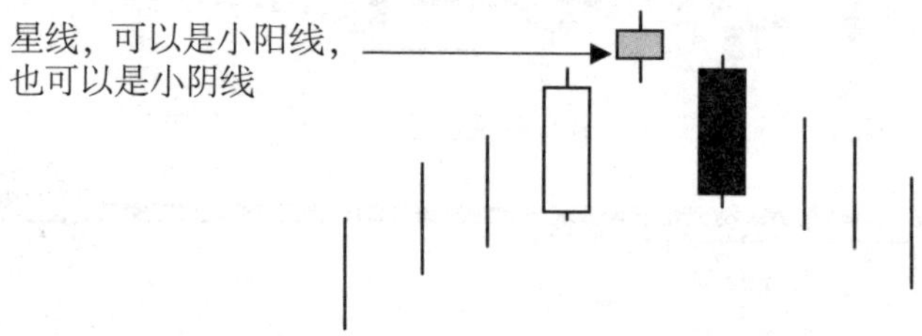

图 5–3　黄昏之星

出现黄昏之星形态，表示多空双方的力量对比发生了转换，行情由多方主导转变成空方主导，后市看跌。

第一，黄昏之星是常见的见顶回落信号，其信号意义较为明显。投资者看到这种形态，应该考虑将手中的股票卖出。

第二，投资者可以将卖出时机选择在黄昏之星第三根阴线形成的当日，如果当日没有卖出，可以选择次日离场。

第三，中间的星线实体越小，其与第一根阳线之间的跳空幅度越大，那么反转的可能性越大。第三根阴线的收盘价越低，则卖出信号越强烈。

2. 组合形态交易含义

RSI 指标出现超买与死叉，说明该股经过一段时间的上涨后动能不足，未来将触顶回调的可能性较大。此时 K 线若走出黄昏之星形态，则意味着股

价回调已经启动，此时按照黄昏之星形态的要求执行卖出操作，可提升卖出操作的准确性。

3. 组合形态操作建议

“黄昏之星 +RSI 超买 + 高位死叉”的具体要求如下。

第一，股价 K 线形成大阳线与十字星时，RSI 指标最好触及 80 线上方区域，这说明 RSI 指标已经进入了超买区域。

第二，RSI 指标高位死叉能够位于 80 线下方区域，且 6 日 RSI 和 12 日 RSI 很快将向下穿越 24 日 RSI 指标，此时投资者可考虑卖出操作。

第三，RSI 指标死叉后，若很快跌破 50 线位置，说明市场已经由多方占优势转为空方占优势，投资者可考虑清仓操作。

第四，按此形态卖出股票后，若 RSI 指标拐头向上，重新突破 80 线或股价 K 线向上突破黄昏之星形态的最高价，可执行买入操作。

如图 5-4 所示，联创电子的股价在 2016 年 9 月底出现了明显的上攻乏力现象。2016 年 10 月 11 日，该股以大阳线报收，且 RSI 指标上行并

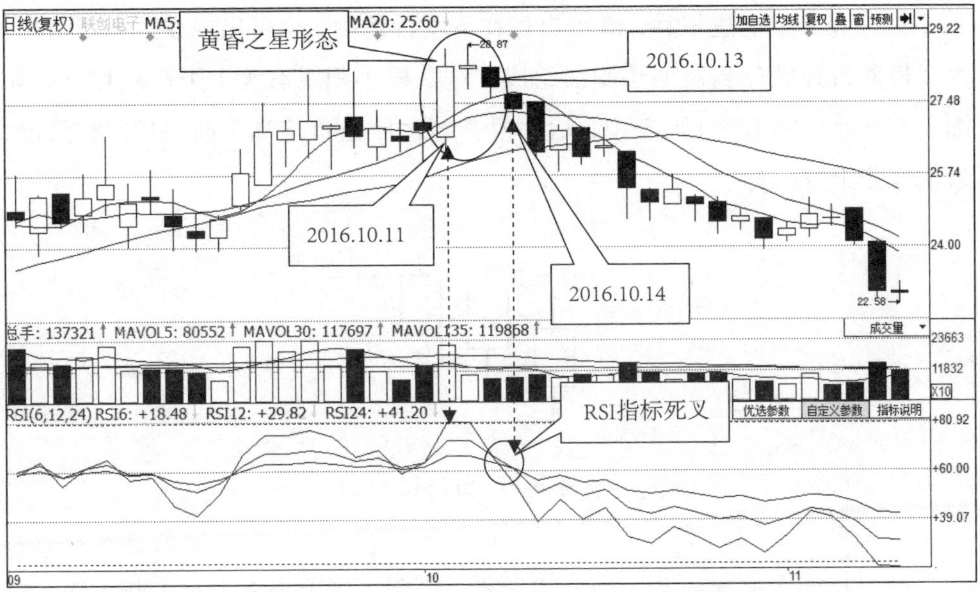

图 5-4 联创电子（002036）日 K 线走势图

触及 80 线区域，RSI 指标进入超买区域，说明股价上涨趋势在未来可能会转向。

10 月 12 日，该股在 K 线图上留下了 1 根小阳线。10 月 13 日，该股跳空低开低走，在 K 线图上留下了 1 根中阴线，且与此前 2 日的 K 线共同构成了黄昏之星形态，这属于典型的卖出信号。

与此同时，RSI 指标自超买区域反攻向下，6 日和 12 日 RSI 指标向下跌破了 24 日 RSI 指标，这说明此时 RSI 指标形成的交叉属于高位死亡交叉。

基于以上判断，投资者可在当日卖出部分该股股票。其后，若 RSI 指标向下跌破 50 线或 K 线向下突破重要均线时，可清仓该股。

三、底部红三兵与 RSI 指标金叉

红三兵属于典型的买入信号，若 RSI 指标在红三兵形成时或该形态出现前走出黄金交叉形态，则可增强红三兵信号的有效性。

1. 红三兵形态及交易含义

红三兵又称前进三兵，既可出现在下跌行情中，也可出现在上涨行情中。由 3 根股价连续创新高的小阳线组成，这 3 根小阳线有无上下影线均可，如图 5-5 所示。在红三兵形态中，后一根 K 线的收盘价均高于前一日的收盘价，形成稳步上升态势。

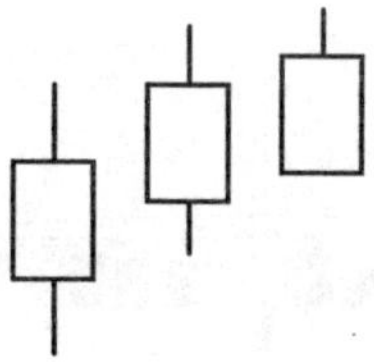

图 5-5　红三兵

红三兵形态表现的是一种上涨态势，说明市场上做多力量不断增强，形成了共同的市场共识，并一起努力推动股价不断上升。

第一，当红三兵出现在低价位区域或深度下跌之后，表明主力或多数投资者认为股价已经到了自己能够接受的价位，开始积极买入。这时，红三兵具有强烈的反转含义，持币的投资者应该选择买入，持股待涨。

第二，当红三兵出现在上涨途中，并且伴随着成交量放大，说明众多投资者在积极跟进，后市将继续上涨。看到这种形态后，投资者仍应看多，并积极追涨。

第三，投资者的买入时机应该选择在股价突破红三兵形态的最高点时。在买入的同时，还应把红三兵形态的最低点设为止损位。

2. 组合形态交易含义

RSI 指标自底部反弹向上形成黄金交叉，说明股价已经启动了上升攻势。若此时 K 线出现底部红三兵形态，则是多方即将拉升的一个显著信号，投资者可在此时入场做多。

3. 组合形态操作建议

“底部红三兵 +RSI 黄金交叉”的具体要求如下。

第一，红三兵出现前，若 RSI 指标已经自 20 线以下区域反弹向上，则说明空方实力消耗殆尽，多方已经开始占据主动，未来上升的可能性更大。

第二，形成红三兵时，RSI 指标的黄金交叉点应位于 20 线上方。RSI 指标形成黄金交叉后，若直接越过 50 线，则说明多方已经占据优势地位，投资者可直接加仓入场。

第三，形成红三兵时，若成交量呈逐级放大态势，说明有资金持续流入，此时 RSI 指标出现黄金交叉，就是该股的最佳买入时机。

第四，按照此形态买入该股后，若股价不涨反跌，则可在股价跌破红三兵最低价或 RSI 指标重新跌破 20 线时止损离场。

如图 5-6 所示，在深度下跌之后，上工申贝的股价于 2015 年 2 月 12 日、13 日和 16 日（14 日、15 日周末休市）这 3 个连续的交易日形成了红三兵形态，且 RSI 指标同时出现了黄金交叉形态。

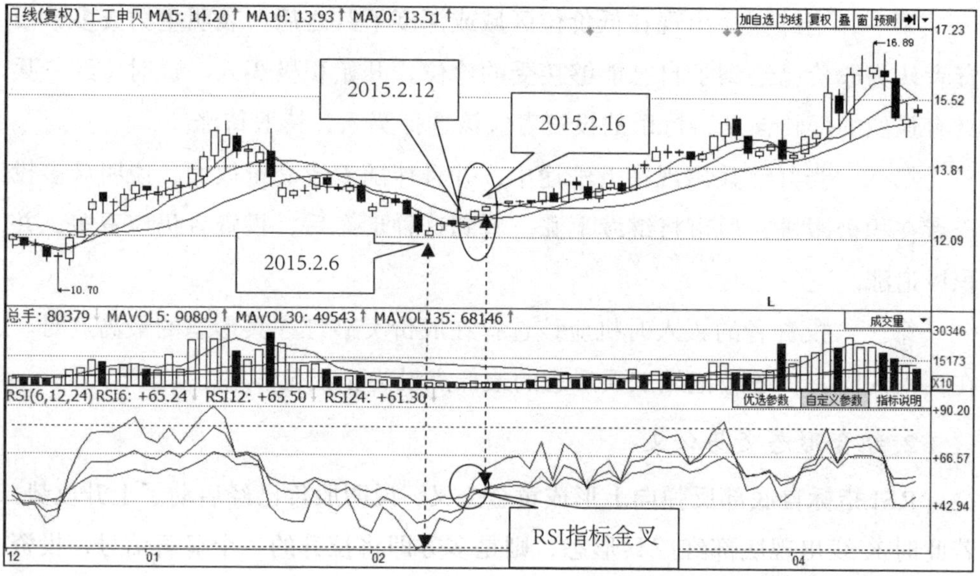

图 5-6　上工申贝（600843）日 K 线走势图

2015 年 2 月 6 日，上工申贝的股价触底反弹，RSI 指标在触及 20 线位置后拐头向上，说明多方开始发力。

2015 年 2 月 12 日，上工申贝收出 1 根小阳线。2015 年 2 月 13 日，该股高开高走，又形成 1 根小阳线。2015 年 2 月 16 日，该股高开高走，收出 1 根光脚小阳线。这 3 根 K 线共同组成了红三兵形态。由于该形态出现在低价位区域，且是在深度下跌之后，所以可以看作是转势信号。

与此同时，6 日 RSI 指标和 12 日 RSI 指标向上穿越 24 日 RSI 指标形成了黄金交叉形态，且交叉点位于 20 线上方区域，这可从侧面印证红三兵形态的有效性，投资者可在股价回调至红三兵最高价且不跌破该价位时买入该股。

2015 年 2 月 17 日，上工申贝的股价一度高于前 1 根 K 线的最高价，此时投资者可以适量买入。当天该股收出 1 根小阴十字线，证明多方正在积蓄力量。

四、顶部黑三卒与 RSI 指标死叉

黑三卒属于典型的卖出信号，若 RSI 指标在黑三卒形成时或该形态出现前走出死亡交叉形态，则可增强黑三卒信号的有效性。

1. 黑三卒形态及交易含义

黑三卒既可出现在下跌行情中，也可出现在上涨行情中。由 3 根股价连续创新低的小阴线组成，这 3 根小阴线有无上下影线均可，如图 5-7 所示。在黑三卒形态中，后一根 K 线的收盘价均低于前一日的收盘价，形成稳步下降态势。

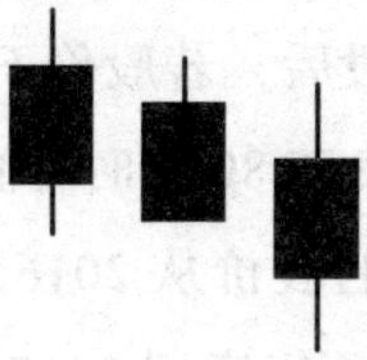

图 5-7　黑三卒

黑三卒形态表现的是一种下跌态势，但其在不同的位置代表的含义也有所不同。投资者应根据其所处的具体位置，采取不同的策略。

第一，当黑三卒出现在高价位区域或一段大幅上升趋势后，暗示行情将有反转的可能，投资者应将手中的股票变现，出局观望。

第二，黑三卒出现在低价位区域、大幅下跌或连续急跌之后，则表示行情有可能探底，不多日或有止跌反弹的可能，投资者应多加关注，并在涨势确立后考虑做多。

第三，黑三卒出现在下跌初期或途中，则是中继状态，后市依然看跌，这时仍然持股的投资者应果断卖出。

2. 组合形态交易含义

RSI 指标自顶部反转向下形成死亡交叉，说明股价已经启动了下跌攻势。若此时 K 线出现顶部黑三卒形态，则是空方即将打压的一个显著信号，投资者可在此时离场。

3. 组合形态操作建议

“顶部黑三卒 +RSI 死亡交叉”的具体要求如下。

第一，黑三卒出现前，若 RSI 指标已经自 80 线以上区域反转向下，则说明多方实力消耗殆尽，空方已经开始占据主动，未来下跌的可能性更大。

第二，黑三卒形成时，RSI 指标的死亡交叉点应位于 80 线下方。若 RSI 指标形成死亡交叉后直接越过 50 线，则说明空方已经占据优势地位，投资者可直接离场。

第三，黑三卒形成时，若成交量呈逐级放大态势，则说明有资金陆续离场。此时如果 RSI 指标出现死亡交叉，就是该股的最佳卖出时机。

第四，按照此形态卖出该股后，若股价不跌反涨，则可在股价向上突破黑三卒最高价或 RSI 指标重新突破 80 线时补仓。

如图 5-8 所示，郴电国际的股价从 2016 年 12 月 29 日到达阶段高点后出现回落，之后逐步走低。2016 年底到 2017 年初期间，郴电国际的股价在顶部震荡过程中形成了 M 顶形态，这属于一种经典的顶部形态，未来股价有结束上涨的可能。

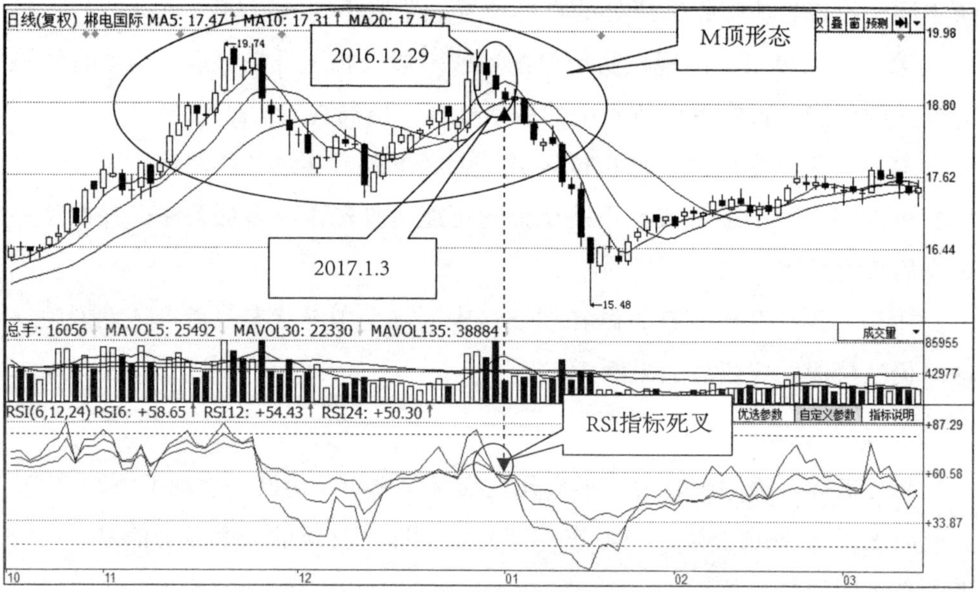

图 5-8 郴电国际（600969）日 K 线走势图

2016 年 12 月 29 日—2017 年 1 月 3 日，该股在顶部区域连续收出创新低的小阴线，形成黑三卒形态，表示反弹终止，股价将出现反转。与此同时，RSI 指标自 80 线上方区域拐头向下，6 日 RSI 指标与 12 日 RSI 指标先后与 24 日 RSI 指标相交，形成高位死亡交叉形态。投资者看到此形态，就应该在次日也就是 1 月 4 日将手中股票卖出。

其后，该股股价一路下跌，下跌途中未出现有力的反弹。投资者若不能在黑三卒形成后迅速卖出股票，损失将会非常大。

五、M 顶 +RSI 顶背离 +RSI 死叉

K 线组合出现 M 顶形态时，说明股价已经上涨至顶部位置，即将启动下跌。若两个顶部对应的 RSI 指标呈现顶背离形态后又出现高位死叉，则可进一步增强卖出信号的准确性。该形态属于典型的看跌形态。

1. 形态描述

股价上涨过程中，到达第一个高点后出现回调。与此相应，RSI 指标中的 6 日 RSI 指标和 12 日 RSI 指标可能会率先拐头向下，下穿 24 日 RSI 指标，走出高位死叉形态。此后，股价重新发动一波上涨，形成了第二个高点，6 日 RSI 指标和 12 日 RSI 指标上行，穿越 24 日 RSI 指标形成高位金叉。

接着，股价创下新高后开始回调，6 日 RSI 指标和 12 日 RSI 指标再次拐头向下，并下穿 24 日 RSI 指标形成高位死叉，且这一次 6 日 RSI 指标上行形成的高点要低于前一高点。至此，RSI 指标正式形成顶背离形态，未来股价下跌的概率很高。

2. 操作建议

“M 顶 +RSI 顶背离 +RSI 死叉”的具体要求如下。

第一，股价 K 线形成 M 顶的过程中，RSI 指标各条指标线要位于 50 线上方。

第二，RSI 指标所形成的 2 个死叉要一个比一个低。

第三，M 顶的第一个高点形成后，股价回调时，成交量同步放大将增加

股价继续下跌的可能性。

第四，M 顶形成后，股价跌破颈线位，就是该股的一个卖点。RSI 指标二次形成死叉时，也是该股的卖点。

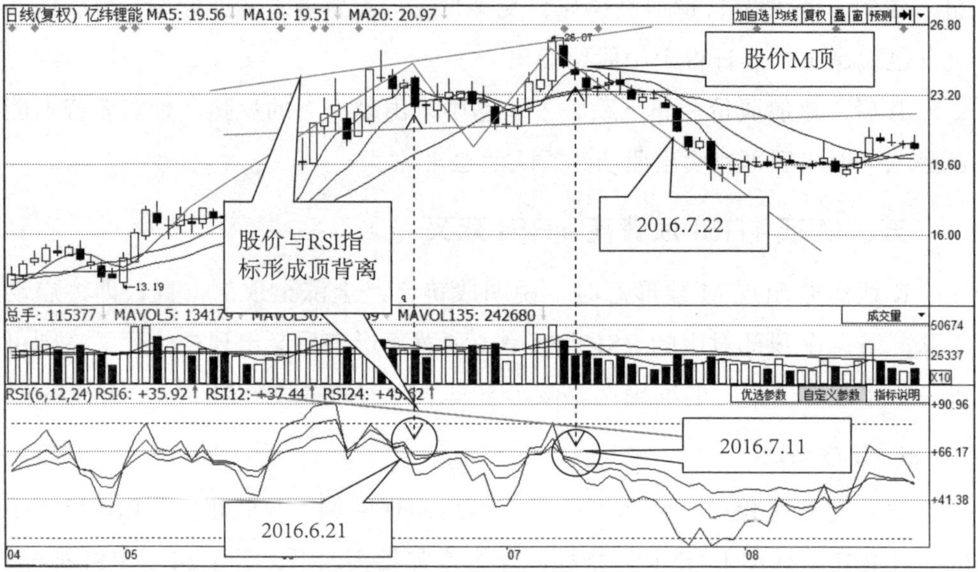

图 5-9 亿纬锂能（300014）日 K 线走势图

如图 5-9 所示，亿纬锂能的股价在 2016 年 6 月上旬出现了明显的筑顶迹象。2016 年 6 月 16 日和 7 月 7 日，该股分别创下了两个顶部高点，形成了 M 顶形态，且后一个顶要高于前一个。按照 M 顶形态的操作要求，通常要等到股价跌破颈线位时，才能正式确认 M 顶形态形成，不过，此时股价已经下跌较大的幅度了。

投资者如果结合 RSI 指标进行分析，就可以提前作出卖出股票的判断：首先，随着股价 M 顶形态的出现，RSI 指标在 6 月 21 日和 7 月 11 日分别出现了两个死亡交叉，都是比较明显的卖出信号，而且 6 日 RSI 指标在死叉前创下的两个高点是一个比一个低，这说明股价与 RSI 指标出现了顶背离形态。因此，在 6 日 RSI 指标、12 日 RSI 指标与 24 日 RSI 指标形成死亡交叉的 7 月 11 日，投资者就应该卖出股票，而不是等到跌破颈线时的 7 月 22 日才卖出。

六、W 底 +RSI 底背离 +RSI 金叉

K 线组合出现 W 底形态时，说明股价已经下跌至底部位置，即将启动反弹。若 2 个底部对应的 RSI 指标呈现底背离形态后又出现低位金叉，则可进一步增强买入信号的准确性。该形态属于典型的看涨形态。

1. 形态描述

股价下跌过程中，到达第一个低点后出现反弹。与此相应，RSI 指标中的 6 日 RSI 指标和 12 日 RSI 指标自超卖区域拐头向上，并与 24 日 RSI 指标走出低位金叉形态。此后，股价重新发动一波下跌，并创下了阶段新低，6 日 RSI 指标、12 日 RSI 指标与 24 日 RSI 指标形成死叉。接着股价在创下新低后开始反弹，6 日 RSI 指标、12 日 RSI 指标又一次与 24 日 RSI 指标形成金叉，且这一次 RSI 指标下降过程中形成的低点要高于前一次。至此，RSI 指标正式形成底背离形态，未来股价上涨的概率很高。

2. 操作要求

“W 底 +RSI 底背离 +RSI 金叉”的具体要求如下。

第一，股价 K 线形成 W 底的过程中，RSI 指标各条指标线要位于 50 线下方。

第二，RSI 指标形成的两个金叉要一个比一个高。

第三，W 底的第一个低点形成后，股价反弹时，成交量放大将增加股价继续上涨的可能性。

第四，W 底形成后，股价向上突破颈线位，就是该股的一个买点。RSI 指标二次形成金叉时，也是该股的买点。

如图 5-10 所示，2015 年 8 月下旬到 2015 年 10 月上旬，盈峰环境的日 K 线图上出现了 W 底形态。

2015 年 9 月 2 日，处于下跌行情中的盈峰环境收出 1 根中阴线，并创出近期最低价，然后股价开始回升，从而形成第一个低谷。这一回升持续的时间不长，随后该股上升遇到阻力，重新开始下跌。

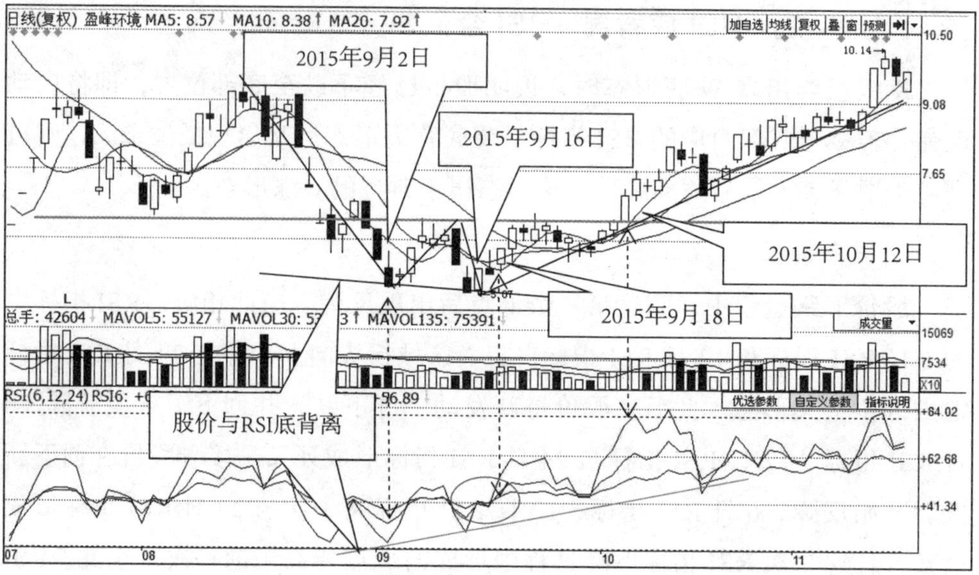

图 5-10　盈峰环境（000967）日 K 线走势图

2015 年 9 月 16 日，该股收出 1 根带下影线的中阳线，股价触及近期新低后再次回升，形成了第二个低谷，这个低谷的低点要低于前一个低谷的低点。与此同时，RSI 指标也同步完成了二次触底反弹，且第二个低谷要高于前一个低谷，至此股价走势与 RSI 指标正式形成底背离形态。

2015 年 9 月 18 日，该股股价以中阳线报收，且 RSI 指标形成了低位黄金交叉形态。此时出现金叉，属于典型的买入信号，投资者可在此时建仓该股。

10 月 12 日，该股突破了颈线位置，W 底构筑完成。这是一个明确的买入信号，稳健的投资者可以在当天放心买入。

基于以上分析可知，按照“W 底与 RSI 底背离、RSI 金叉”买入该股，要比股价突破 W 底时买入早很多个交易日，且获利也更为丰厚。

七、头肩顶 + RSI 死叉

K 线组合出现头肩顶形态，说明股价已经上涨至顶部位置，即将启动下跌。若右肩对应的 RSI 指标呈现高位死叉，则可提前一步获取卖出信号。该形态属于典型的看跌形态。

1. 形态描述

股价上涨过程中，到达第一个高点后出现回调。与此相应，RSI 指标中的 6 日 RSI 指标和 12 日 RSI 指标可能会率先拐头向下，并下穿 24 日 RSI 指标，走出高位死叉形态。此后，股价重新发动一波上涨，从而形成了“头部”，6 日 RSI 指标和 12 日 RSI 指标上行，穿越 24 日 RSI 指标形成高位金叉。

接着，股价在创下新高后开始回调，6 日 RSI 指标和 12 日 RSI 指标再次拐头向下，并下穿 24 日 RSI 指标形成高位死叉。其后股价三度上行，不过此时形成的高点要低于“头部”高点，从而形成“右肩”。6 日 RSI 指标和 12 日 RSI 指标再次拐头向下，并下穿 24 日 RSI 指标形成高位死叉。此时，投资者不必等股价下穿头肩顶的颈线，可提前执行卖出操作。

2. 操作建议

“头肩顶 +RSI 死叉”的具体要求如下。

第一，股价 K 线形成头肩顶的过程中，若右肩的股价低于左肩，将会加强卖出信号的有效性。

第二，股价形成头肩顶时，RSI 指标形成的 3 个死叉，若最后 1 个明显低于前面 2 个，将会加强股价下跌信号的准确性。

第三，头肩顶的第三个高点形成后，股价回调时，若成交量同步放大，将增加股价继续下跌的可能性。

第四，头肩顶的右肩形成后，RSI 指标第三次（股价形成头肩底的过程中，RSI 指标可能出现多次金叉，这里就取右肩形成后的第一个死叉）出现死亡交叉时，就是该股的第一个卖点。其后，若股价继续走低，向下跌破了头肩顶的颈线位，则是该股的第二个卖点。

下面来看一下中文在线的案例。

如图 5-11 所示，中文在线的股价在 2015 年 10 月下旬到 2016 年初走出了头肩顶形态。

中文在线的股价在 2015 年 11 月 10 日上涨到一个阶段高点后出现回调，与此同时，RSI 指标同步出现高位死叉形态。其后，该股经过几个交易日的调整后再度上升，RSI 指标同步出现金叉形态。当股价创下一个新的高点后出现回落，RSI 指标再度出现死叉形态，经过几个交易日的反弹后，中文在线的股价并未创出新的高点而出现下跌，至此，头肩顶形态趋向于成立。

2015 年 12 月 21 日，RSI 指标三度形成死亡交叉形态，且该交叉点明显低于前2个,这说明该股未来看跌,投资者可在当日执行卖出操作。12月28日，该股股价 K 线向下跌破了头肩顶的颈线位，标志着头肩顶形态正式形成，投资者亦可在当日清仓该股。

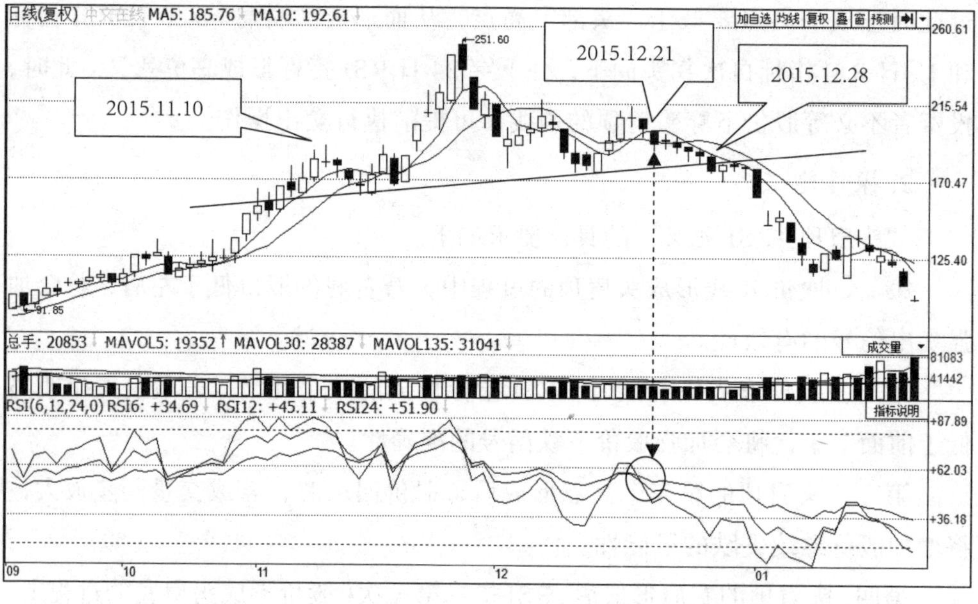

图 5-11　中文在线（300364）RSI 指标走势图

从上述案例可见，将 RSI 指标死叉与头肩顶形态结合，可以大幅提前获得股价下跌的信号。另外，头肩顶本可以看成三重顶的特殊形态，而三重顶的分析方法与头肩顶相似，这里就不再作过多的介绍了。

八、头肩底 +RSI 金叉

K 线组合出现头肩底形态时，说明股价已经下跌至底部位置，即将启动反弹。若此时右肩对应的 RSI 指标呈现低位金叉形态，则可进一步增强买入信号的准确性。该形态属于典型的看涨形态。

1. 形态描述

股价下跌过程中，到达第一个低点后出现反弹。与此相应，RSI 指标中的 6 日 RSI 指标和 12 日 RSI 指标自超卖区域拐头向上，与 24 日 RSI 指标走出低位金叉形态。此后，股价重新发动一波下跌，并创下了阶段新低，6 日 RSI 指标和 12 日 RSI 指标与 24 日 RSI 指标形成死叉。

接着，股价创下新低（头部）后开始反弹，6 日 RSI 指标和 12 日 RSI 指标又一次与 24 日 RSI 指标形成金叉，不过这次上升并未持续太长时间。随后股价三度下跌，6 日 RSI 指标、12 日 RSI 指标与 24 日 RSI 指标形成死叉。这次下跌持续的时间更短，创下的低点也高于之前的“头部”低点。很快股价三度反弹向上，RSI 指标也三度出现低位金叉形态，此时就是一个较佳的买入点。

2. 操作要求

“头肩底 +RSI 金叉”的具体要求如下。

第一，股价 K 线形成头肩底的过程中，若右肩的股价高于左肩，将会加强买入信号的有效性。

第二，股价形成头肩底时，RSI 指标所形成的 3 个金叉，若最后 1 个明显高于前 2 个，将会加强股价上升信号的准确性。

第三，头肩底的第三个低点形成后，股价反弹时，若成交量同步放大，将增加股价上升的可能性。

第四，头肩底的右肩形成后，RSI 指标第三次（股价形成头肩底过程中，RSI 指标可能出现多次金叉，这里就取右肩形成后的第一个金叉）出现黄金交叉时，就是该股的第一个买点。其后，若股价继续走高，向上突破头肩底的颈线位，则是该股的第二个买点。

下面来看一下中南建设的案例。

如图 5-12 所示，中南建设的股价在 2015 年 8 月中旬到 2015 年 10 月中旬期间走出了头肩底形态。

中南建设的股价在 2015 年 8 月 27 日上涨到一个阶段低点后出现反弹，

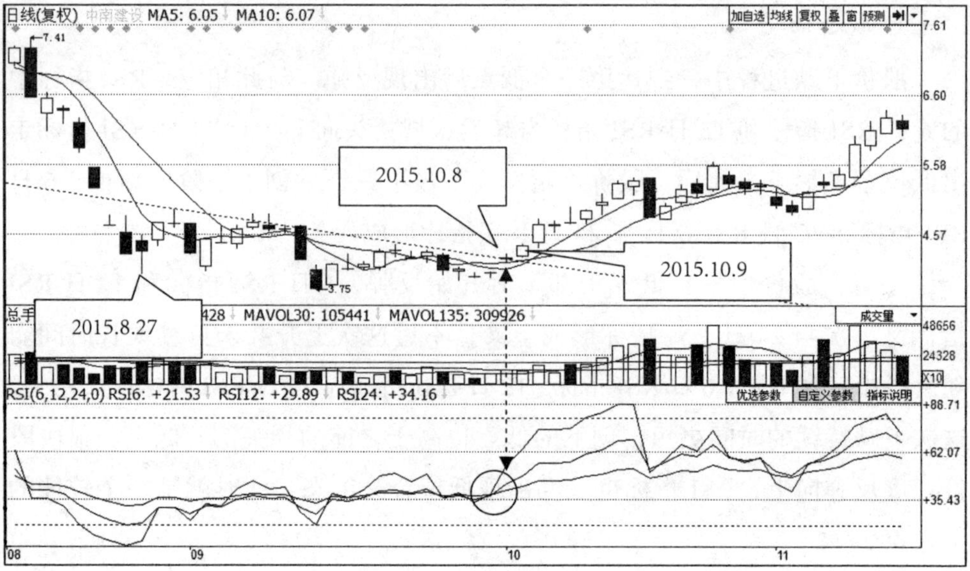

图 5-12 中南建设（000961）RSI 指标走势图

与此同时，RSI 指标拐头向上，不久走出低位金叉形态。其后，该股经过几个交易日的反弹再度下跌，RSI 指标同步出现死叉形态。当股价创下一个新的低点后出现反弹，RSI 指标再度出现金叉形态。其后三度下跌，经过几个交易日的下跌后，中南建设的股价并未创出新的低点而出现反弹，至此头肩底形态趋向于成立。

2015 年 10 月 8 日，RSI 指标三度形成黄金交叉形态，且该交叉点略高于前 2 个，这说明该股未来看涨，投资者可在当日执行买入操作。10 月 9 日，该股股价 K 线向上突破了头肩底的颈线位，标志着头肩底形态正式形成，投资者亦可在当日追涨买入。

另外，头肩底本可以看成是三重底的特殊形态。三重底的分析方法与头肩底相似，这里就不再作过多的介绍了。

九、RSI 指标与 K 线形态共振

RSI 指标与 K 线形态共振，是指股价 K 线走出某种顶部或底部形态时，如 W 底、M 顶等，RSI 指标同步走出类似的形态。当股价与 RSI 指标同时

跌破或突破该形态颈线时，就意味着短期买点或卖点出现。

RSI 指标与 K 线形态共振，需要重点关注顶部形态共振和底部形态共振两类。

1. 顶部形态共振

顶部形态共振是指股价 K 线走出经典顶部形态，如 M 顶、三重顶、头肩顶时，RSI 指标也同步走出该类型的顶部形态。顶部形态出现共振，可以强化卖出信号的有效性，其操作要求如下。

第一，股价 K 线形成 M 顶、三重顶或头肩顶过程中，RSI 指标各条指标线要位于 50 线上方。

第二，RSI 指标形成的顶部形态与股价 K 线形成的顶部形态趋于一致。

第三，RSI 指标形成的顶部形态中，最后一个顶的高点要低于其他几个顶。

第四，股价跌破顶部形态的颈线位时，RSI 指标若能自 80 线上方拐头向下形成死叉，可增强卖出信号的有效性。

下面来看一下西山煤电的案例。

如图 5-13 所示，西山煤电的股价在 2016 年 11 月上旬出现了明显的筑顶迹象。2016 年 11 月 15 日和 11 月 24 日，该股分别创下了 2 个顶部高点，形成了 M 顶形态。不过，鉴于有一个顶要高于前一个顶，投资者可等到股价向下跌破颈线位时执行卖出操作。

此时观察 12 日 RSI 指标的走势情况可以发现，在股价 K 线走出 M 顶形态时，12 日 RSI 指标也同步在 11 月 14 日和 11 月 28 日走出了 M 顶形态，可见 RSI 指标创出高点的时间与 K 线稍有不同。此时，投资者需要密切关注股价 K 线与 RSI 指标的走势，两者其一跌破颈线位，都可以执行卖出操作。

2016 年 11 月 30 日，股价 K 线与 RSI 指标同步跌破了颈线位置，说明 M 顶形态正式形成，投资者可在当日执行卖出操作。

2. 底部形态共振

底部形态共振，是指股价 K 线走出经典底部形态，如 W 底、三重底、

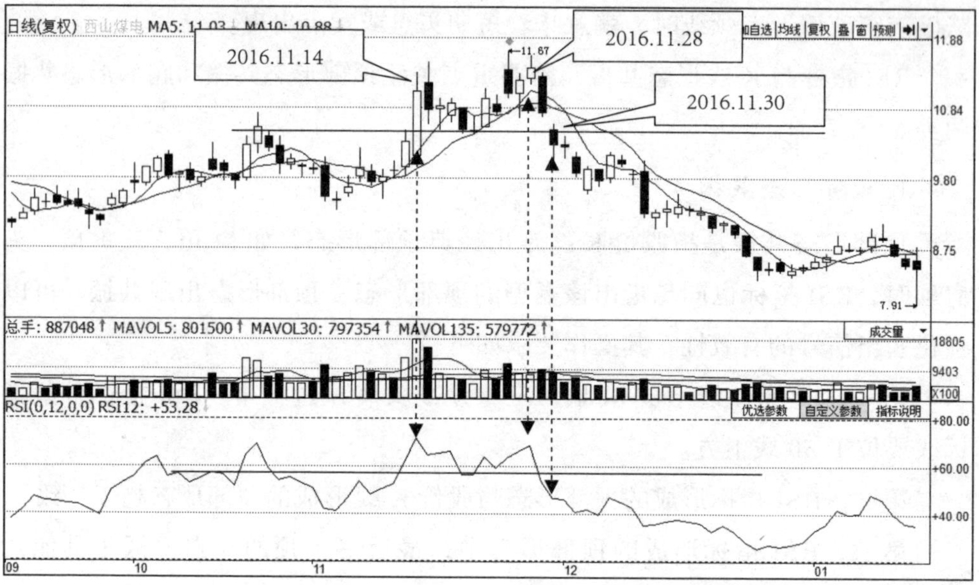

图 5-13　西山煤电（000983）RSI 指标走势图

头肩底时，RSI 指标也同步走出该类型的底部形态。底部形态出现共振，可以强化买入信号的有效性，其操作要求如下。

第一，股价 K 线形成 W 底、三重底或头肩底的过程中，RSI 各条指标线要位于 50 线下方。

第二，RSI 指标形成的底部形态与股价 K 线形成的形态趋于一致。

第三，RSI 指标形成的底部形态中，最后一个底的低点要高于其他几个底。

第四，股价向上突破形态的颈线位时，若 RSI 指标能自 20 线下方拐头向上形成金叉，可增强买入信号的有效性。

下面来看一下丽江旅游的案例。

如图 5-14 所示，丽江旅游的股价在 2015 年 8 月下旬出现了明显的筑底迹象。2015 年 8 月 25 日、9 月 2 日和 9 月 15 日，该股分别创下了 3 个底部低点，形成了三重底形态。不过，鉴于最后一个底要低于前一个底，投资者可等到股价向上突破颈线位时执行买入操作。

此时观察 12 日 RSI 指标的走势情况可以发现，在股价 K 线走出三重底形态时，12 日 RSI 指标也同步走出了三重底形态，可见 RSI 指标创出低点的时间与 K 线基本吻合。此时，投资者需要密切关注股价 K 线与 RSI 指标的走势，两者其一向上突破颈线位，都可以执行买入操作。

2015 年 9 月 18 日，股价 K 线与 RSI 指标同步向上突破颈线位置，说明三重底形态正式形成，投资者可在当日执行买入操作。

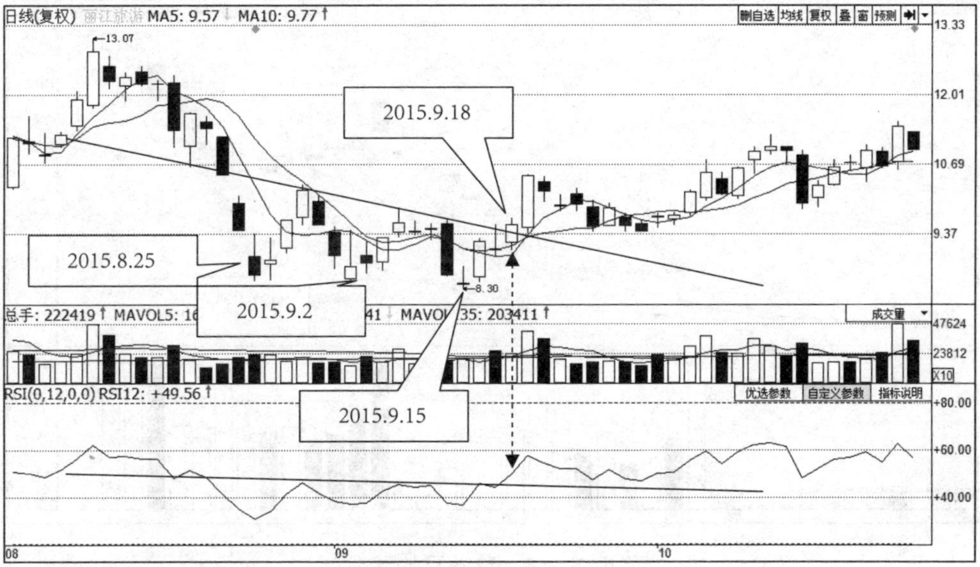

图 5-14　丽江旅游（002033）RSI 指标走势图

第二节　RSI 指标与均线结合分析

均线系统本身能够给出一些交易指示信号，将 RSI 指标与均线发出的信号结合分析，则可增强交易信号的有效性。

一、均线的基本特征

均线全称为“移动平均线”（Moving Average），英文简称为“MA”，该指标是以“平均成本概念”为理论基础，采用统计学中的“移动平均”原理，将一定时间周期内的股价或指数的平均值在价格图表中连成曲线，用来显示股价或指数的历史波动情况，并以此来预测后市的趋势走向，为投资者提供操作依据。

在大多数炒股软件中，均线指标与K线会同步显示在主图中，如图5-15所示。

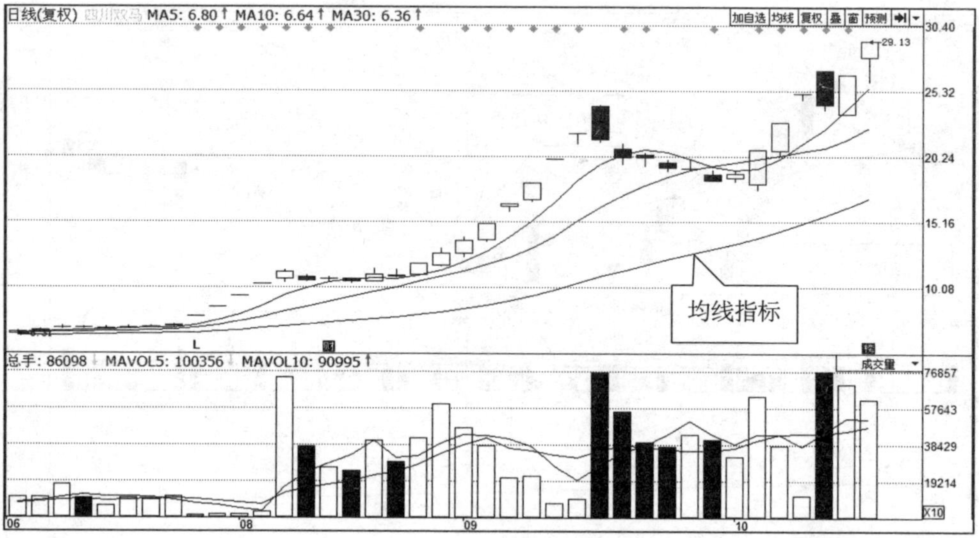

图5-15　移动平均线

均线系统一般由短期均线、中期均线和长期均线等几条均线构成。不同的炒股软件给出的均线周期并不相同，如图5-15所示，炒股软件默认提供的均线为5日均线、10日均线和30日均线。

均线最基本的思想是消除股价变动的偶然因素，反映股价在一段时间内变动的基本趋势，因而它具有以下作用。

第一，揭示股价趋势。

均线能够表示股价的趋势方向，所以具有趋势的性质。当均线向上运行时，表示行情趋势向好；当均线向下运行时，表示行情趋势向淡。如果从K线图上能够画出明显的上升或下降趋势线，那么均线的发展方向与趋势线是一致的，能消除股价在这个过程中出现的起伏波动。

第二，反映市场平均成本。

均线是近期收盘价平均值的连线，因而它能有效揭示当前市场的平均成本。比如，某只个股在某一交易日内的 10 日均线对应的数值，代表了该股近 10 个交易日内的平均成本。通过对平均成本的分析，能够准确认识市场目前的成本结构，进而可以判断自己的买入价位是否处于有利位置。另外，平均成本是市场操作特别是跟踪庄家踪迹的重要依据。

第三，助涨和助跌的作用。

在一个较大的趋势中，均线会朝着一个方向移动，通常持续一段时间后才会转向，因而均线在上涨行情中通常是多头的防线，具有助涨的作用；在下跌行情中通常是空头的防线，具有助跌的作用。当股价向上突破或向下跌破均线时，往往还有向突破方向再进一步的愿望，这也表现了均线的助涨和助跌作用。

第四，支撑和阻力的作用。

移动平均线在股价走势中会起到支撑线和阻力线的作用。股价在均线上方运行时，均线会对股价形成支撑；股价在均线下方运行时，均线会对股价形成阻力。均线被突破，实际上是支撑线或阻力线被突破。

第五，给出明显的交易信号。

均线能够为投资者提供适当的交易时机。比如，当周期较短的均线由下向上穿越周期较长的均线时，称为黄金交叉（金叉），此为买入信号；反之，当周期较短的均线由上向下穿越周期较长的均线时，称为死亡交叉（死叉），此为卖出信号。

二、RSI 指标超卖 + 均线低位金叉

RSI 指标进入超卖区间，意味着短期内股价将会反弹向上。若此时均线指标出现低位金叉，则意味着股价未来上涨的可能性较大。

"均线低位金叉 +RSI 超卖"的操作建议如下。

第一，股价处于阶段底部或回调时，RSI 指标率先进入超卖区间，说明

市场下跌动能不足，随时有可能出现反弹走势。

第二，RSI 指标发出超卖信号后，短期均线向上穿越中长期均线形成黄金交叉形态，且该交叉点处于低位，则可印证股价即将上涨的判断。

第三，均线指标出现金叉时，6 日 RSI 指标应该处于上升趋势中且突破了 20 线。

第四，均线指标出现金叉时，为该股的最佳买点。

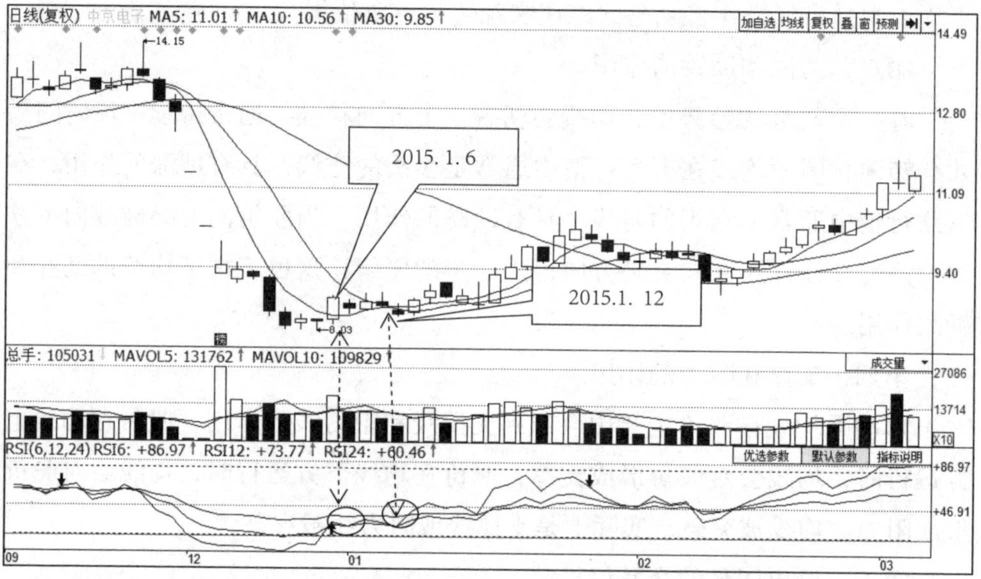

图 5-16　中京电子（002579）日 K 线走势图

如图 5-16 所示，中京电子的股价在 2014 年底出现了一波快速杀跌走势，RSI 指标与均线指标同步下降。很快，6 日 RSI 指标跌破了 20 线，这说明该股已经进入了超卖区间，下跌动能难以持续，未来随时有上涨的可能。

2015 年 1 月 6 日，在超卖区间多日的 RSI 指标拐头向上突破了 20 线，这说明股价有企稳迹象，此时均线指标已经出现拐头向右上方倾斜的迹象。1 月 12 日，5 日均线向上突破 10 日均线，形成了黄金交叉形态，这说明股价短线上涨趋势已经确立，投资者可于当日买入该股。

三、RSI 指标超买 + 均线高位死叉

RSI 指标进入超买区间，意味着短期内股价将会反转向下。若此时均线指标出现高位死叉，则意味着股价未来下跌的可能性较大。

“均线高位死叉 +RSI 超买”的操作建议如下。

第一，股价处于阶段顶部或反弹时，RSI 指标率先进入超买区间，说明市场上涨动能不足，随时有可能出现下跌走势。

第二，RSI 指标发出超买信号后，短期均线向下穿越中长期均线形成死亡交叉形态，且该交叉点处于高位，则可印证股价即将下跌的判断。

第三，均线指标出现死叉时，6 日 RSI 指标应该处于下降趋势中且跌破了 80 线。

第四，均线指标出现死叉时，为该股的最佳卖点。

如图 5-17 所示，日上集团的股价在 2016 年 4 月出现了一波快速上涨走势，RSI 指标与均线指标同步上升。很快，6 日 RSI 指标突破了 80 线，这说明该股已经进入了超买区间，上涨动能难以持续，未来随时有下跌的可能。

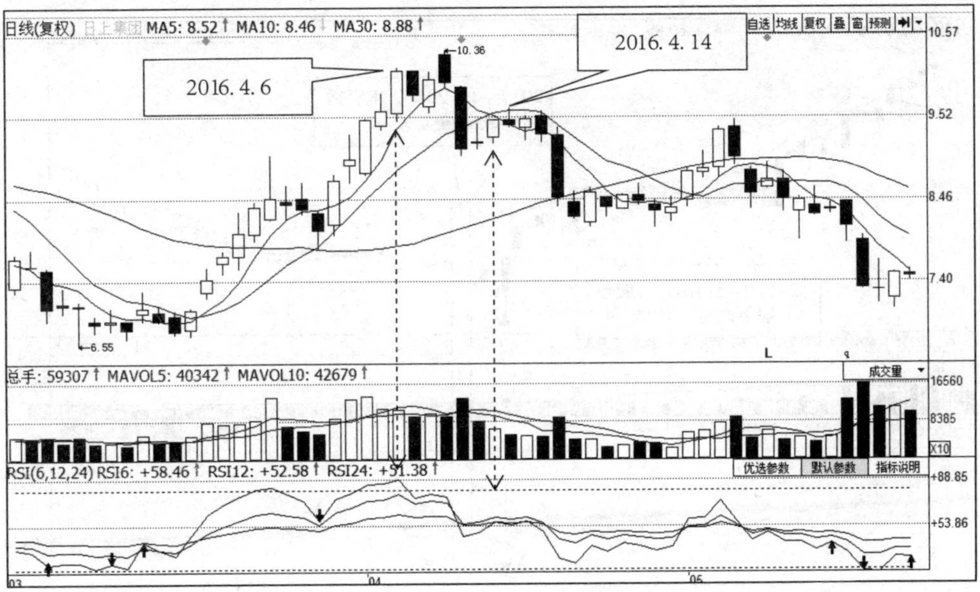

图 5-17 日上集团（002593）日 K 线走势图

2016 年 4 月 6 日，在超买区间多日的 RSI 指标拐头向下跌破了 80 线，说明股价有下跌迹象，此时均线指标已经出现拐头向右下方倾斜的迹象。4 月 14 日，5 日均线向上突破 10 日均线，形成了死亡交叉形态，这说明股价下跌趋势已经确立，投资者可于当日卖出该股。

四、RSI 低位金叉 + 股价远离均线

股价经过一波下跌后距离均线较远，此后 RSI 指标进入到 20 以下的超卖区，6 日 RSI 指标和 12 日 RSI 指标向上突破 24 日 RSI 指标。RSI 指标形成低位金叉，表示短期内人气聚集，股价有上涨的可能，是买入信号。

“RSI 低位金叉 + 股价远离均线”的操作建议如下。

第一，股价低位远离均线，说明股价短期内出现了快速下跌走势，未来势必会重新向均线靠拢。

第二，RSI 指标随着股价的下跌进入超卖区域后，拐头向上形成低位金叉，表明做多力量已经介入该股，股价短期企稳趋势明显。

第三，股价远离均线后，RSI 指标出现低位金叉时，属于比较理想的买

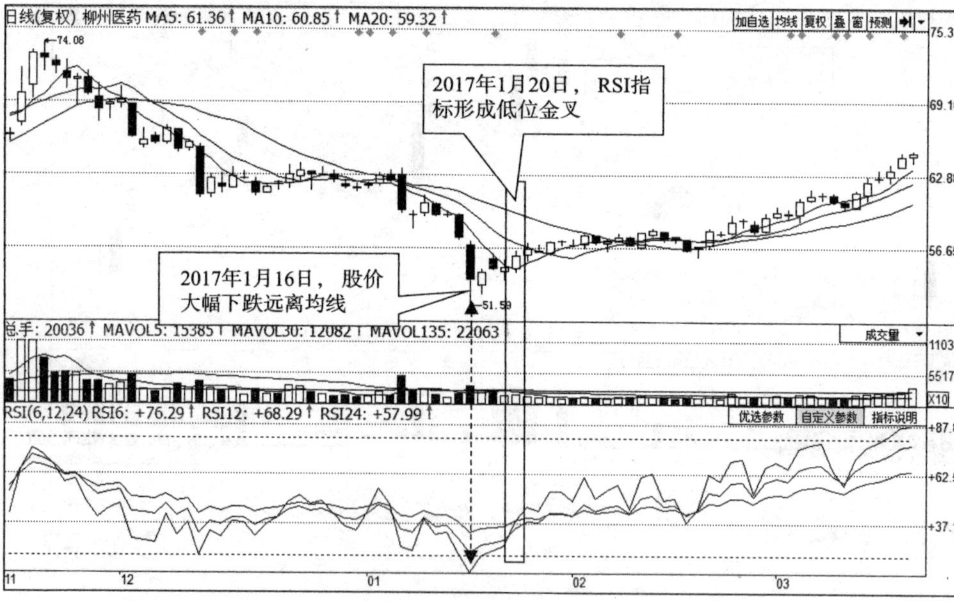

图 5-18　柳州医药（603368）的日 K 线图

入点位，同时，投资者可将 50 线作为加仓点位。

如图 5-18 所示，自 2016 年 11 月下旬开始，柳州医药的股价出现了一波快速下跌走势。2017 年 1 月 16 日，股价已经大幅远离 5 日均线和 10 日均线，此时，RSI 指标进入了超卖区域。

随后股价出现了反弹。2017 年 1 月 20 日，处于 20 以下超卖区间的 RSI 指标反弹向上，与 24 日 RSI 指标形成金叉，这是看涨买入信号，投资者可以适量买入。

五、RSI 高位死叉 + 股价远离均线

股价经过一波上涨后距离均线较远，此后 RSI 指标进入到 80 以上的超买区，6 日 RSI 指标和 12 日 RSI 指标向下跌破 24 日 RSI 指标。RSI 指标形成高位死叉，表示短期内人气涣散，股价有下跌的可能，是卖出信号。

“RSI 高位死叉 + 股价远离均线”的操作建议如下。

第一，股价高位远离均线，说明股价短期内出现了快速上涨走势，未来势必会重新向均线靠拢。

第二，RSI 指标随着股价的上涨进入超买区域后，拐头向下形成高位死叉，表明做空力量已经介入该股，股价短期回调趋势明显。

第三，股价远离均线后，RSI 指标出现高位死叉时，属于比较理想的卖出点位，同时，投资者可将 50 线作为清仓点位。

如图 5-19 所示，2017 年 6 月 20 日，处于上涨行情中的中装建设放量高开，当天收出 1 根大阴线，股价远离 5 日均线和 10 日均线。而在同一日，处于 80 以上高位的 6 日 RSI 指标拐头向下。

6 月 22 日，6 日 RSI 指标和 12 日 RSI 指标向下跌破了 24 日 RSI 指标，形成高位死亡交叉，看到这种走势后，投资者应该果断卖出。

六、RSI 指标与均线金叉共振

通常情况下，RSI 指标发出的买入或卖出信号要比均线指标更早、更及时，不过准确性方面要弱于均线指标。当 RSI 指标走出低位金叉形态后，均

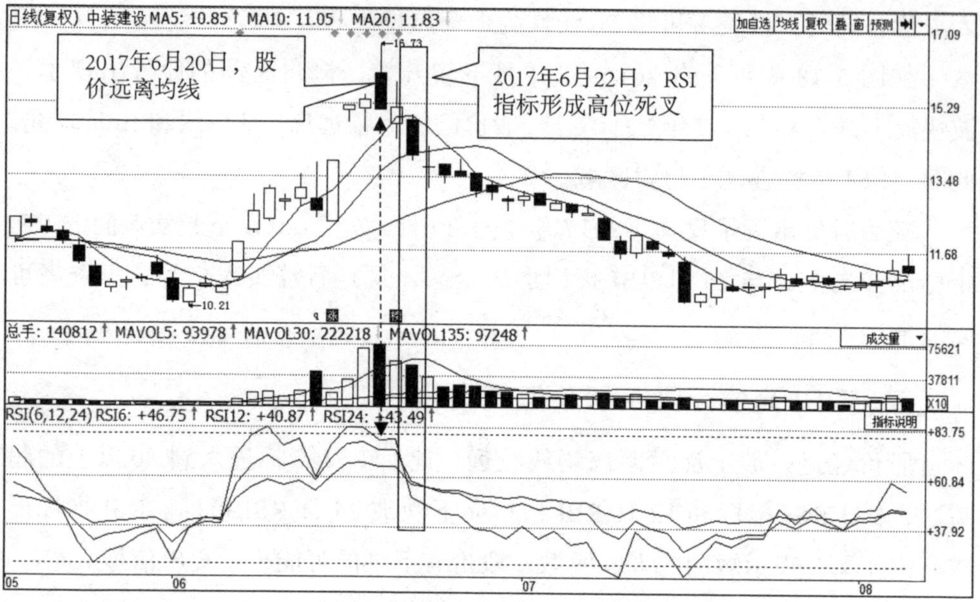

图 5-19　中装建设（002822）的日 K 线图

线指标若能同步走出低位金叉，则是对 RSI 指标买入信号的一个强化。

“RSI 指标与均线金叉共振”的操作建议如下。

第一，股价经过一段时间的下跌后出现反弹迹象，股价 K 线在某一交易日放量上穿某条或某几条重要均线。

第二，RSI 指标随着股价的上涨出现低位金叉形态，且交叉点位于 20 线上方附近，这说明 RSI 指标已经脱离了超卖区域。

第三，在 RSI 指标出现低位金叉后，均线指标中的 5 日均线向上穿越 10 日均线形成低位金叉形态（由于 RSI 指标灵敏度较高，均线指标的交叉要晚于 RSI 指标）。

第四，均线指标在 RSI 指标出现低位金叉后接着出现黄金交叉时，投资者可执行买入操作。

如图 5-20 所示，金信诺的股价自 2016 年 2 月中旬出现了一波快速下跌走势。3 月初，该股股价的下跌趋势减缓，随后出现了明显的筑底走势。

2016 年 3 月 14 日，金信诺的股价向上突破，拉出 1 根大阳线，且此根

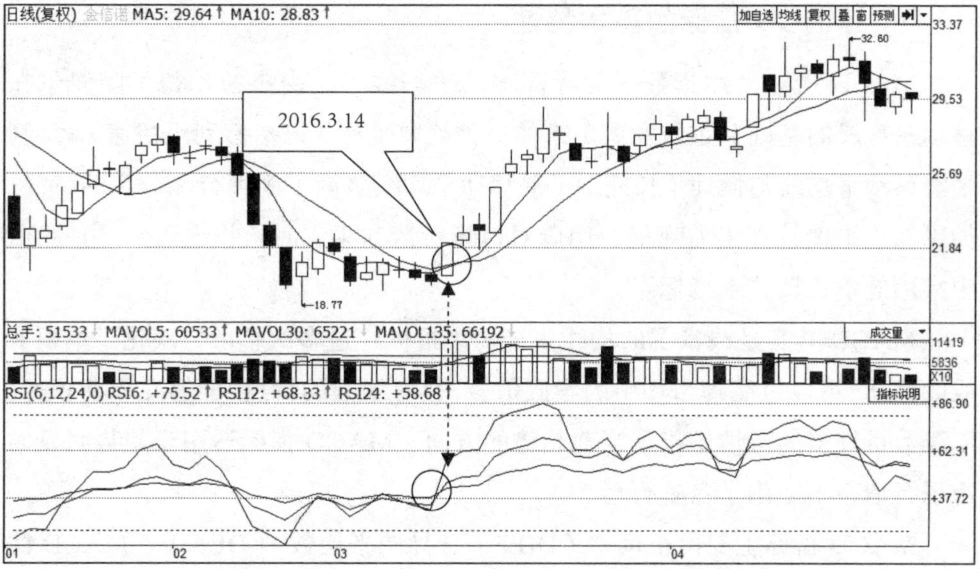

图 5-20　金信诺（300252）RSI 指标走势图

阳线放量向上突破了 5 日均线和 10 日均线。与此同时，RSI 指标中的 6 日 RSI 指标和 12 日 RSI 指标向上突破 24 日 RSI 指标，出现低位黄金交叉形态，这说明该股未来有上升的可能。

其后一个交易日，该股股价小幅上涨，5 日均线向上突破了 10 日均线，形成了黄金交叉形态。RSI 指标与均线形成了金叉共振形态，这预示着股价即将启动上涨行情，投资者可在当日买入该股。

第三节　RSI 指标与 MACD 指标结合分析

MACD 指标是以均线为基础发展而来的，当 RSI 指标与 MACD 指标结合时，可以更加准确、及时地捕捉买入与卖出信号。

一、MACD 指标的基本特性

MACD 指标又称指数平滑异同移动平均线，是由杰拉尔德·阿佩尔在移动平均线的基础上重新发展出来的一种趋向指标。该指标利用快速（短期）平滑移动平均线与慢速（长期）平滑移动平均线之间不断聚合和分离的特征，加以双重平滑计算出差离值，用以对市场行情和买卖时机作出研判，是股市中常用的中长期技术指标。

MACD 其实是改良了的均线系统，该指标经过多次平滑，淡化了单根 K 线的跳动，可以过滤掉市场中的虚假信号，具有稳健的特点，能够在周期较大、K 线数目较多的行情中指示当前趋势的方向。MACD 指标适用于趋势明显的市场行情，不适用于盘整行情。

MACD 指标主要由正负差（DIFF）、异同平均数（DEA）、MACD 柱线等部分组成，其中，DIFF 是指标的核心，DEA 一般作为辅助。如图 5-21 所示。

MACD 指标具有如下几项特性。

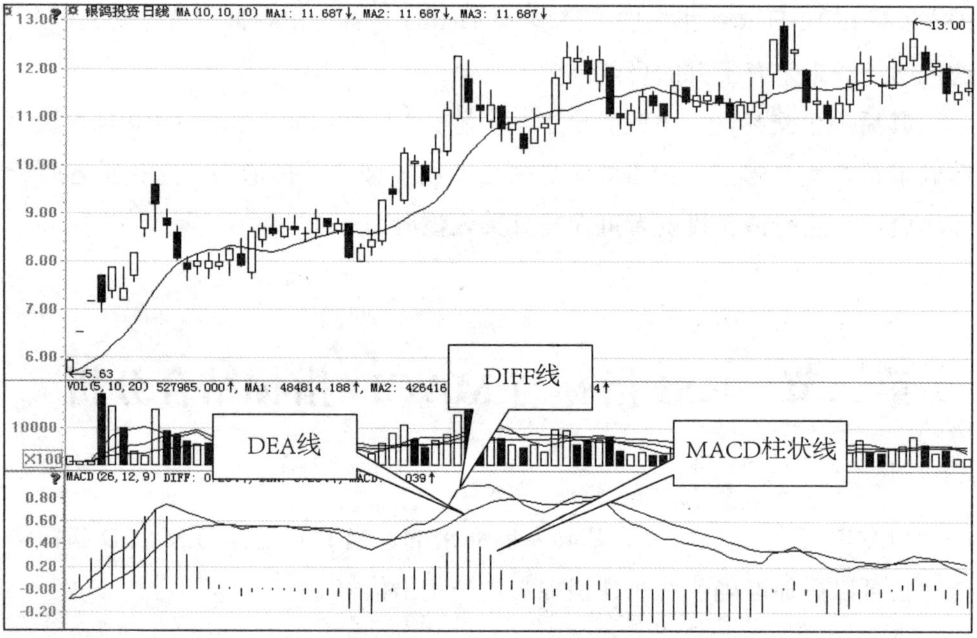

图 5-21 MACD 指标

第一，DIFF 线的变动较为灵敏，是快速平滑移动平均线；DEA 线则较为平缓，是慢速平滑移动平均线。两条线都围绕 0 轴上下波动。

第二，MACD 指标显示的 2 条曲线都不是市场价格的移动平均线，而是 2 条移动平均线差距的平滑移动平均线。它能克服移动平均线假信号频繁的缺点，又保留了均线的诸多优点。

第三，MACD 柱状线即 BAR 线，表示 DIFF 线与 DEA 线之间的偏离程度。BAR 线越长，说明 DIFF 线距离 DEA 线越远。BAR 为正值，柱状线显示为红色，表示 DIFF 线在 DEA 线之上；BAR 为负值，柱状线显示为绿色，表示 DIFF 线在 DEA 线之下。

第四，当 MACD 柱状线由负变正（或由绿变红）时，DIFF 线必然向上突破 DEA 线，从而形成金叉；当 MACD 柱状线由正变负（或由红变绿）时，DIFF 线必然向下跌破 DEA 线，从而形成死叉。

第五，BAR 线的正负值之间有一条分界线，称为 0 轴（或 0 线）。

二、RSI 指标与 MACD 指标金叉共振

RSI 指标与 MACD 指标金叉共振，是指在 RSI 指标发出短线金叉买入信号的同时，MACD 指标也同步发出波段金叉买入信号。MACD 指标金叉是对 RSI 金叉买入信号的确认和强化，其具体操作建议如下。

第一，股价处于阶段底部或回调时，RSI 指标率先走出黄金交叉形态，随后 MACD 指标也呈现黄金交叉形态，两个金叉相隔的时间最好不要超过 3 个交易日。

第二，RSI 金叉值小于 50，MACD 金叉位于 0 轴上方附近位置。MACD 金叉时，成交量出现明显放大更佳。

第三，2 种金叉出现时，股价位于 20 日均线上方更好。

第四，20 日均线向上，MACD 指标出现金叉时，为该股的最佳买点。

如图 5-22 所示，嘉寓股份的股价在 2017 年上半年出现震荡上涨行情。2017 年 2 月底到 3 月初，该股出现了短暂的回调，MACD 指标和 RSI 指标同步出现了死亡交叉形态。2017 年 3 月 15 日，该股 K 线以大阳线报收，且

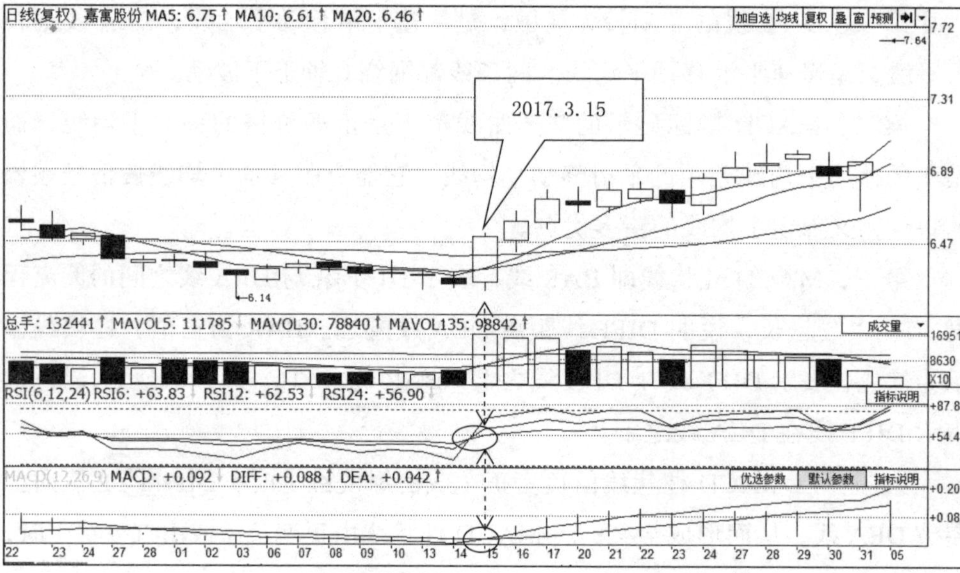

图 5-22 嘉寓股份（300117）日 K 线走势图

同步向上穿越 5 日均线、10 日均线、20 日均线等多条均线，给人一种股价运行趋势即将转向的感觉。

与此同时，该股 RSI 指标率先触底反弹，形成了低位黄金交叉形态，且此交叉点位于 50 线下方，这说明该交叉点的含金量较高，投资者宜密切关注随后该股股价的走势。

MACD 指标在该日出现黄金交叉形态，且此交叉点位于 0 轴上方附近，同样含金量十足。至此，RSI 金叉与 MACD 金叉出现共振，且此时股价已经顺利突破 20 日均线，说明股价短期内会有一波快速上涨行情。

三、RSI 超买 +MACD 指标趋势向上

RSI 指标进入超买区域，说明股价进入筑顶阶段，尽管可能很快发生趋势反转，但仍会保持较快的上升趋势。此时，若 MACD 指标一直向右上方倾斜，投资者可安心持股待涨。

“RSI 超买与 MACD 指标趋势向上”的具体操作建议如下。

第一，股价经过一段时间的上升，RSI 指标进入 80 线上方超买区域，

说明股价即将启动快速上升行情，但同时面临转向的风险。

第二，若此时 MACD 指标刚刚越过 0 轴，并向右上方倾斜稳步运行，说明此时股价运行态势良好，有望继续保持。

第三，只要 MACD 指标运行趋势不变，投资者就可以继续持股。

如图 5-23 所示，皖通高速的股价在 2016 年 9 月中旬触底后出现了一波快速上涨行情。股价在上涨过程中曾出现一次小幅调整。调整过后的 11 月 4 日，RSI 指标进入超买区域，说明股价已经步入危险区，投资者宜谨慎。同时，MACD 指标紧贴 MACD 柱线向右上方倾斜，且运行态势良好，说明投资者仍可安心持股。

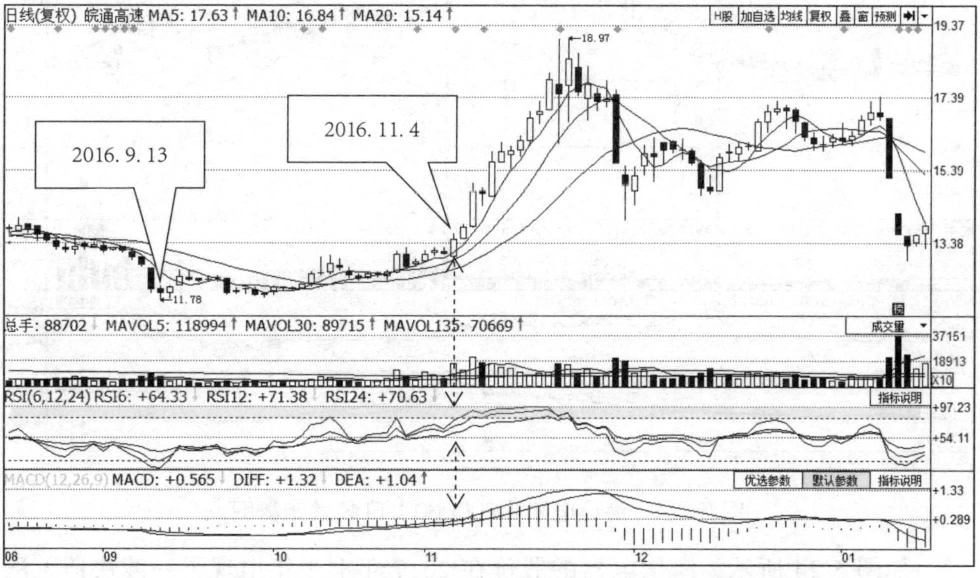

图 5-23 皖通高速（600012）日 K 线走势图

投资者按照此形态买入股票，可在股价回调，RSI 指标跌破 80 线或 MACD 指标死叉再卖出即可。

四、RSI 高位盘整 +MACD 高位死叉

RSI 指标随着股价上升进入 50 线上方区域后出现盘整形态，此时，若 MACD 指标同步出现高位死叉，则可考虑坚决卖出股票。

“RSI 高位盘整与 MACD 高位死叉”的具体操作建议如下。

第一，股价经过一段时间的上升，RSI 指标进入 50 线上方区域，此后，RSI 指标出现高位盘整和黏合状态，说明此时股价仍处于上涨阶段，投资者可耐心持股。

第二，若 MACD 指标同步出现高位死叉形态，则说明股价上涨趋势已经结束。

第三，若 RSI 指标刚刚跌破 80 线，则可增加卖出信号的准确性。

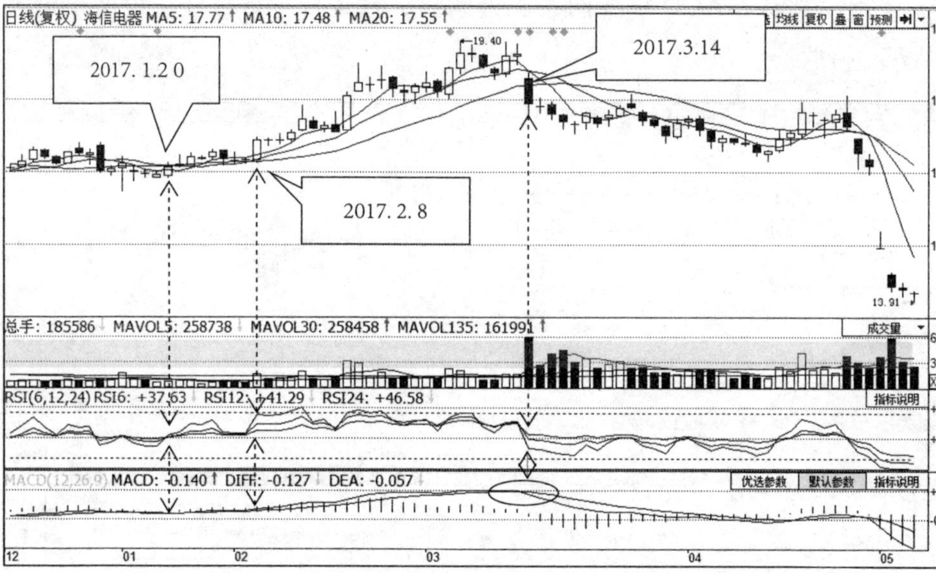

图 5-24 海信电器（600060）日 K 线走势图

如图 5-24 所示，海信电器的股价在 2017 年上半年出现了一波快速上涨行情。股价在上涨过程中出现了一次调整，调整过后的 1 月 27 日，股价重归上升通道。与此同时，RSI 指标和 MACD 指标同时出现黄金交叉形态，这说明股价即将启动快速上升。

2 月 8 日，RSI 指标进入超买区域，说明股价已经步入危险区，投资者宜谨慎。此后，股价在上涨过程中出现了震荡调整，RSI 指标的各条指标线在超卖区域也出现了若干次交叉，并逐渐黏合。3 月 14 日，RSI 指标在刚刚完成高位死叉后跌破了 50 线。与此同时，MACD 指标同步出现高位死叉，这说明股价上涨趋势已经结束，投资者可在此时卖出全部或大部分股票。

第四节　RSI 指标与布林线指标结合分析

RSI 指标反映了多空力量的强弱变化，布林线指标则给出了股价运动的一个大致区间。当股价运行至布林线区间边界，且 RSI 指标提示多空力量变化时，说明股价运行趋势可能会发生变化。

一、布林线（BOLL）指标的交易指示含义

布林线又称布林带，英文简称为“BOLL”，是由约翰·布林格（John Bollinger）先生创造并以其名字命名的。该指标是根据统计学中的标准差原理求出股价的信赖区间，从而确定股价的波动范围及未来走势，并利用波带显示股价安全的高低价位。

布林带由 3 条曲线组成，分别是上轨线、中轨线和下轨线。其中上轨线和下轨线之间的区域构成了布林线指标的价值通道，中轨线为股价波动的中轴线。如图 5-25 所示。

布林线指标具有如下几项特性。

第一，布林带属于路径指标，股价在布林带上轨和下轨之间的带状区域内波动，其上下轨之间的范围并不固定，而是随着股价的波动发生变化。股价涨跌幅度加大时，布林带的带状区变宽；涨跌幅度狭小盘整时，布林带的带状区则变窄。

第二，布林带的上下轨线标示股价安全运行的最高价位和最低价位。下轨线对股价有支撑作用，上轨线对股价有阻力作用。中轨线有时可能是支撑线，有时可能是阻力线。

第三，布林线指标可以显示超买和超卖，股价向上突破上轨线就进入了

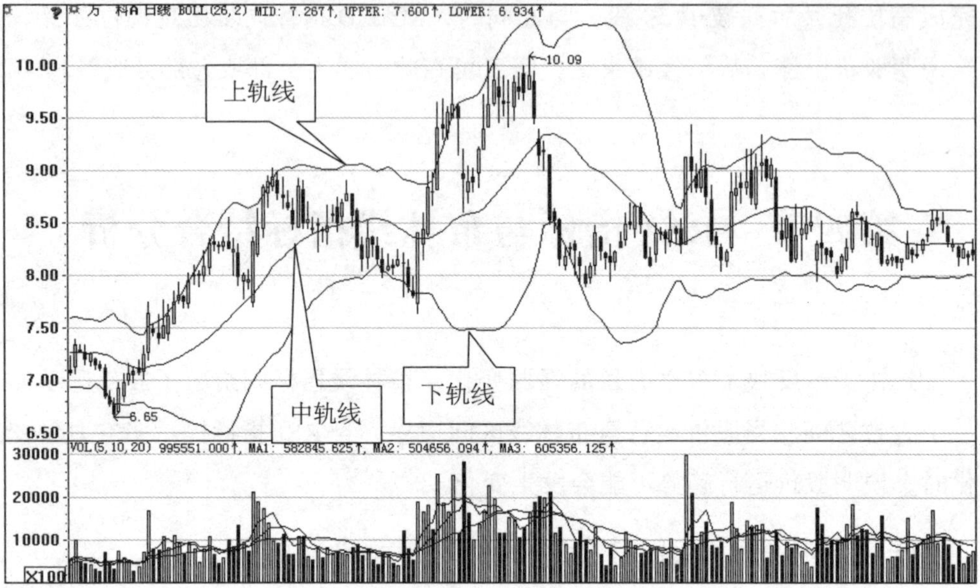

图 5-25　布林线指标图示

超买区，股价向下跌突破下轨线就进入了超卖区。

第四，使用布林带时，要注意股价处于常态区中还是非常态区间。在非常态区不能单纯按照“触及上轨线卖出，触及下轨线买入”进行操作。

布林线指标特有的上轨与下轨结构设计，对投资者识别股价运行趋势具有重要的参考价值，概括起来，其具有如下几项交易含义。

1. 震荡行情中布林线指标的应用

股价穿越布林带边线时，会马上回到波带内。在震荡整理行情中，如果股价穿越下轨线（支撑线），投资者应考虑买入。如果股价穿越上轨线（阻力线），则应考虑卖出。需要特别说明的是，这两种穿越都是由下向上的穿越。

2. 单边行情中布林线指标的应用

（1）上涨行情中布林线指标的应用。

在上涨行情中，股价会沿着中轨线和上轨线形成的通道上升，这时投资者应持股待涨。当股价不能再触及上轨线时，表示上涨趋势减弱。一旦股价向下跌破中轨线，表示下跌趋势已经形成，投资者应进行减仓操作。如果布林带的 3 条曲线也同时向下，则更能确认。

（2）下跌行情中布林线指标的应用。

在下跌行情中，股价会沿着中轨线和下轨线形成的通道下降，这时投资者应选择空仓观望。当股价不能再触及下轨线时，表示下跌趋势减弱。一旦股价向上突破中轨线，表示上涨趋势已经形成，投资者可以考虑买入股票。如果布林带的 3 条曲线也同时向上，则更能确认。

3. 布林线指标的敞口和缩口

（1）布林线指标的敞口。

当布林带逐渐敞开时，布林线指标的上轨线会向上移动，下轨线会向下移动，呈现敞口喇叭形态，表示股价的波动幅度正在增大，会引发一波较大的行情。此时，投资者应该注意观察中轨线的方向，如果中轨线向上翘头，表示股价进入上涨行情，是买入信号。如果中轨线向下滑落，表示股价进入下跌行情，是卖出信号。

（2）布林线指标的缩口。

当布林带逐渐收缩时，即布林线指标的上轨线向下移动，下轨线向上移动，呈现缩口喇叭形态，表示股价的波动幅度正在缩小，行情即将进入盘整阶段。如果这种缩口现象出现在股价大幅上涨之后的高位，投资者应及早获利了结。如果这种缩口现象出现在股价大幅下跌之后的低位，投资者不宜再盲目止损，可等待行情转势时再适量买入。

二、RSI 指标低位金叉 + 布林线下轨反弹向上

股价遇布林线下轨反弹向上，属于买入信号中比较弱的一种信号。RSI 指标低位金叉，则属于买入信号中相对较强的一种信号。两者结合时，发出的买入信号会大为增强，该技巧操作要点如下。

第一，股价沿布林线下轨线下行，经过一段时间的下跌后，出现触底反弹迹象。

第二，RSI 指标随着股价下跌一段时间后，出现反弹向上的走势。

第三，6 日 RSI 自下而上穿越 12 日和 24 日 RSI 指标，形成低位黄金交叉。

在此之前，股价自布林线下轨线位置反弹向上，那么，RSI 指标低位金叉出现时，就是该股的最佳买点。

第四，RSI 指标形成低位金叉时，若成交量同步放大，可提升买入信号的准确性。

如图 5-26 所示，高鸿股份的股价在 2014 年底出现了一波下跌走势。该股股价在下跌的结束阶段一直沿布林线下轨线运行，期间还一度跌破了下轨线。RSI 指标也同步下跌，6 日 RSI 指标一度跌破 20 线，这说明股价走势极弱。

2014 年 12 月 24 日，该股股价自下而上突破布林线下轨线，这说明该股股价有企稳的可能。随后的 12 月 30 日，6 日 RSI 自下而上穿越 12 日和 24 日 RSI，形成低位黄金交叉，这说明股价有反弹向上的可能，投资者可在此时买入该股。

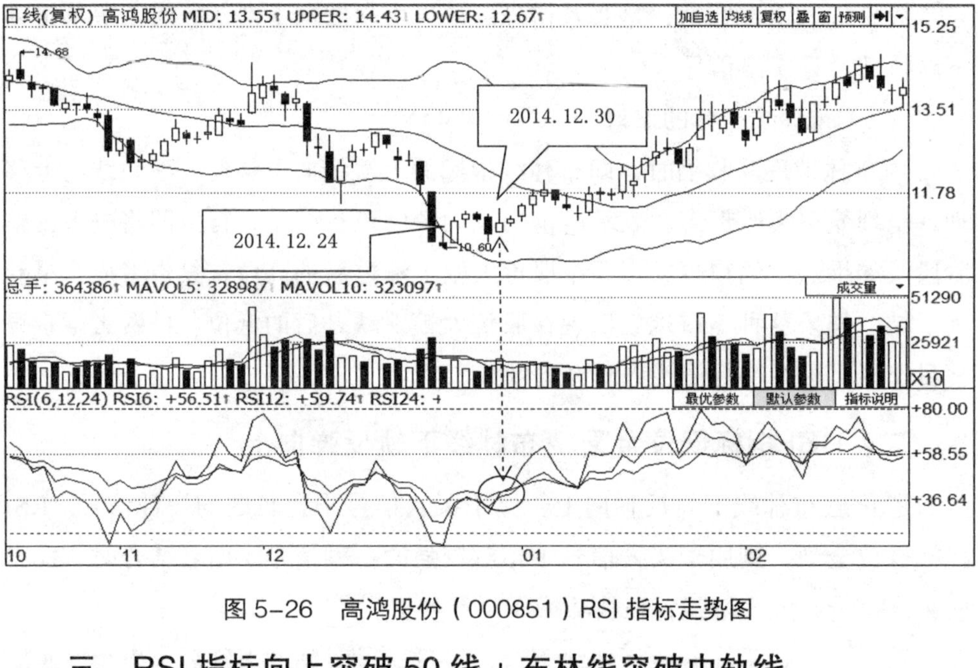

图 5-26 高鸿股份（000851）RSI 指标走势图

三、RSI 指标向上突破 50 线 + 布林线突破中轨线

股价突破布林线中轨线，属于买入信号中比较强的一种信号。RSI 指标向上突破 50 线，则说明股价由弱势转为强势。当两者结合时，发出的买入

信号可信度会大大提升，该技巧操作要点如下。

第一，股价经过一段时间的下跌或回调后，出现反弹向上迹象。

第二，RSI 指标随着股价反弹而拐头向上运行。

第三，RSI 指标各条指标线自下而上穿越 50 线，说明市场由空头主导转为多头主导。

第四，RSI 指标向上穿越 50 线时，若股价同步向上穿越布林线中轨线，则说明股价未来上涨的可能性非常大。

如图 5-27 所示，银之杰的股价在 2014 年底到 2015 年初出现了一波回调走势。该股股价在回调结束阶段自布林线下轨线反弹向上，RSI 指标也同步自底部拐头向上运行，这属于明显的后市向好信号，激进的投资者可部分建仓该股。

2015 年 1 月 7 日，该股 6 日 RSI 指标自下而上穿越 50 线，说明市场由空方主导变为多方主导。次日即 1 月 8 日，该股股价自下而上穿越布林线中轨线，这说明股价重新回归强势上升趋势，投资者可在此时追涨买入该股。

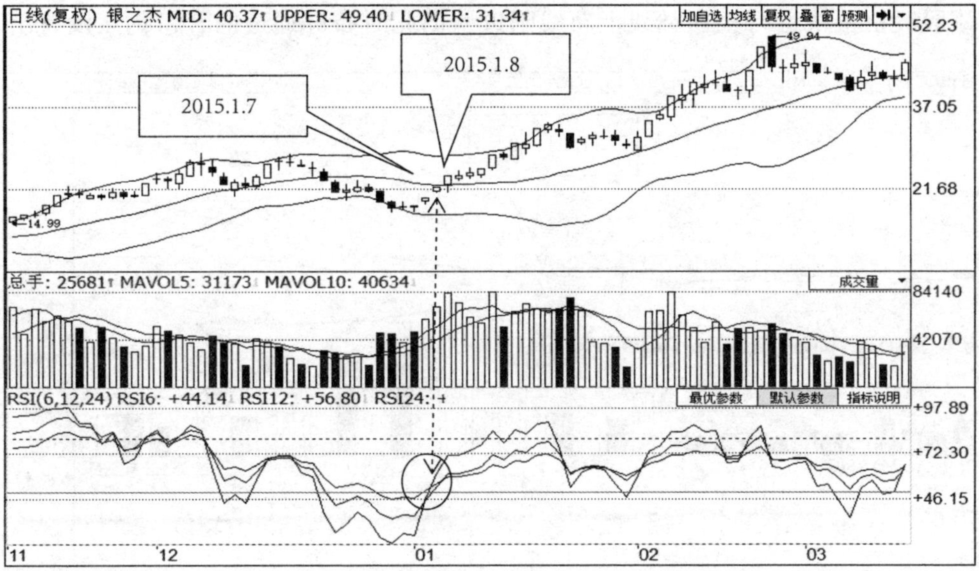

图 5-27　银之杰（300085）RSI 指标走势图

四、RSI 指标向上突破 80 线 + 布林线触及上轨线

股价上升过程中，如果能够触及布林线上轨线，说明股价呈强势。RSI 指标突破 80 线，则说明股价进入超买区域，也是典型的短线强势信号。两者相互结合，非常适合短线交易者用于判断何时追涨短线强势股，该技巧操作要点如下。

第一，股价经过一段时间的上涨或回调后，出现加速向上迹象。

第二，RSI 指标随着股价上涨突破 80 线，说明 RSI 指标进入了超买区域，此时获利可能增多，风险也在不断增大，投资者应该注意风险防控。

第三，RSI 指标突破 80 线时，股价向上运行至布林线上轨线附近，甚至向上突破上轨线后沿上轨线运行，且布林通道的开口逐渐放大，这说明股价运行极为强势。

第四，此时段属于超短线投资者博取利润的黄金时段，未提前建仓的短线或超短线投资者可积极入场买入，并随时做好卖出准备。

如图 5-28 所示，金融街的股价在 2014 年底期间出现了一波盘整走势。该股股价很快运行至布林线上轨线附近，但此时布林通道的开口仍然没有出

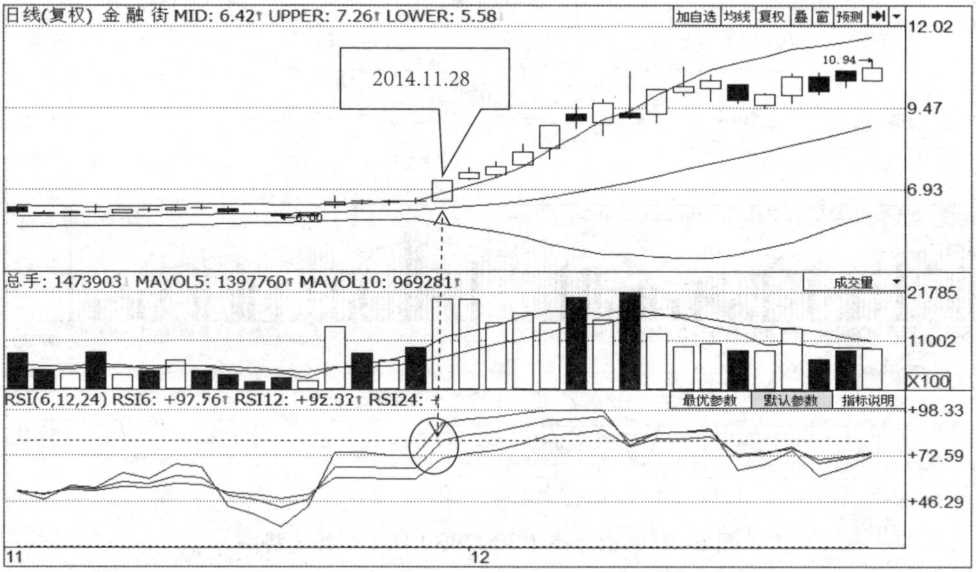

图 5-28　金融街（000402）RSI 指标走势图

现明显放大，这说明股价运行方向未定。

2014 年 11 月 28 日，该股股价以涨停报收，且股价 K 线向上突破了布林线上轨线，布林通道的喇叭口也逐渐放大，这说明股价向上运行的概率非常大。与此同时，该股 6 日 RSI 指标自下而上穿越 80 线，这也是市场进入强势上升区域的信号，短线投资者可在此时追涨买入该股。

第六章

RSI 指标周期共振实战技术

RSI 指标周期共振，是指不同分析周期的RSI 指标同步发出某些买入或卖出信号的一种分析方法。RSI 指标周期共振，有助于投资者及时找到买入信号与卖出信号。

第一节 日线 RSI 与周线、月线共振

一、周线 RSI 与月线 RSI 分析方法

相对于日线 RSI，周线 RSI 与月线 RSI 的分析周期更长，发出信号的稳定性更佳，但同时也存在信号滞后的问题。

1. 周线 RSI 分析方法

周线 RSI，顾名思义，是指 RSI 各指标线数值是以周为周期计算得出的。按照现行的作息时间制度，周一的开盘价，即为周线的开盘价，周五的收盘价，即为周线的收盘价。期间若有假期，则周期的实际计算天数可适当缩减，如某月周四、周五放假，则以周三收盘价作为周线收盘价。

周线 RSI 指标的分析方法与日线 RSI 指标相同，主要包括这样几个方面。

第一，黄金交叉与死亡交叉，即周线 RSI 指标在高位出现死叉时，说明股价即将启动下跌。周线 RSI 指标在低位出现金叉时，说明股价即将启动上涨。

第二，底背离与顶背离，即股价出现一波比一波高或低的走势，而周线 RSI 指标却未创下新高或新低，说明股价原有的运行趋势将被打破，未来存在变盘的可能。

第三，超买与超卖，即周线 RSI 指标进入 80 线以上区域时，意味着进入了超买区间，未来存在下跌的可能。周线 RSI 指标进入 20 线以下区域，意味着进入了超卖区间，未来存在反弹向上的可能。

第四，相比日线，周线 RSI 指标更稳定，能够有效地剔除一些无效的交叉。

如图 6-1 所示，汉王科技的股价在 2015 年上半年创下阶段高点后出现下跌走势，周线 RSI 指标随之出现了震荡走势。2 月 13 日，该股股价自底部启动上升行情时，周线 RSI 指标出现黄金交叉形态，投资者可在此时执行买入操作。

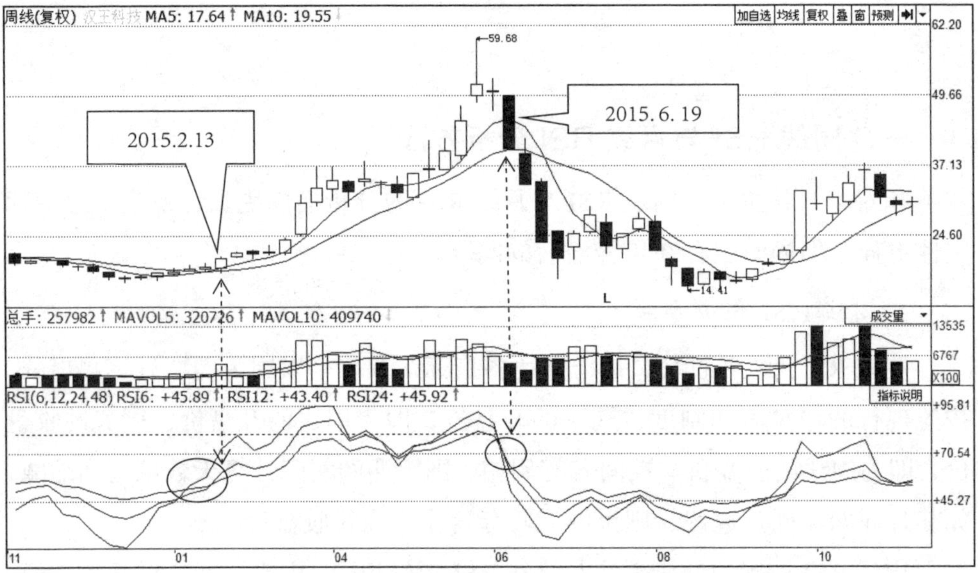

图 6-1 汉王科技（002362）周线 RSI 指标走势图

其后，汉王科技的股价一路向上。到达高点后，周线 RSI 指标自 80 线上方区域拐头向下，并在 6 月 19 日出现高位死叉，这说明股价短期可能会下跌，投资者可在当日高位死叉形成时执行卖出操作。

2. 月线 RSI 分析方法

月线 RSI，顾名思义，是指 RSI 各指标线数值是以月为周期计算得出的。按照现行的作息时间制度，每月第一个交易日的开盘价即为月线的开盘价，每月最后一个交易日的收盘价，即为月线的收盘价。月线 RSI 指标的分析方法与周线 RSI 指标完全相同，这里不再赘述。

如图 6-2 所示，汉王科技的股价在 2015 年上半年创下阶段高点后出现下跌走势，月线 RSI 指标随之出现了震荡走势。2012 年 12 月，该股股价启动上升行情，月线 RSI 指标出现底部金叉，投资者可在此时买入该股。其后，该股股价一路上涨。接近高点时，月线 RSI 指标在 2015 年 6 月出现高位死叉，这说明股价短期可能会下跌。

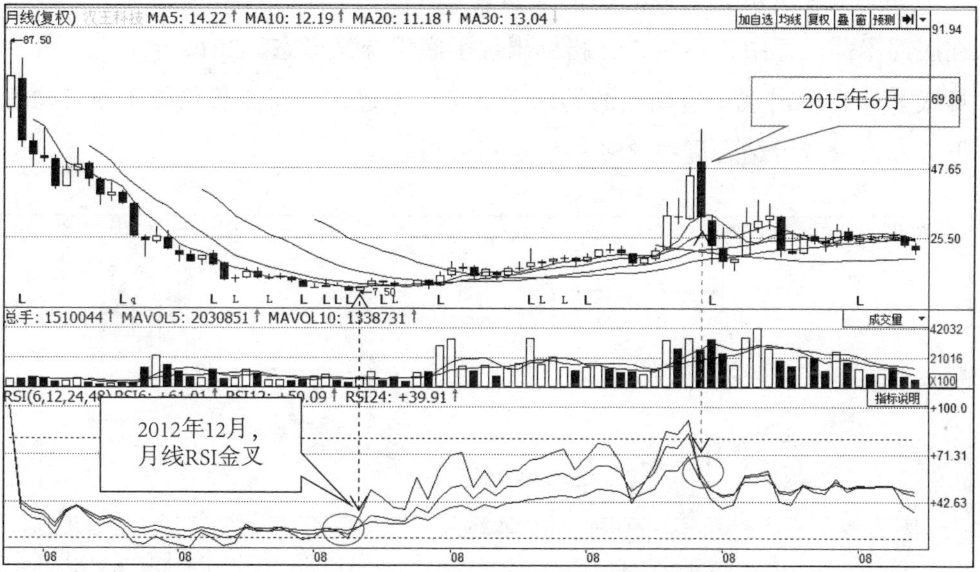

图 6-2　汉王科技（002362）月线 RSI 指标走势图

通过图 6-1 和图 6-2 对比可知，月线 RSI 指标比周线 RSI 指标指示的交易行情更加持久，期间指标线出现的交叉次数很少，但每次交叉发出的交易指示信号更准确，更适宜波段操作或中长线交易。

二、日线 RSI 与周线 RSI 共振交易技术

日线 RSI 指标与周线 RSI 指标结合，在判断股票买点方面效果较佳。下面简单介绍 2 种基于日线 RSI 和周线 RSI 指标的选股方法。

1. 日线 RSI 金叉 + 周线 RSI 金叉

“日线 RSI 金叉 + 周线 RSI 金叉”操作方法如下。

第一，股价收阳线，并位于 5 日均线上方。

第二，日线 RSI 指标呈现底部金叉形态，即 6 日 RSI 指标和 12 日 RSI 指标向上突破 24 日 RSI 指标。

第三，日线 RSI 指标呈现交叉时，成交量应同步放大。

第四，周线 RSI 指标同步呈黄金交叉形态，投资者可考虑执行买入操作。

如图 6-3 所示，天原集团的股价在 2017 年 5 月出现了筑底走势。股价在底部震荡过程中，日线 RSI 指标出现了底部金叉形态。2017 年 6 月 5 日，日线 RSI 指标出现了短期内的第三个金叉，不过，此时股价仍位于 5 日均线下方，投资者可结合周线 RSI 指标进行分析。

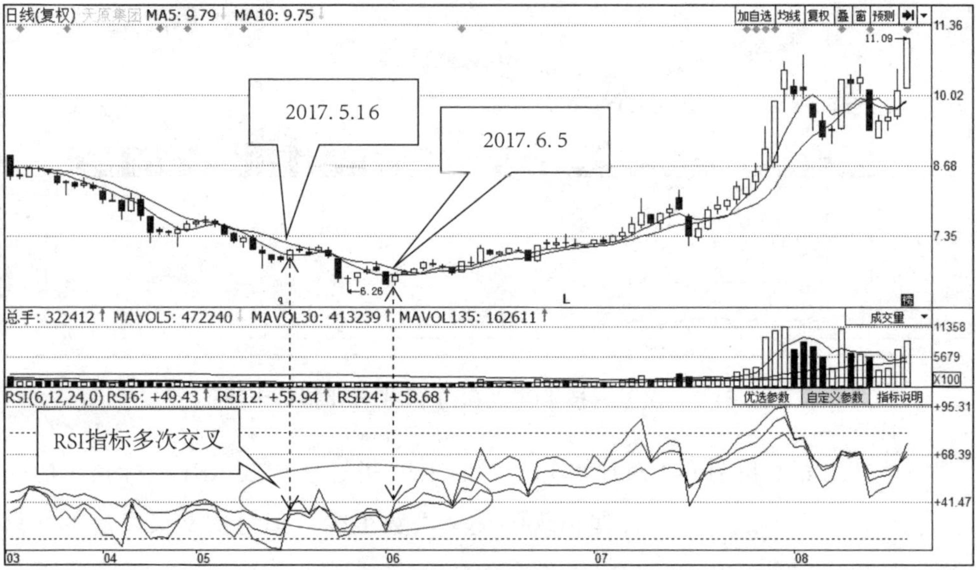

图 6-3 天原集团（002386）日线 RSI 指标走势图

如图 6-4 所示，天原集团的日线在 2017 年 6 月 5 日出现了第三次黄金交叉形态时，周线 RSI 指标和周 K 线仍处于下行态势，不具备入场做多的条件。

2017 年 6 月 9 日，RSI 指标自 20 线下方区域拐头向上，说明股价具备了反弹的条件，投资者可以在此时选择入场做多。

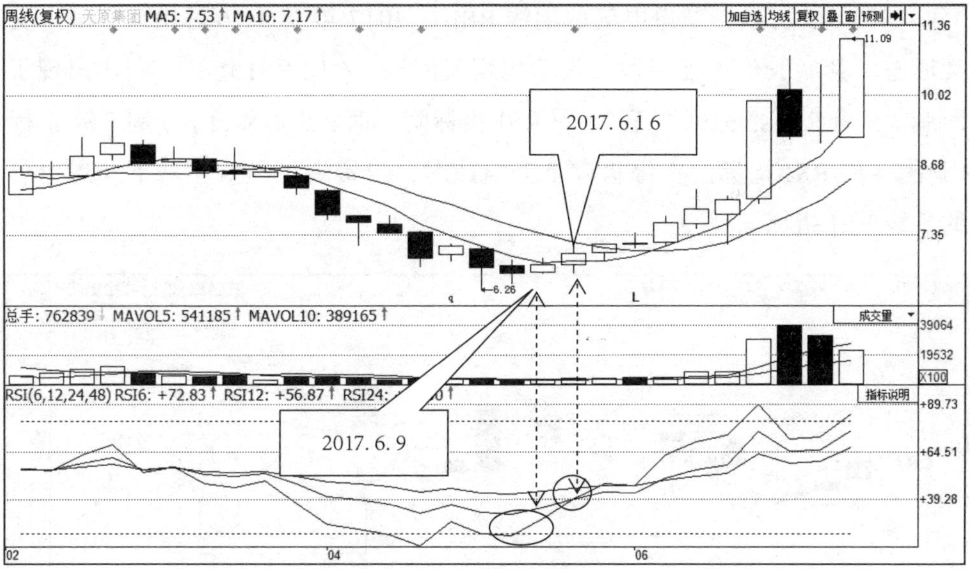

图 6-4　天原集团（002386）周线 RSI 指标走势图

其后，投资者可以再从天原集团日线 RSI 指标中寻找一个合适的买入点位和时机。也就是说，投资者可以用周线来寻找入场的时机，但具体的介入时点还需要用日线来进行辅助分析。

若日线金叉出现时，周线 RSI 指标已经开始拐头向上，金叉将要形成但尚未形成，而此时股价已经放量突破 5 日均线，激进的投资者也可在此时尝试少量建仓买入股票。

2. 周线 RSI 将死不死 + 日线 RSI 金叉

“周线 RSI 将死不死 + 日线 RSI 金叉”操作方法如下。

第一，股价收阳线，并位于 5 日均线上方。

第二，周线 RSI 指标金叉后，6 周 RSI 指标出现回调，且回调至 24 周 RSI 指标附近时，因受 24 日 RSI 指标支撑再度上攻。

第三，日线 RSI 指标呈现金叉形态。

第四，日线 RSI 指标呈现交叉时，成交量同步放大最好，此时投资者可考虑执行买入操作。

如图 6-5 所示，摩恩电气的周线 RSI 在 2017 年 6 月 16 日出现了黄金交叉形态，其后股价上涨一段时间后出现了回调，6 周 RSI 指标也同步出现了回调。6 周 RSI 指标回调至 24 周 RSI 指标附近时，8 月 4 日，6 周 RSI 指标因受 24 周 RSI 指标的支撑再度上升。此时，投资者可再观察一下摩恩电气的日线 RSI 指标。

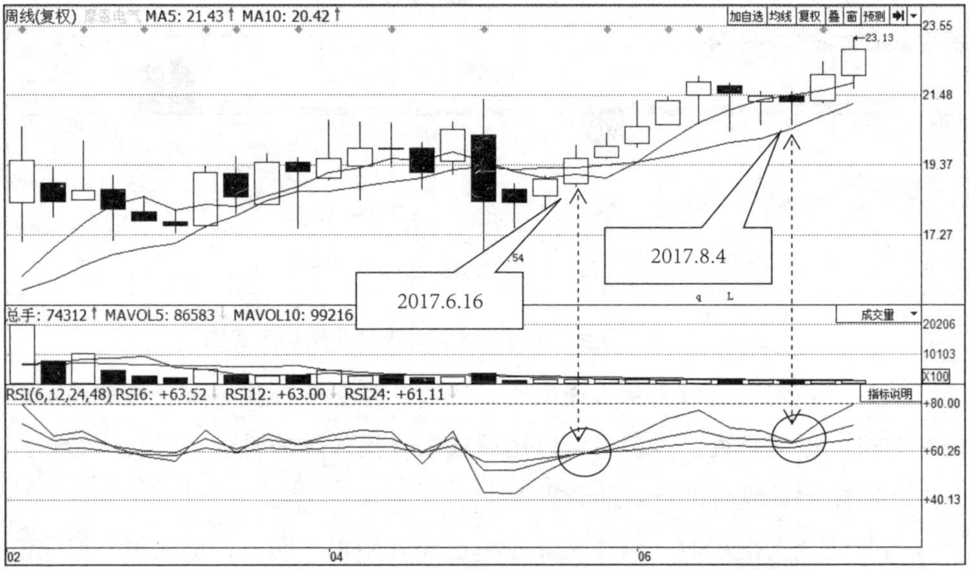

图 6-5　摩恩电气（002451）周线 RSI 指标走势图

如图 6-6 所示，摩恩电气的日线 RSI 指标在 2017 年 8 月 7 日出现了黄金交叉态势，这说明该股迎来了极好的入场良机。观察图 6-5 可知，8 月 4 日，摩恩电气周线 RSI 指标已经出现“将死不死”形态。8 月 7 日当日，股价 K 线成功放量突破了均线系统，这都属于典型的买入信号，投资者可在当日买入该股。

三、周线 RSI 与月线 RSI 组合交易技术

通常情况下，长周期技术指标与短周期技术指标结合判断买卖点时，短周期技术指标发出买入信号，若能获得长周期技术指标的确认，则可增强买入信号的准确性。短周期技术指标若发出卖出信号，则无需长周期技术指标

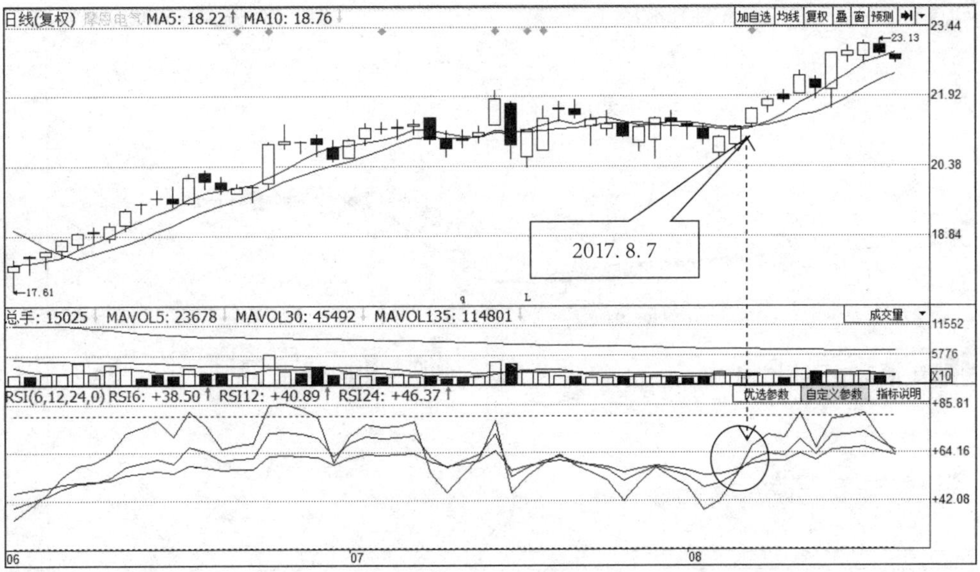

图 6–6　摩恩电气（002451）日线 RSI 指标走势图

的确认，就可执行卖出操作（高位钝化情况除外）。周线 RSI 与月线 RSI 结合也是这种情况，下面重点分析周线 RSI 与月线 RSI 金叉共振的情况。

周线 RSI 出现黄金交叉形态时，若月线 RSI 指标此时也同步出现黄金交叉形态，说明中长线买入该股的时机已经成熟，投资者可执行买入操作。

如图 6-7 所示，赣锋锂业的周线 RSI 在 2017 年 2 月 24 日出现了低位黄金交叉态势，这说明该股迎来了极好的入场良机。鉴于此时股价仍处于下跌趋势中，投资者可再对照月线 RSI 指标进行分析。

如图 6-8 所示，赣锋锂业的月线 RSI 指标在 2017 年 3 月走出了黄金交叉形态。但在 2 月，6 月 RSI 指标已经非常接近 24 月 RSI 指标线了。鉴于此，激进型投资者可在 2 月底买入该股，保守型投资者可等到 3 月初，月线 RSI 指标形成黄金交叉时再执行买入操作。

通常情况下，周线 RSI 与月线 RSI 金叉共振，往往都意味着一波较大规模的行情出现，投资者应密切关注这类信号。不过，鉴于月线 RSI 指标形成黄金交叉的速度较慢，投资者也可考虑在月线 RSI 指标自底部拐头向上，周 RSI 指标出现黄金交叉时执行买入操作。

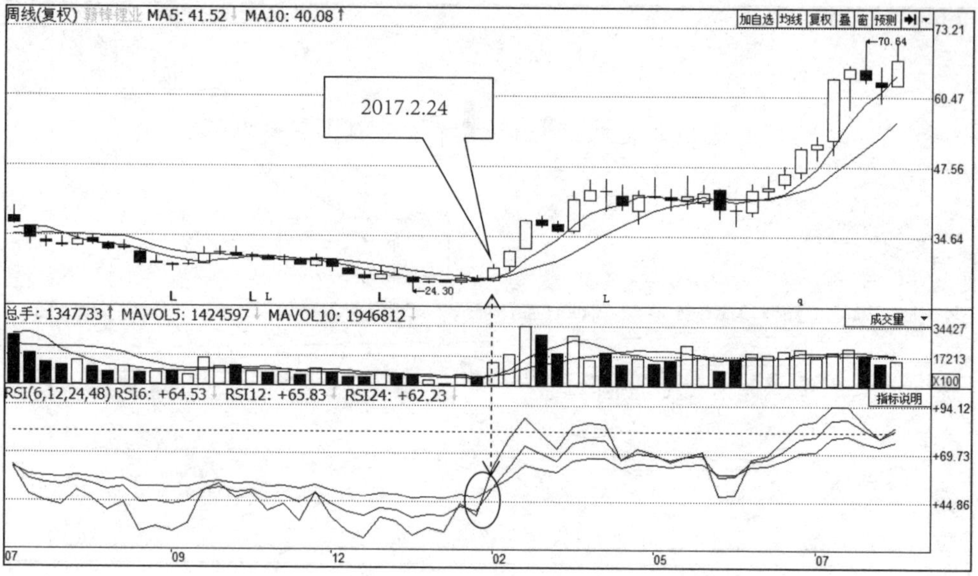

图 6-7 赣锋锂业（002460）周线 RSI 指标走势图

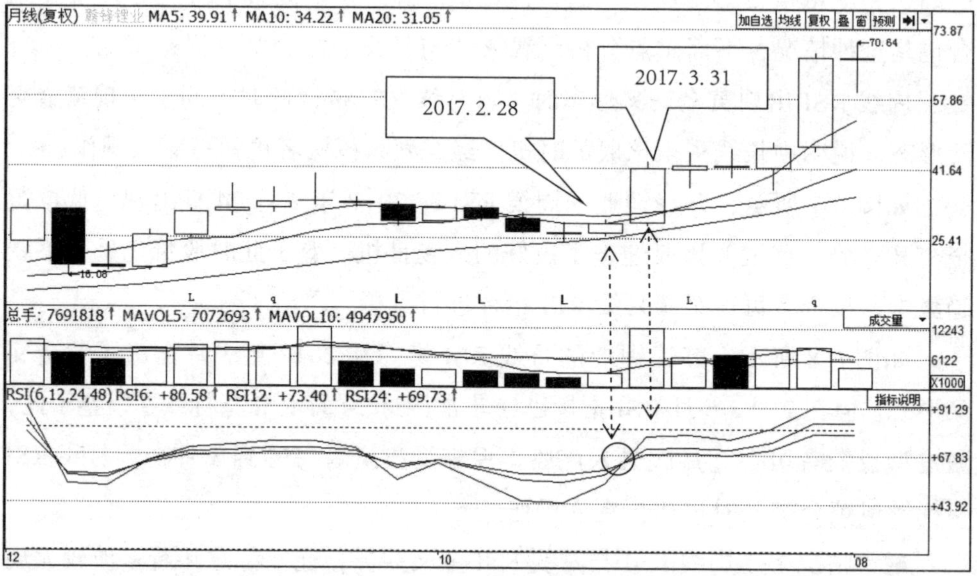

图 6-8 赣锋锂业（002460）月线 RSI 指标走势图

第二节 RSI 30 分钟线与 60 分钟线共振

对于短线和超短线投资者来说，技术指标发出的信号越及时、越准确就越好。分钟线 RSI 指标就是这些短线和超短线投资者心目中最理想的分析工具。

30 分钟 RSI 指标与 60 分钟 RSI 指标的分析方法，与日线 RSI 分析方法大同小异，这里不再重复介绍。只是 30 分钟 RSI 指标和 60 分钟 RSI 指标的分析结论只适用于股价短周期运行趋势的判断，对于长周期走势则影响不大。正因如此，30 分钟 RSI 指标和 60 分钟 RSI 指标才会成为短线和超短线投资者的最爱。

基于目前我国股市实行“T+1”交易规则，多数短线交易者比较倾向于使用 30 分钟 RSI 指标和 60 分钟 RSI 指标结合的方法来寻找短线买卖点。

一、30 分钟线低位金叉 +60 分钟线低位金叉

此方法属于典型的 30 分钟线和 60 分钟线金叉共振，其操作要点包括如下几点。

第一，30 分钟 RSI 指标在 20 线以下盘整，60 分钟 RSI 指标也位于 20 线下方。

第二，某一交易日，30 分钟 RSI 指标中的短期 RSI 线向上穿越中长期 RSI 指标线，并同步穿越 20 线。与此同时，60 分钟 RSI 指标也向上运行，形成低位金叉，则属较佳买点。

第三，若此时日线 RSI 指标也能同步出现低位金叉，则上升趋势能够持续相对较长的时间。

如图 6-9 所示，天齐锂业的股价在 2017 年 8 月 11 日上午开盘后一路走低，30 分钟 RSI 指标进入了 20 线下方。8 月 14 日（8 月 12 日、13 日周末休市）

开盘后，股价有了明显的上攻意愿。10:00，短期 RSI 指标向上突破中长期 RSI 指标，形成低位黄金交叉，且在此之前，RSI 指标各条指标线向上突破了 20 线，这说明股价将在短期内结束下降趋势。此时，投资者可对照该股的 60 分钟线走势图进行观察。

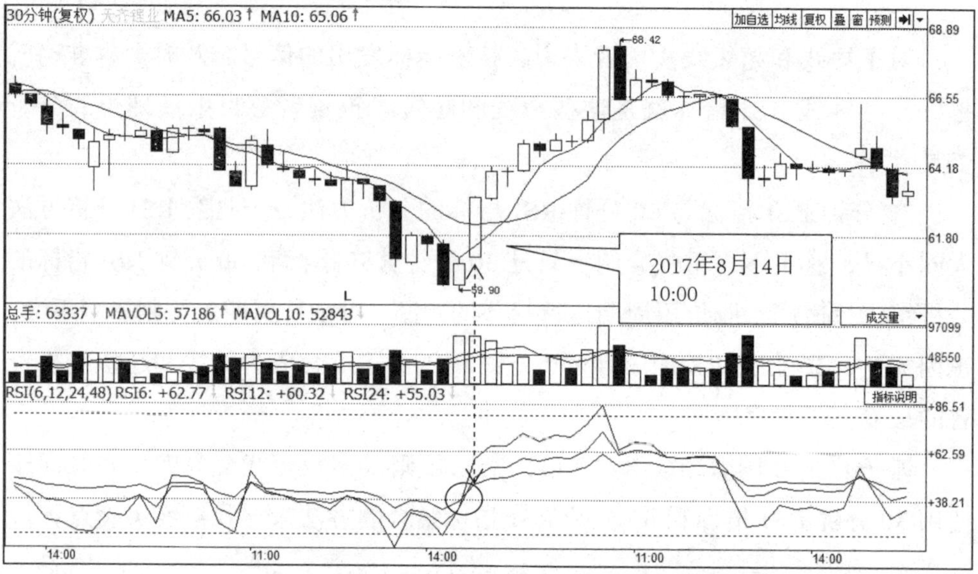

图 6-9 天齐锂业（002466）30 分钟 RSI 指标走势图

如图 6-10 所示，天齐锂业的股价在 2017 年 8 月 11 日开盘后一路走低，60 分钟线 RSI 指标也同步进入 20 线下方区域。8 月 14 日（8 月 12 日、13 日周末休市）开盘后，股价有了明显的上攻意愿。10:30，短期 RSI 指标向上突破中长期 RSI 指标，形成低位黄金交叉，并在此之前突破了 20 线。此时，60 分钟 RSI 指标与 30 分钟 RSI 指标形成了金叉共振，投资者可在当日收盘前买入该股。

二、30 分钟线低位金叉 +60 分钟线不破 50 线

此方法属于 30 分钟短趋势线上攻与 60 分钟长趋势线多头呈强势结合的情况，其操作要点包括如下几点。

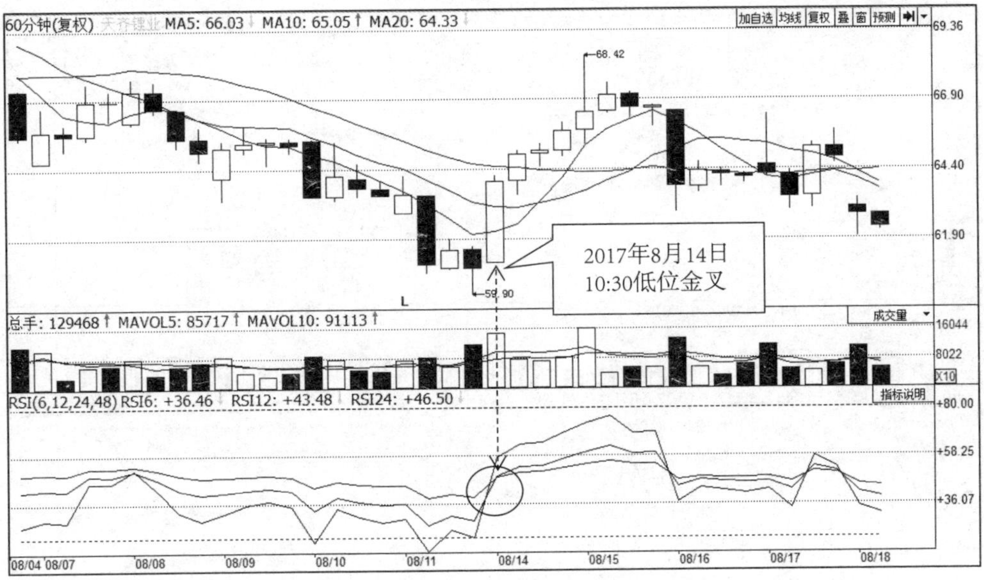

图 6-10　天齐锂业（002466）60 分钟 RSI 指标走势图

第一，30 分钟 RSI 指标与 60 分钟 RSI 指标同步自高位下降，说明空方开始发力，投资者宜谨慎。

第二，当 30 分钟 RSI 指标到达 30 线以下区域（20 线以下更好）时，60 分钟 RSI 指标中的 24 周期 RSI 指标线仍处于 50 线以上区域，说明市场短线疲软，中长线强势。

第三，30 分钟 RSI 指标中的 6 周期 RSI 指标线自下而上突破 12 周期和 24 周期 RSI 指标线，呈现低位黄金交叉，而 60 分钟 RSI 指标中的 24 周期 RSI 指标线遇 50 线支撑反弹向上，则说明短线回调已经结束，股价还将维持上升格局，如图 6-11、图 6-12 所示。

如图 6-11 所示，渤海轮渡的 30 分钟线在 2017 年 6 月 27 日上午开盘后一路震荡下行，30 分钟 RSI 指标进入了 30 线下方，甚至一路跌至 20 线位置。6 月 30 日，该股开盘后，处于下降途中的股价开始向上缓慢运动，30 分钟 RSI 指标向上突破 30 线后，于 14:30 走出低位金叉形态。此时，投资者可对照该股的 60 分钟线走势图进行观察，以确定是否需要买入股票，见下图。

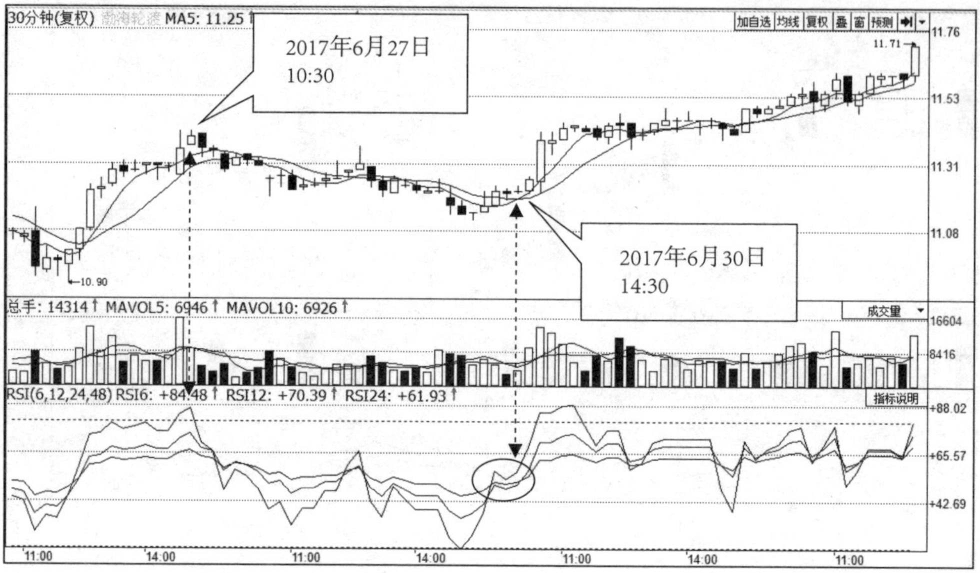

图 6-11　渤海轮渡（603167）30 分钟 RSI 指标走势图

如图 6-12 所示，渤海轮渡的 60 分钟线在 2017 年 6 月 27 日上午开盘后一路震荡走低，60 分钟 RSI 指标中的 24 日 RSI 指标线随之走低。保守型投资者可卖出部分股票，并检验 50 线对 60 分钟 RSI 指标的支撑力度。

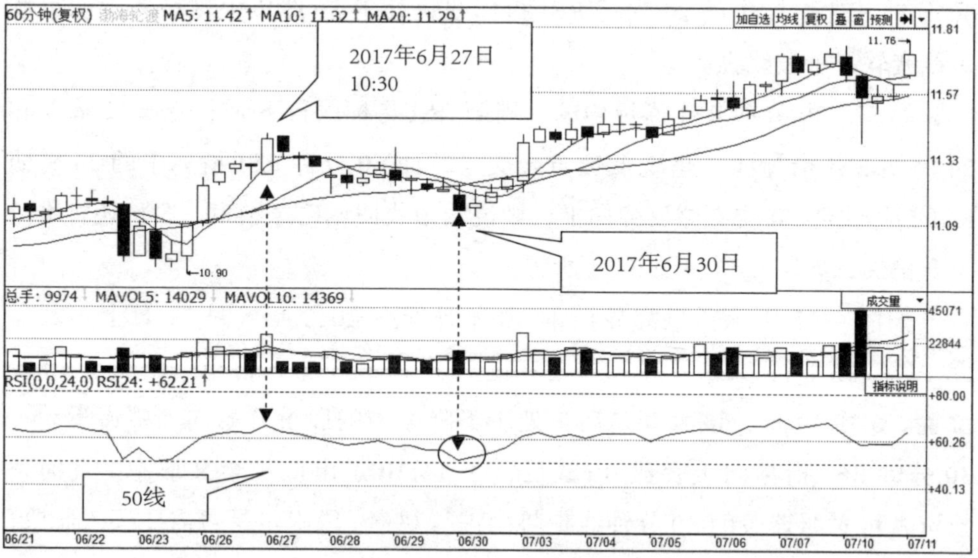

图 6-12　渤海轮渡（603167）60 分钟 RSI 指标走势图

6 月 30 日开盘后，60 分钟 RSI 指标中的 24 周期 RSI 指标线下行至 50 线附近，因 50 线的支撑再度上升。投资者对照 30 分钟 RSI 指标可以发现，此时 30 分钟 RSI 指标也正向上运行。由此投资者可以判断，先前的下跌只是一次回调整理，未来向上运行仍是主趋势，投资者可考虑补仓或加仓该股。

三、30 分钟线高位死叉 +60 分钟线高位死叉

此方法属于典型的 30 分钟线和 60 分钟线死叉共振，其操作要点包括如下几点。

第一，30 分钟 RSI 指标在 80 线以上盘整，60 分钟 RSI 指标也位于 80 线上方。

第二，某一交易日，30 分钟 RSI 指标中的 6 周期 RSI 向下穿越 24 周期 RSI 指标，并同步穿越 80 线，与此同时，60 分钟线也向下运行，形成高位死叉，这属于典型卖点。

如图 6-13 所示，渤海轮渡的股价从 2017 年 7 月 24 日上午开盘后一路上涨，30 分钟 RSI 指标也随之进入了 80 线上方，并出现了盘整走势。

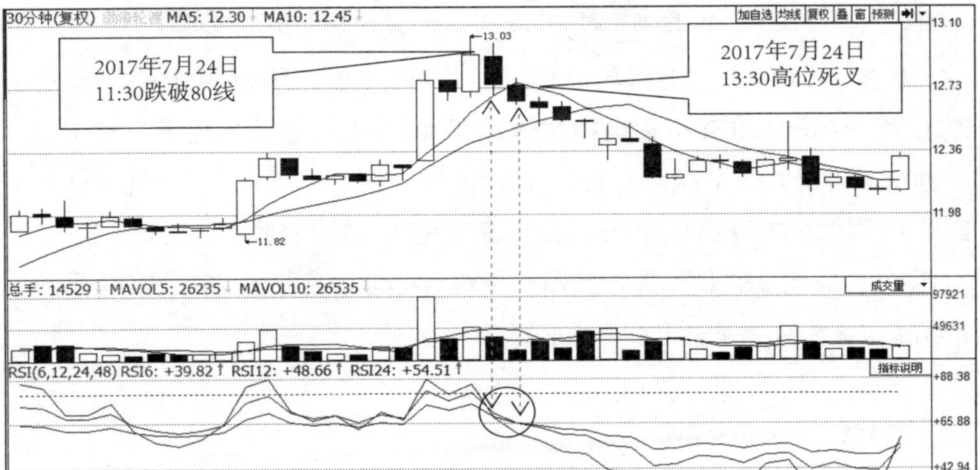

图 6-13 渤海轮渡（603167）30 分钟 RSI 指标走势图

11:30，6 周期 RSI 指标自上而下跌破 80 线，13:30，6 周期 RSI 向下跌破 12 周期 RSI 和 24 周期 RSI，形成高位死叉，这说明股价短期有下行风险。此时，投资者可对照该股的 60 分钟线走势图进行观察，以确定自己是否卖出股票，见下图。

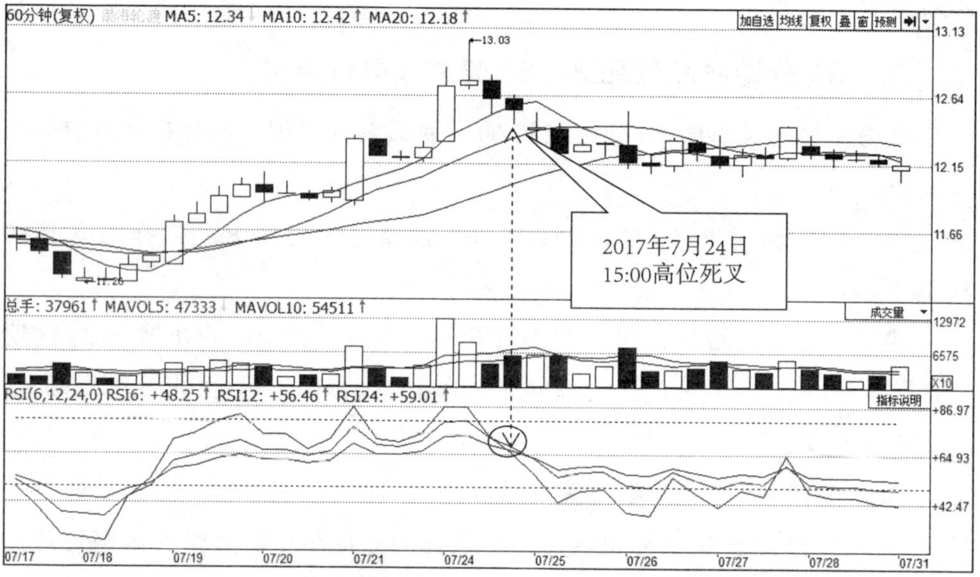

图 6–14　渤海轮渡（603167）60 分钟 RSI 指标走势图

如图 6-14 所示，渤海轮渡的股价在 2017 年 7 月 24 日上午开盘后一路上涨，60 分钟 RSI 指标也随之进入了 80 线上方，并出现了盘整走势。14:00，6 周期 RSI 指标自上而下跌破 80 线，其后，15:00，6 周期 RSI 向下跌破 12 周期 RSI 和 24 周期 RSI，形成高位死叉，这说明股价短期有下行风险。综合 30 分钟线 RSI 指标进行判断，投资者可得出这样的结论：股价短线下行风险极大，宜迅速卖出手中的股票。

第七章

RSI 指标短线实战技法

本章重点向读者介绍几种 RSI 指标短线实战技法，供读者在实战中参考使用。

第一节 RSI 指标突破买入技法

一、趋势线突破买入技法

RSI 指标各条指标线随着股价的震荡下跌而出现了一波震荡下跌走势，并一直受下降趋势线的压制，此后，若 RSI 指标能够向上突破下降趋势线，则可视为较为明确的买入信号。

该技巧的操作要点如下。

第一，RSI 指标沿下降趋势线下行，且反弹遇趋势线压力后重新下降，说明该股上升动能不足，现有动能还不足以支撑股价的反弹。

第二，RSI 指标经过一段时间的运行后，若能成功突破趋势线压力，说明 RSI 指标的运行趋势将会发生转变，股价的运行趋势也会随之改变。当然，RSI 指标突破下降趋势线时，若能同步出现低位金叉，则可增强买入信号的有效性。

第三，RSI 指标向上突破趋势线时，股价 K 线如能同步向上突破某条重要均线（如 10 日均线、20 日均线），且成交量出现明显放大，也可确认上升动能得到了加强。

第四，RSI 指标向上突破下降趋势线后，投资者按照相应的操作要求执行买入操作。若此后股价不升反降，且 RSI 指标重新回到下降趋势线以下，则说明买入形态失效，投资者应进行止损操作。

下面来看一下今世缘的案例。

如图 7-1 所示，今世缘的股价在 2017 年上半年出现了一波下跌走势。该股股价在下跌过程中出现了几次小规模的反弹，与此同时，RSI 指标同步出现了震荡下行走势。自 2017 年 4 月 20 日股价从反弹高点下降开始，RSI 指标一路向右下方倾斜，且被一条下降趋势线压制。期间，随着股价的反弹，RSI 指标几次走高，试图突破下降趋势线，均无果而终。

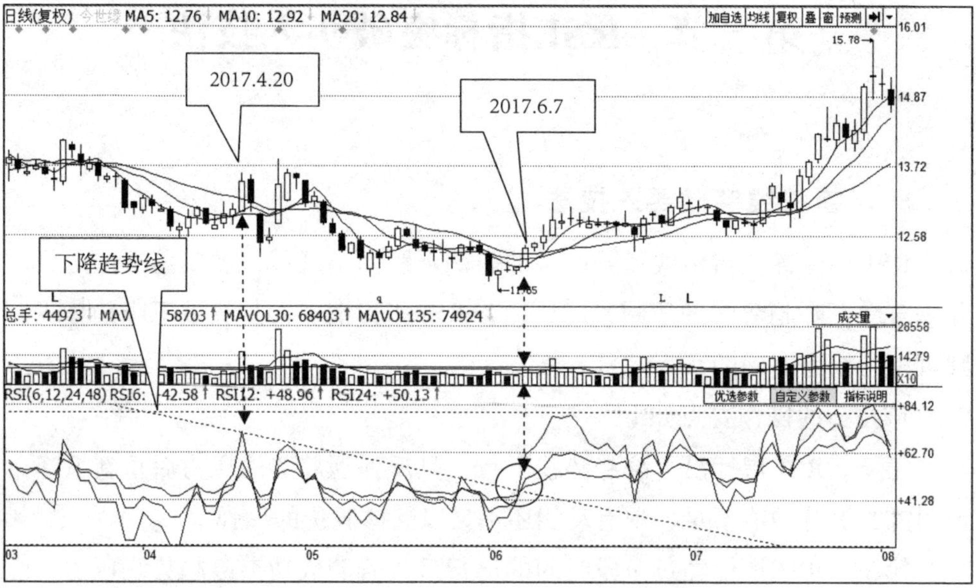

图 7-1　今世缘（603369）RSI 指标走势图

2017 年 6 月 7 日，该股股价以大阳线报收，成交量明显放大，股价向上突破了多条重要均线。与此同时，RSI 指标向上突破了下降趋势线，还在同时出现黄金交叉形态，这都属于股价即将反弹向上的信号，投资者可在当日或次日买入该股。

二、底部形态与 MACD 金叉

RSI 指标各条指标线随着股价的下跌持续下行一段时间后，出现了明显的筑底迹象，呈现出 W 底、头肩底或圆弧底等形态。此时，若 MACD 指标在 0 轴附近出现金叉形态，且股价 K 线向上突破重要阻力位，则属于典型的买入信号。

该技巧的操作要点如下。

第一，RSI 指标随着股价的下跌持续走低，其后股价在底部震荡过程中，RSI 指标走出了明显的底部形态，如 W 底、头肩底或圆弧底等形态。

第二，RSI 指标向上突破底部形态颈线时，若 RSI 指标与 MACD 指标同步出现金叉，且 MACD 指标交叉点在 0 轴附近，则可强化该形态买入信号的有效性（通常情况下，MACD 指标 0 轴附近金叉的含金量要高于低位金叉，这与波浪理论中的主升浪理论相吻合）。

第三，RSI 指标突破底部形态时，若成交量出现放大态势，股价 K 线也能同步向上突破重要阻力位，亦可增强该信号的可靠性。

第四，RSI 指标向上突破底部形态颈线后，投资者按照相应的操作要求执行买入操作。若之后股价不升反降，且 RSI 指标重新跌破底部形态区域，则说明买入形态失效，投资者应进行止损操作。

下面来看一下苏州科达的案例。

如图 7-2 所示，苏州科达的股价在 2017 年 4 月 20 日触及阶段底部后，出现了一波反弹走势。该股股价经过一段时间的反弹后出现下跌，在下跌过

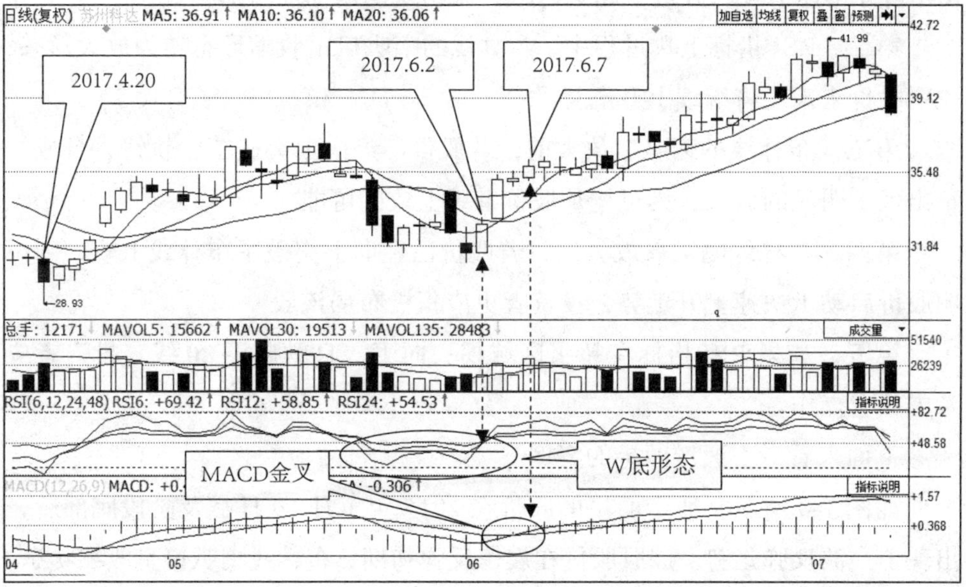

图 7-2 苏州科达（603660）日 K 线走势图

程中，6 日 RSI 指标出现了筑底形态，并最终形成了 W 底形态。

2017 年 6 月 2 日，股价自底部反弹，6 日 RSI 指标向上突破了 W 底颈线位，这说明股价即将上攻，投资者应密切关注盘面变化，激进型投资者可少量建仓该股。

2017 年 6 月 7 日，该股股价 K 线以小阳线报收，且成交量明显放大，股价向上突破了多条重要均线。与此同时，MACD 指标在 0 轴附近形成了黄金交叉形态，RSI 指标也全部进入 50 线上方区域，这都属于股价即将反弹向上的信号，投资者可在当日或次日买入该股。

三、布林线喇叭口放大 +RSI 超买

股价经过一段时间的下跌或盘整后重新上升，RSI 指标迅速进入超买区域，布林线指标的喇叭口也开始放大，说明该股未来还将继续上涨行情，投资者可将其视为买入信号。

该技巧的操作要点如下。

第一，RSI 指标随着股价的下跌或盘整持续走低，其后股价反弹向上，RSI 指标迅速上攻，并进入超买区域，说明短期内动能增加明显。

第二，RSI 指标上攻过程中，布林线的喇叭口由收缩形态转为放大形态，说明股价未来还将继续上升态势。

第三，布林线的喇叭口放大前，若股价已经向上突破了中轨线，且成交量出现了明显的放大，则可增加股价继续上攻的可能。

第四，布林线喇叭口放大后，若股价已经向上突破了布林线上轨，则说明股价启动了快速上升走势，投资者更应积极布局该股。

第五，如果 RSI 指标在超买区域拐头向下，且跌破了 80 线，投资者应考虑减仓操作。

下面来看一下通产丽星的案例。

如图 7-3 所示，通产丽星的股价在 2015 年 1 月 19 日触及阶段底部后，出现了一波反弹走势。该股股价在震荡反弹初期，布林线喇叭口呈收缩状态，这说明该股正在抉择突破的方向。RSI 指标同步出现黏合形态，此时该指标

发出的信号基本不具有交易指导含义。

2015 年 2 月 25 日，该股股价向上突破了布林线的中轨线，且布林线喇叭口同步呈现放大态势，RSI 指标在形成黄金交叉时迅速走高，并进入 80 线上方的超买区域，这说明该股获得了充足的上升动能。

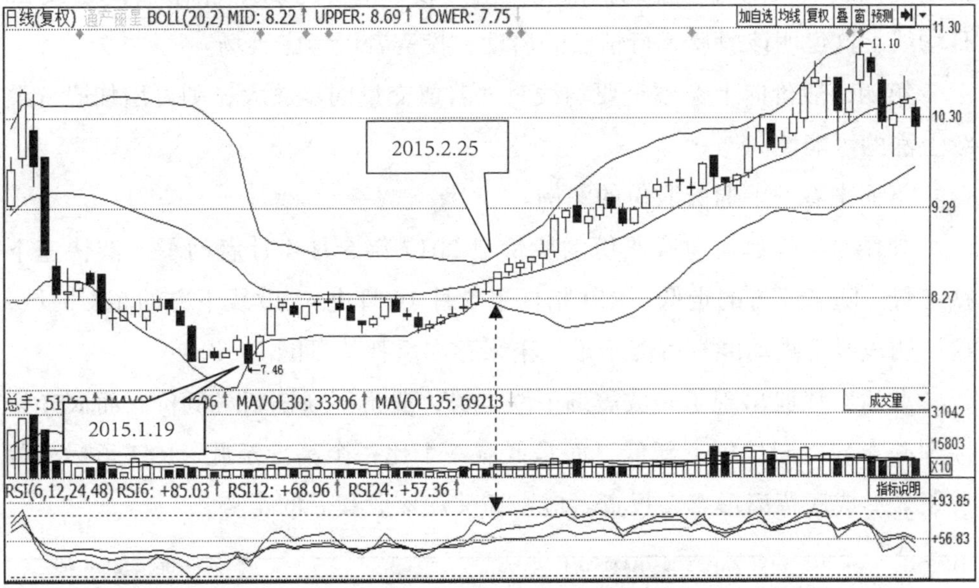

图 7-3 通产丽星（002243）RSI 指标走势图

此时，投资者可按照此技巧的要求执行建仓买入操作。若股价跌破布林线中轨线，或 RSI 指标拐头向下跌破 80 线，则执行卖出操作。

四、RSI 超卖 +RSI 底背离 + 中阳线

RSI 指标各条指标线随着股价的震荡下跌而下行，在进入 20 线下方超卖区域后，与股价形成底背离形态。此后，若股价 K 线拉出中阳线或大阳线，且能够向上突破多条重要均线或阻力位，则可说明此时为较佳的买点。

该技巧的操作要点如下。

第一，RSI 指标随着股价的震荡下跌而下行，且进入 20 线下方的超卖区域，说明股价下跌动能出现不足，未来有反弹向上的可能。

第二，RSI 指标随着股价在底部震荡下行，股价连续走出新低，而 RSI 指标并未随之创出新低。也就是说，RSI 指标与股价形成了底背离形态，这也是股价下跌无法持续的印证，此时，投资者宜做好入场准备。

第三，该股在底部盘整几日后（或未经盘整直接形成 V 形反弹），向上拉出中阳线或大阳线，且此根阳线向上突破了重要均线，如 10 日均线或 20 日均线，这说明该股反弹行情已经启动，投资者可考虑入场。

第四，股价向上突破重要均线时，若成交量同步放大，则可增加股价继续上涨的可能性。

下面来看一下通威股份的案例。

如图 7-4 所示，通威股份的股价自 2017 年 5 月 4 日启动了一波快速下跌走势。随着股价的走低，RSI 指标于 5 月 10 日进入 20 线下方的超卖区域，这说明该股下跌动能有可能不足，未来存在反弹的可能。

此后，该股出现了一波震荡下跌走势，股价不断刷新最低价，而 RSI 指标却并未与之同步创下新低，而是低点一个比一个高。至此，RSI 指标与股价正式形成底背离形态，投资者应密切关注该股其后的走势。

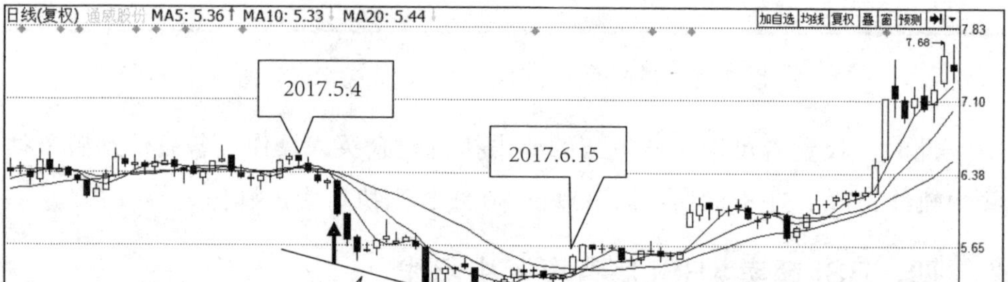

图 7-4　通威股份（600438）日 K 线走势图

2017 年 6 月 15 日，该股放量上攻并以中阳线报收，且该阳线向上突破并站稳了多条均线，这说明该股运行趋势已经发生了转变，投资者可以考虑入场买入该股。

第二节 RSI 指标短线追涨技法

一、回调不破买入法

RSI 指标各条指标线随着股价的震荡上涨而出现了一波震荡上行走势，此后股价出现回调，RSI 指标随之回调，且在 6 日 RSI 指标回调未跌破 24 日 RSI 指标时，股价重新反弹向上，可视为较为明确的买入信号。

该技巧的操作要点如下。

第一，RSI 指标出现回调走势前，股价已经上升了一定幅度，且 RSI 指标各条指标线已经位于 50 线上方区域，说明此时多方呈强势。

第二，6 日 RSI 指标随着股价回落而出现回调，遇到 24 日 RSI 指标线的支撑后，重新向上呈发散状态，此为较佳入场点。

第三，6 日 RSI 指标在回调过程中，若偶尔跌破 24 日 RSI 后立即反弹向上，也不影响本技巧的成立。

第四，6 日 RSI 指标回调时，若股价同步缩量回调，而 6 日 RSI 遇 24 日 RSI 支撑后重新上行时，股价同步放量拉升，则可增加此技巧的有效性。

下面来看一下科大讯飞的案例。

如图 7-5 所示，科大讯飞的股价在 2017 年 1 月底触及阶段底部后，出现了一波反弹走势。在震荡上升过程中，股价也曾出现小幅回调的走势。

2017 年 6 月 8 日，股价自阶段顶部回调，6 日 RSI 指标向上拐头，成交量萎缩。这说明该股短期有回调的可能，持股的投资者可考虑减仓，持币的投资者继续观望。

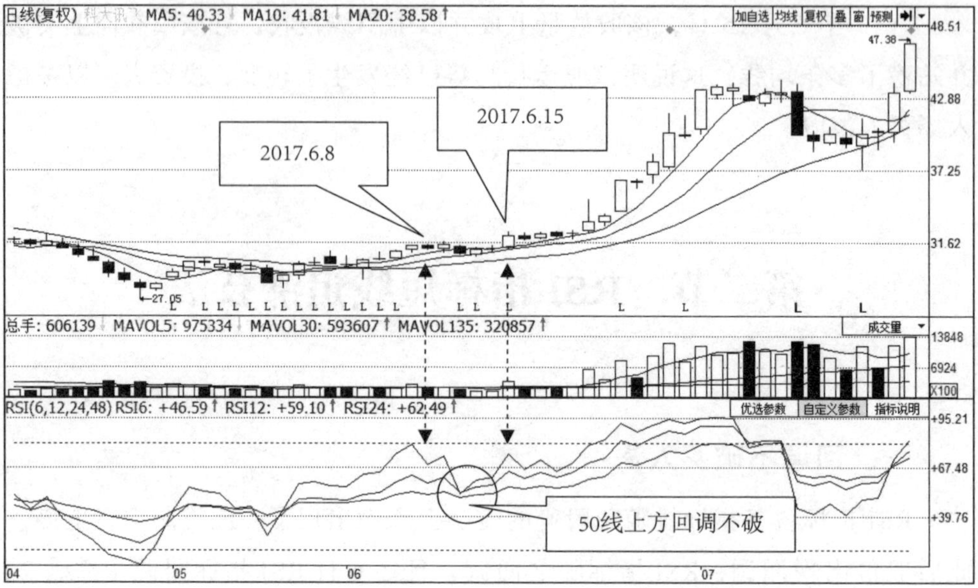

图 7-5 科大讯飞（002230）RSI 指标走势图

2017 年 6 月 15 日，该股经过几个交易日的回调后重新拉出中阳线，且该阳线重新站在了多条均线之上，这说明调整行情有望结束。与此同时，6 日 RSI 指标随股价回调至 24 日 RSI 指标附近时，因受 24 日 RSI 指标的支撑而重新上升，且 RSI 指标多条指标线位于 50 线上方，这说明多方仍占据优势地位。

此时，6 日 RSI 指标随着股价的上涨而重新上升，投资者可考虑加仓该股。

二、RSI 高位抓涨停：80 线上方破前高

股价处于上涨态势中，RSI 指标线运行于 50 线上方，此后该股股价经过小幅回调后重新上涨，RSI 指标迅速上升至 80 线上方，且突破了回调前所形成的高点，这说明该股短期聚集了大量的上升动能，未来股价有拉升至涨停板的可能。

该技巧的操作要点如下。

第一，RSI 指标随着股价的上升已经处于 50 线上方，这说明此时多方

占据优势，投资者入场交易比较安全。

第二，6 日 RSI 指标随着股价的回调而回调，但 24 日 RSI 指标仍保持向右上方倾斜的态势，这说明股价中期向上趋势未变。

第三，此后，股价突然被拉升，6 日 RSI 指标迅速上升至 80 线上方，且突破了回调前形成的高点。前期高点的位置越高，说明后面突破的力度越强，未来出现涨停的概率也越大。

第四，RSI 指标突破前期高点当日，就是追涨买入该股的最佳时机，未来该股有冲击涨停板的可能。

第五，本技巧风险与收益都很大，追涨该类股票，投资者必须注意风险控制，因为 RSI 指标已经进入 80 线上方区域，未来随时有回调向下的可能。投资者入场时，应该尽量在临近收盘或股价即将拉升至涨停板的时刻。

第六，若未来股价封涨停板失败，投资者宜立即卖出该股。若次日该股涨停，则应在第三日股价不能继续涨停时执行卖出操作。

下面来看一下中环装备的案例。

如图 7-6 所示，中环装备的股价在 2016 年中出现了一波上升走势。该股股价自 2016 年 6 月 2 日开始出现了一波回调走势，与此同时，6 日 RSI 指标同步在 80 线下方拐头向上，而 24 日 RSI 指标并未回调，只是稍稍呈现放平态势，这说明该股中期上升趋势未变。

2016 年 6 月 21 日，处于整理趋势中的中环装备突然大幅上攻，RSI 指标直线拉升并进入了 80 线上方的超买区域，且突破了前期上攻时形成的高点。出现这种形态，说明该股短期内聚集了大量的上攻势能，未来必将得到释放。同时，RSI 指标突破了前期形成的高点，说明未来大幅上攻甚至出现涨停板的概率很大，投资者可在股价即将封上涨停板时买入该股。

2016 年 6 月 22 日，该股再度以涨停报收，投资者耐心持股即可。6 月 23 日，该股高开低走，说明该股上升动能已经得到充分释放，投资者宜卖出手中的股票。

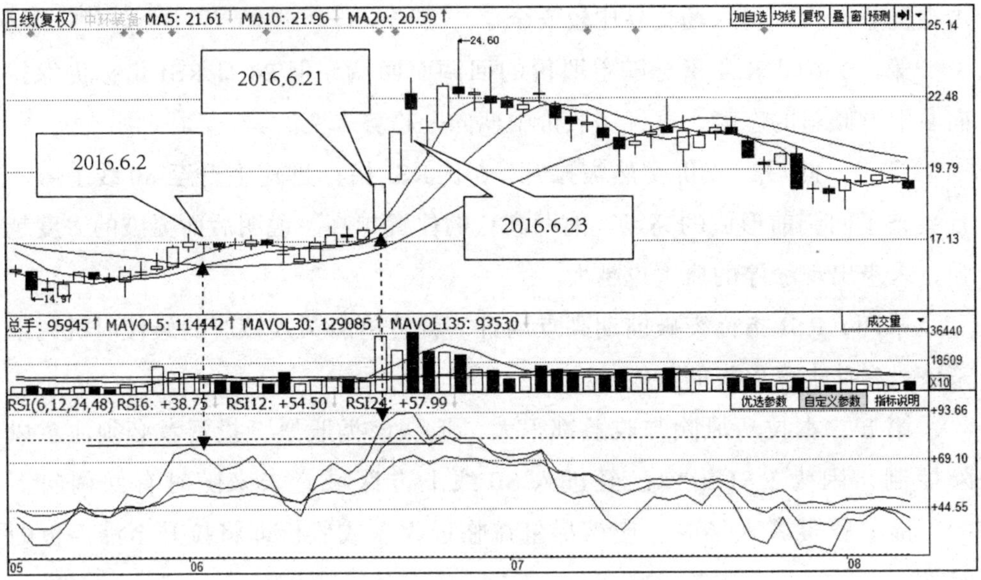

图 7-6 中环装备（300140）日 K 线走势图

这里投资者需要注意一点：短线追高操作必须坚持“快进快出”的原则，只要有利就可以退出，不要过分贪婪，以免被套其中。

三、RSI 指标二度金叉

股价触底后出现反弹迹象，在股价震荡盘整过程中，若 RSI 指标连续出现两次以上黄金交叉，且交叉点越来越高，则说明该股即将启动一波快速上涨行情。

该技巧的操作要点如下。

第一，RSI 指标随着股价震荡走高整体上呈现向右上方倾斜的态势，这说明股价已经由下降趋势转变为上升趋势。

第二，随着股价的走高，RSI 指标短期内连续两次或两次以上走出黄金交叉形态，且交叉点越来越高，则说明股价将会有一波上升走势。

第三，RSI 指标走出第一个黄金交叉后若出现回调，回调低点不低于前一低点，则未来上涨的可能性更大。

第四，RSI 指标最后一次形成黄金交叉后，若 6 日 RSI 指标直接进入 80

线上方区域，则可增强该信号的买入有效性。

下面来看一下派思股份的案例。

如图 7-7 所示，派思股份的股价在 2017 年上半年出现了一波下跌走势。该股股价自 2017 年 5 月底到 6 月初启动震荡反弹走势。2017 年 6 月 6 日，连续小幅上升 3 个交易日的派思股份，RSI 指标形成了低位黄金交叉形态，给人一种股价即将上升的感觉。不过，鉴于股价 K 线仍为多条均线压制，投资者宜继续保持观望。

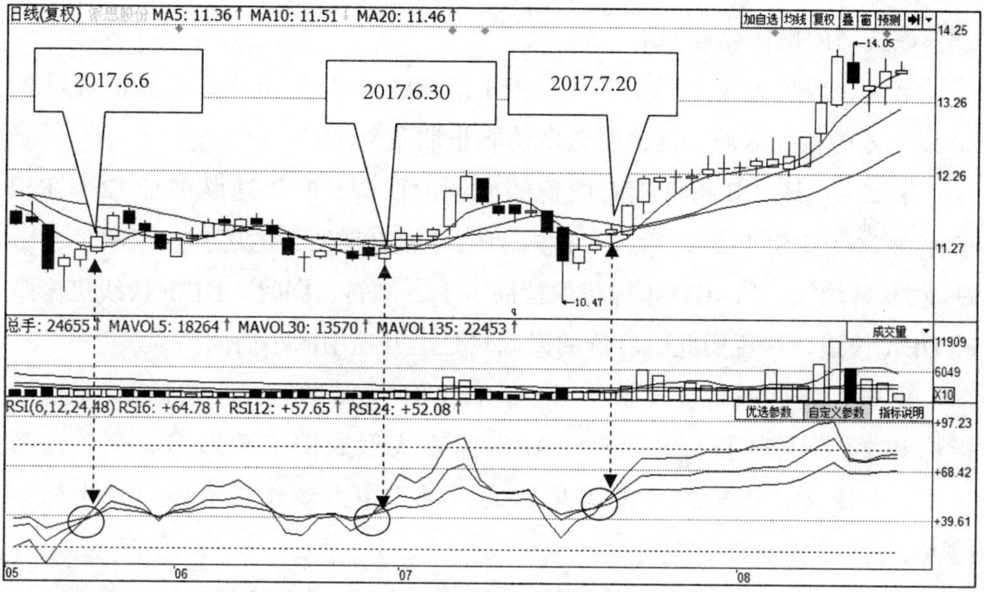

图 7-7 派思股份（603318）RSI 指标走势图

2017 年 6 月 30 日，该股结束了几个交易日的回调后再度小幅上攻，RSI 指标二度出现低位黄金交叉形态，且该交叉点高于前一黄金交叉的交叉点。这说明该股未来趋势向好，不过股价仍未向上突破均线，激进型投资者可在股价向上突破均线时考虑少量建仓。

2017 年 7 月 20 日，该股三度出现黄金交叉形态，且交叉点高于前两次交叉时的位置。此后，RSI 指标很快来到 80 线附近位置，投资者可在次日股价向上突破均线时追涨买入该股，亦可等待 RSI 指标向上突破 80 线时执行买入操作。

四、RSI 指标回调倒三角 +MACD 指标不破位

股价处于上涨态势中，RSI 指标线运行于 50 线上方，此后该股股价出现小幅回调，但并未跌破 20 日均线，6 日 RSI 指标迅速拐头向下，跌破了 12 日 RSI 指标和 24 日 RSI 指标，很快又随着股价的重新上升而回到这两条指标线上方，而 MACD 指标中的 DIFF 并未跌破 DEA 线，这属于股价上升中继信号，预示未来股价还会继续上涨。

该技巧的操作要点如下。

第一，股价处于上升态势中，RSI 指标已经越过 50 线，甚至已经进入 80 线上方的超买区域，这说明做多动能非常强大。

第二，6 日 RSI 指标随着股价的回调而回调，并迅速跌破了 12 日 RSI 指标和 24 日 RSI 指标，给人一种短期内可能出现回调的感觉，但股价并未跌破 20 日均线。MACD 指标仍保持向右上方倾斜，同时，DIFF 快线也未跌破 DEA 慢线，这说明此时股价的回调只是上升途中的小插曲。

第三，此后股价突然被拉升，6 日 RSI 指标迅速向上突破 12 日 RSI 指标和 24 日 RSI 指标，至此 RSI 指标正式形成倒三角形态。倒三角形态中，6 日 RSI 指标向下的尖角越尖，说明主力动作越干脆，未来涨幅越大。

第四，6 日 RSI 指标突破 12 日 RSI 指标和 24 日 RSI 指标后，若能迅速进入 80 线上方区域，则可加大股价继续上攻的可能性。

下面来看一下银龙股份的案例。

如图 7-8 所示，银龙股份的股价自 2017 年 3 月下旬出现了一波震荡上升走势。2017 年 3 月 27 日，经过连续几个交易日上涨的银龙股份出现了回调走势，RSI 指标随之从 80 线上方拐头向下，保守型投资者可考虑适当减仓。不过，在 RSI 指标回调时，股价并未跌破 20 日均线，MACD 指标中的 DIFF 快线只是向 DEA 慢线靠拢，并未跌破慢线，这说明短期内继续上涨的可能性很大。

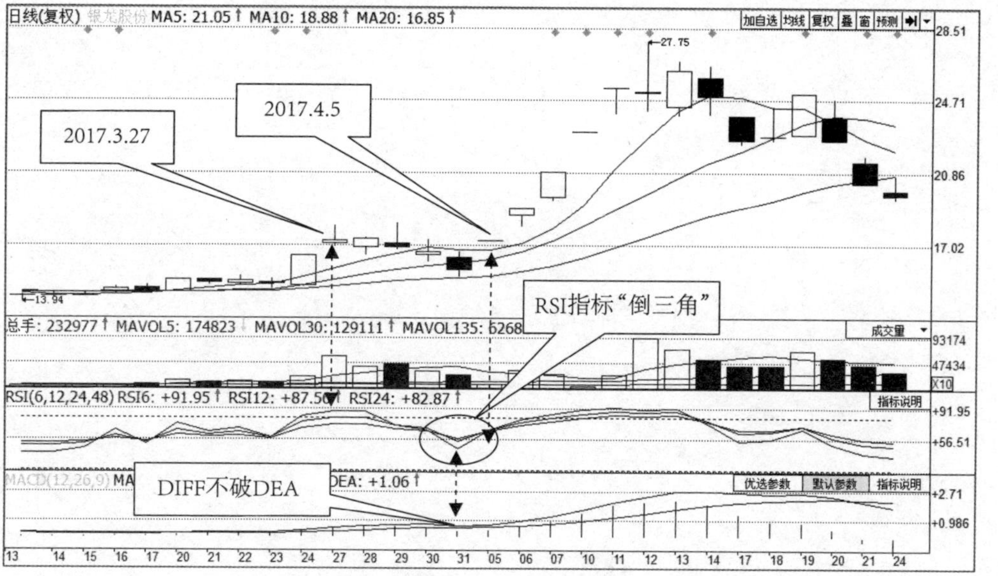

图 7–8 银龙股份（603969）日 K 线走势图

2017 年 4 月 5 日，该股在前一交易日大幅下跌的基础上受利好消息的刺激，直接以涨停开盘，全天呈“一”字型走势，股价最终被封于涨停板。此时 RSI 指标拐头向上进入超买区域，正式形成“倒三角”形态，MACD 指标重新向上发散，投资者可在次日开盘后买入该股。

第八章

以RSI指标为核心构建交易系统

建立完善的交易系统并严格执行，是专业投资者必须具备的素养。很多散户尤其是新进入股市的散户，却很少能够为每次交易设计完整的交易计划。

第一节　利用 RSI 指标设计交易系统

前面介绍了 RSI 指标的各种用法以及实战操作技巧，但是，要落实到实战层面，还需要有一套完整的交易系统。

一、交易系统的基本构造

通常情况下，一套完整的交易系统至少包括三个基本要件，即市场环境与投资偏好控制、交易执行控制以及资金仓位控制。

1. 市场环境与投资偏好控制

市场环境与投资偏好控制，要求投资者首先识别当前的市场环境，并根据市场环境确定交易模式和股票投资标的。

（1）市场环境。

这里的市场环境主要指整个股票市场所处的大势氛围，即目前股市处于上升趋势、下跌趋势还是盘整趋势。对于投资者来说，当股市处于上升趋势时，入场交易获利的可能性非常大。反之，当股市处于下跌趋势时，入场交易获利的可能性则会很低。

如图 8-1 所示，从 2014 年 10 月开始，上证指数从 2200 点附近启动上涨行情，一路上涨至 5100 点位置。在此期间，投资者如果选择买入个股并持股不动，那么盈利的可能性非常之高。如果能够在 3000 点以下买入股票，翻番的概率同样非常高。

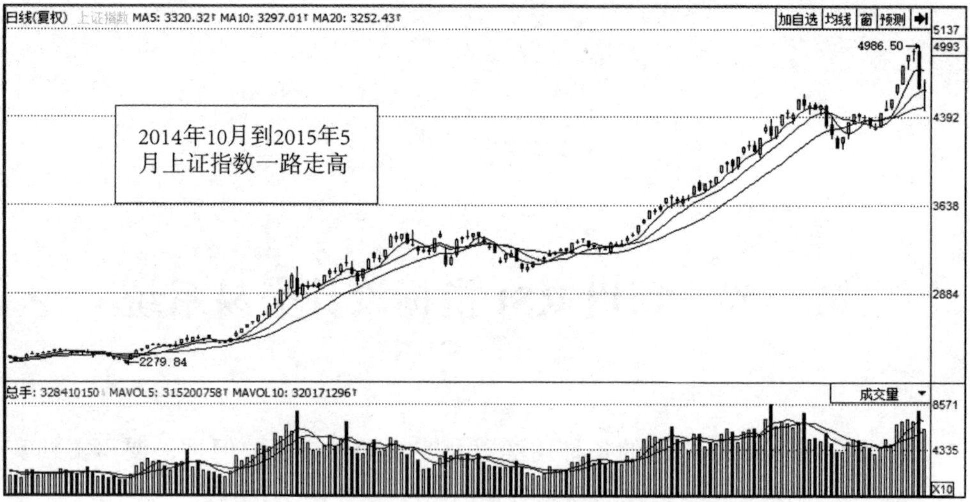

图 8-1 上证指数（000001）日 K 线走势图

（2）交易模式。

交易模式是指投资者根据对市场大势的判断和个人偏好设置的交易路径。交易模式既包括按周期划分的长线持股、波段交易、短线投机，也包括抢反弹、左侧交易与右侧交易等。

（3）股票投资标的。

股票投资标的，是指投资者根据对市场大势的判断、选择的交易模式，以及结合个人偏好确定的备选投资股票。通常情况下，交易模式不同，所选的投资标的也会有所区别。例如，长线持股的交易模式适合选择绩优股，抢反弹时则适合选择短期热门的小盘股等。

2. 交易执行控制

交易执行控制是整个交易系统的核心，是指投资者对整个交易过程进行的详细规划。交易执行控制包括如下细节。

（1）入场方法及条件。

入场点的选择，对于交易成败和投资者心理都有重要的影响。通常情况下，投资者可通过大盘环境和个股走势等双重方法设置入场条件。如当大盘向好时，股价向上突破 10 日均线，RSI 指标低位金叉或自 20 线以下区域拐头向上等。

初次买入股票时，要尽量控制好仓位，不宜全仓进入，以免判断失误，给自己的本金带来风险。

（2）加仓方法及条件。

买入股票后，当股票突破某一重要阻力位或回调遇某支撑位支撑再度上升时，可考虑适当加仓。加仓无需一次到位，可分批次进行。原则上，前期加仓量可以大一些，股价上涨到高位时加仓宜谨慎。

（3）减仓方法及条件。

买入股票后，当股票运行趋势与预期不一致，即遇到某一重要阻力位或出现回调时，可考虑适当减仓。与加仓相似，减仓也可分批次进行。

（4）止损设定。

由于短线操作讲究快进快出，所以很多时候设定的卖出条件就可以作为止损条件，但有时也会不一致，这时就需要另设止损位了。如买入条件为RSI指标低位金叉，卖出条件为RSI指标高位死叉，这时就需要设定止损位为RSI指标重新跌破50线或20线。

（5）止盈设定。

为了确保短线盈利能够及时兑现，在短线操作前，必须确定明确的盈利目标。目标一旦达成，就可以全部或部分撤离目标股了。一般情况下，止盈条件设定为有明显的卖出信号出现时，也可以设定为具体的盈利目标值，如10%、20%等。

3. 资金仓位控制

资金仓位控制主要包括对整体仓位和个股所占仓位控制、预留资金控制等。

（1）整体仓位控制。

投资者可将总仓位水平线划分为空仓、30%线、50%线、70%线、满仓5个水平。不过，鉴于股市中没有绝对安全的时间，因而满仓是应该尽量避免的。通常情况下，当股市处于上升趋势时，可适当提升仓位水平。反之，当股市处于下跌趋势时，应降低仓位水平，直至空仓。

（2）单只股票仓位占比。

通常情况下，单只股票的仓位占比不应超过 30%。当然，如果资金量过小，还是可以突破这一限制的。控制单只股票的仓位占比，本意是要分散风险，如果资金量太小，就失去分散风险的意义了。

（3）预留资金比例控制。

预留资金的比例，因投资者个人投资偏好和风险承受能力的不同而异，一般应不少于 20%。牛市时，可以直接设定在 20% 的水平，熊市时，则要提高预留资金的比例。即使是一次非常强劲的反弹，也要保证预留资金不低于 30%，而且投入预留资金时，还要做好资金回收计划。

二、建立基于 RSI 指标的交易系统案例

基于 RSI 指标的交易系统包括如下几项。

1. 入场条件

基于 RSI 指标的入场交易条件包括如下几点。

（1）大盘环境。

大盘处于以下几种环境之一时可入场交易。

第一，大盘处于多方主导的趋势中，即对应的 24 日 RSI 指标运行于 50 线上方区域，这说明多方占据优势地位。

第二，大盘对应的 24 日 RSI 指标虽暂时运行于 50 线下方，但 24 日 RSI 指标整体呈上升趋势或横向运行态势。

（2）个股情况。

拟买入股票同时满足以下条件可入场交易。

第一，个股股价 K 线位于 30 日均线上方，且均线向右上方倾斜，这说明股价处于上涨态势中。短线或超短线投资者可将 30 日均线换为 10 日均线或 20 日均线。

第二，6 日 RSI 指标运行至 20 线下方区域后拐头向上，RSI 指标也可能

在底部区域形成某些经典的底部形态后突破 20 线区域。

第三，RSI 指标发出明确的买入信号，如底部金叉或其他买入形态。投资者可参考前面介绍的 RSI 实战操作技术。

2. 仓位及加仓、减仓控制

基于 RSI 指标的买入及加仓的方法包括以下几种。

第一，初次买入。RSI 指标形成低位金叉时，可考虑初次买入。初次买入的仓位与股价面临的风险成反比关系，即风险越大仓位越低；反之，则可加大仓位。原则上，初次买入的仓位占计划买入总仓位的比重不能超过 50%。

第二，加仓控制。股价处于上涨过程中，若股价继续上升，且 RSI 指标向上突破 50 线，可加仓买入；若 6 日 RSI 指标随股价回调，6 日 RSI 指标遇 24 日 RSI 指标支撑后再度上涨，也可考虑加仓买入。加仓量原则上不能超过计划买入总仓位的 30%。

第三，减仓控制。卖出或止损位未到，但股价已经出现下跌，6 日 RSI 自 80 线上方区域跌破 80 线，或 6 日 RSI 指标与 24 日 RSI 指标形成死叉，可考虑减仓操作。减仓比重要结合当时面临的风险而定。

3. 止损位设置

基于 RSI 指标设置的止损位包括以下几项。

第一，RSI 指标高位死叉。

第二，RSI 指标跌破 50 线。

4. 止盈位设置

基于 RSI 指标设置的止盈位包括以下几项。

第一，RSI 指标高位死叉。

第二，股价暴涨，6 日 RSI 指标到达 100 附近后拐头向下。

下面以鄂尔多斯为例，详细介绍一下基于 RSI 指标的交易系统。

先来看一下上证指数 2017 年中的走势情况。

如图 8-2 所示，上证指数在 2017 年 5 月 11 日触底后启动了反弹走势。与此同时，RSI 指标也在到达 20 线下方区域后拐头向上，此后一路震荡上行。

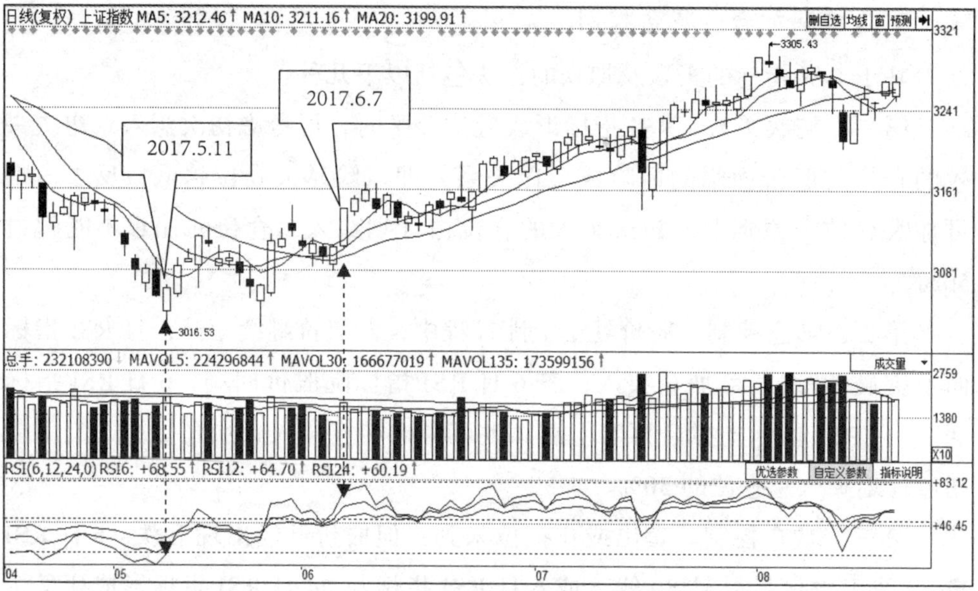

图 8–2　上证指数（000001）RSI 指标走势图

2017 年 6 月 7 日，上证指数的 K 线向上穿越多条均线，且均线系统已经转化为多头发散排列，这说明整体市场已经进入多头主导的行情。与此同时，RSI 指标中的 24 日 RSI 指标线向上突破了 50 线，这说明大盘中长期向好，中短线投资者可考虑入场交易。

下面来看一下鄂尔多斯的走势。

如图 8-3 所示，鄂尔多斯的股价在 2017 年 6 月初与大盘的走势一致，有一路盘整上行的迹象。2017 年 5 月 25 日出现低位金叉形态，此时大盘已经处于平稳运行态势之中，因此这属于典型的买入信号。投资者若想入场交易该股票，可制定如下交易计划。

（1）买入条件。

第一，股价 K 线自下而上突破 5 日均线或 10 日均线。

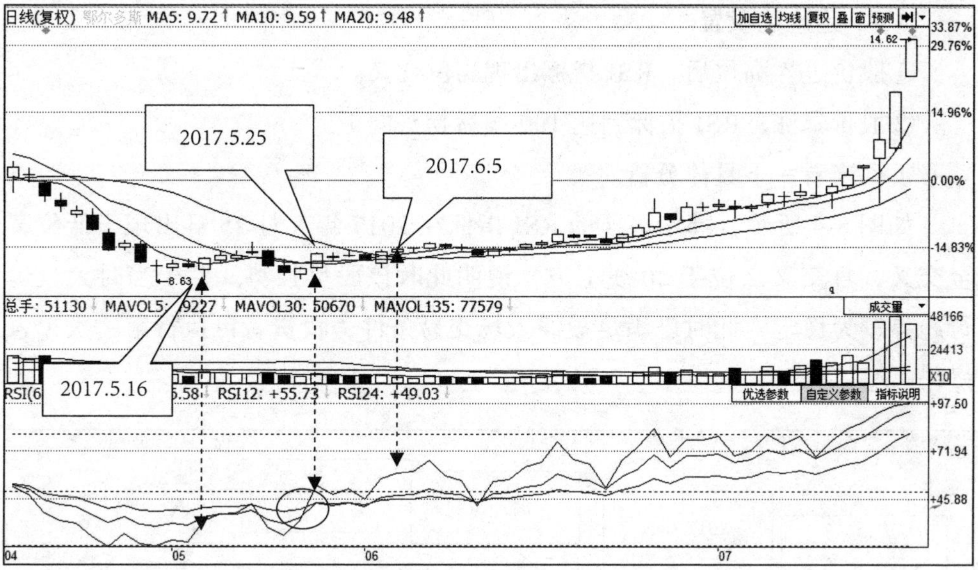

图 8-3　鄂尔多斯（600295）RSI 指标走势图

第二，6 日 RSI 指标自底部反弹向上，与 12 日 RSI 指标和 24 日 RSI 指标形成黄金交叉形态。

（2）仓位设置。

第一，总体仓位设置。鉴于当时大盘走势较稳，且有启动震荡上行迹象，投资者可将总仓位的 30% 用于购入鄂尔多斯。

第二，当时大盘向好，不过个股走势仍具有不确定性，拟定初次入场比例为拟投入该股总资金量的 40%。

（3）加仓点设置。

RSI 指标向上突破 50 线。

（4）减仓点设置。

① RSI 指标自 80 线上方区域拐头向下。

② RSI 指标出现高位死叉。

（5）止损位设置。

RSI 指标向下跌破 50 线。

（6）止盈位设置。

①股价进入高位后，RSI 指标出现高位死叉。

②股价暴涨，RSI 指标到达 100 线后拐头向下。

下面来看一下具体分析。

如图 8-4 所示，鄂尔多斯的 RSI 指标在 2017 年 5 月 25 日出现了低位黄金交叉，且交叉点位于 20 线上方，说明此时该股呈强势。鉴于当时大盘运行趋势较为稳定，此时已满足短线入场交易条件，投资者可执行第一次买入操作。

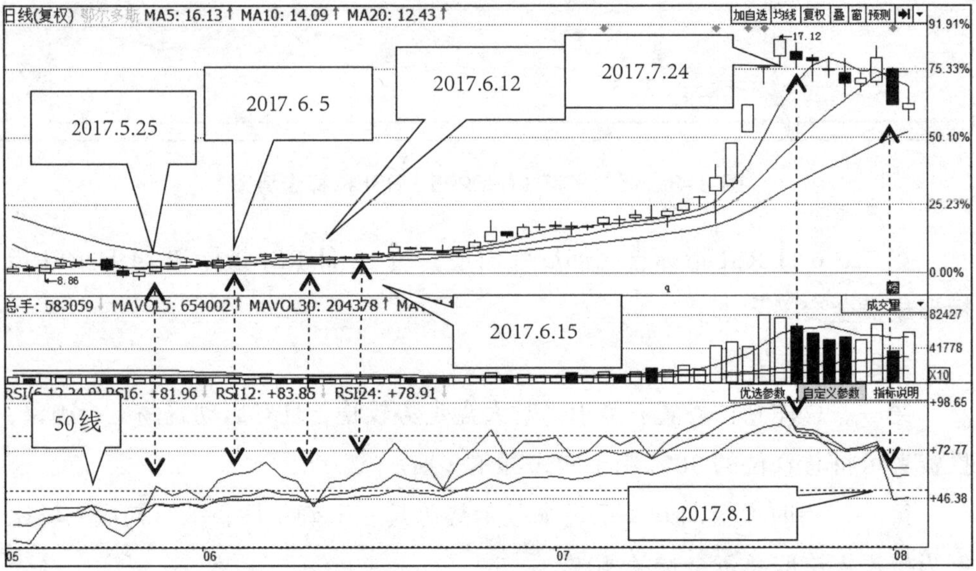

图 8-4　鄂尔多斯（600295）RSI 指标走势图

2017 年 6 月 5 日，该股股价向上突破 10 日均线和 20 日均线，且 RSI 指标中的 6 日 RSI 指标线向上突破 50 线，投资者可执行第一次加仓操作。

2017 年 6 月 12 日，处于上涨行情的鄂尔多斯出现回调，股价跌破了 5 日均线与 10 日均线，RSI 指标中的 6 日 RSI 指标线向下跌破了 50 线，大有形成死叉的态势，投资者可考虑少量减仓。6 月 15 日，股价向上穿越 5 日均线和 10 日均线，6 日 RSI 指标线重新向上升破了 50 线，激进的投资者可将减仓的筹码买回。

此后该股股价一路上涨，RSI 指标的各条指标线先后进入 80 线上方区域，这说明股价上涨力度有可能会出现问题，投资者宜密切关注该股的走势。7 月 24 日，鄂尔多斯的 6 日 RSI 指标自高位拐头向下，此时属于比较可靠的减仓点。投资者观察此时的 K 线图可知，该股出现了高位滞涨，投资者可采取减半仓的操作。

8 月 1 日，鄂尔多斯的 RSI 指标线向下跌破 50 线，这说明该股股价走势短期将趋于弱势，投资者可考虑清仓卖出。

第二节　以 6 日 RSI 为核心构建短线交易系统

6 日 RSI 指标相对于 12 日 RSI 指标和 24 日 RSI 指标波动比较敏捷，可以作为短线或超短线交易的重要参考指标。

一、利用 6 日 RSI 指标短线追高

短线追涨往往是高收益与高风险并存的，而且从某种程度上来说，风险可能还要大于收益。

利用 6 日 RSI 指标短线追高的操盘系统包括以下几方面。

第一，大盘环境。

大盘可以处于上涨趋势中，也可以处于震荡行情中。短线追高操作不宜在大盘处于下行趋势或短线反弹趋势中进行，以免被套。投资者要确保买入股票时大盘正处于上涨行情，大盘指数 K 线位于 5 日均线以上，且 6 日 RSI 指标位于 50 线上方区域。

第二，选择操作的目标股。

当日涨幅超过 3% 的股票，且当时股票的换手率大于 1%。操盘当日的

市场要处于多头行情之中。

第三，个股行情。

个股短线必须处于强势上涨过程中，且已经突破重要阻力位，个股不能处于下跌行情中。备选股票应该在前一交易日已经出现了大幅上涨，最好是涨停股。

第四，6 日 RSI 指标已经向上突破了 80 线区域，且有继续上攻的迹象，这说明多方占据绝对优势地位。

第五，技术指标保证。

MACD 指标此前已经在 0 轴上方出现黄金交叉，且此时各条指标线均呈向右上方倾斜的态势。

第六，买入点。

当标的股满足以下几项条件时，可执行买入操作：其一，6 日 RSI 指标向上突破 80 线当日，成交量较前一交易日放大 2 倍以上；其二，分时线 RSIFS 指标的各条指标线进入 80 线以上区域，或在高位形成黄金交叉时，可执行买入操作。

第七，卖出点。

股价 K 线跌破 5 日均线，6 日 RSI 指标在 80 线下方出现拐头向下跌破 80 线，则应第一时间卖出，以免被套。

下面来看一下柳钢股份的案例。

假如投资者拟在 2016 年 11 月入场，通过追高交易的方式操作柳钢股份，那么，首先需要对大盘环境有所了解。只有大盘趋势向好，才能入场参与追高交易。图 8-5 为上证指数在 2016 年 11 月的走势情况。

从图 8-5 中可以看出，上证指数自 2016 年 10 月 10 日向上突破多条均线。6 日 RSI 指标突破 50 线后，就一直位于 50 线上方，这说明此时多方呈强势，投资者可在此期间执行中短线交易。

再来看一下柳钢股份的走势，如图 8-6 所示，柳钢股份的股价在 2016 年 11 月 21 日突然启动上涨，且此时 6 日 RSI 指标拐头向上进入了 80 线上

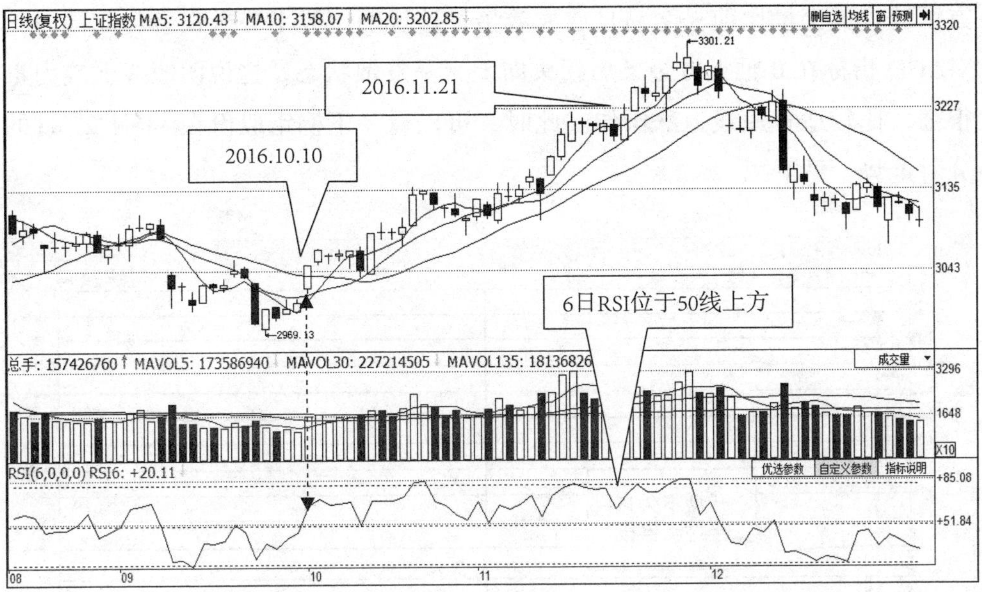

图 8-5　上证指数（000001）日 K 线走势图

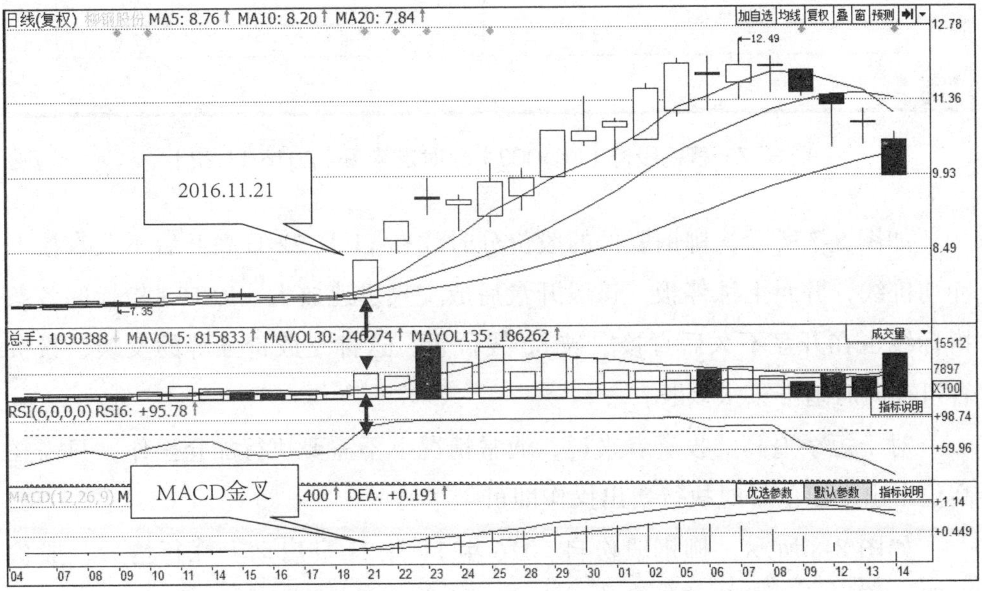

图 8-6　柳钢股份（601003）日 K 线走势图（一）

方区域，成交量比前一交易日放大数倍，这说明该股走势极强。与此同时，MACD 指标在 0 轴上方金叉后拐头向上，呈发散状态，这说明短线上攻力量很强，比较适宜短线追涨操作。此时，可以看一下柳钢股份在 11 月 22 日的分时走势，见下图。

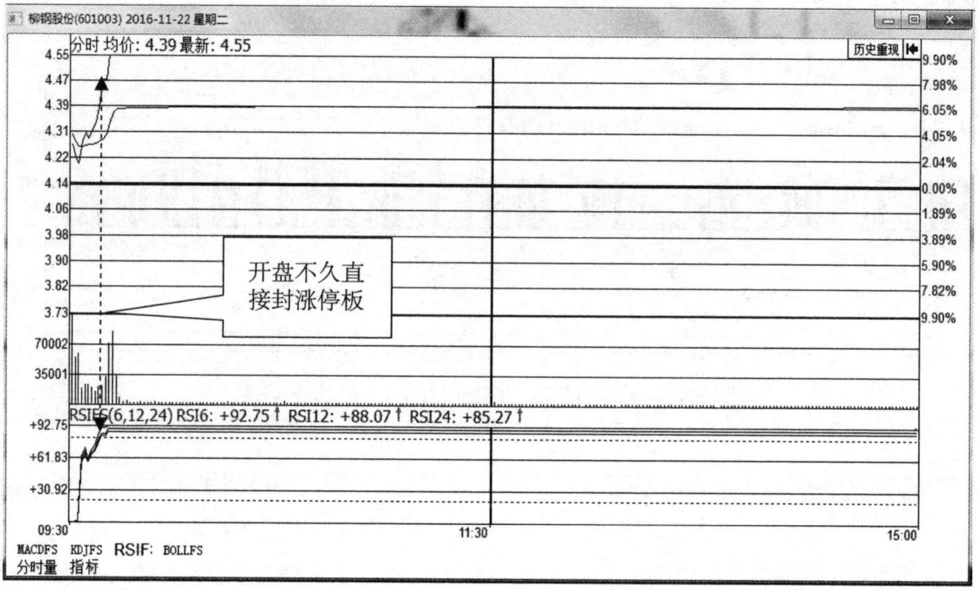

图 8-7 柳钢股份（601003）分时走势图（2016.11.22）

如图 8-7 所示，柳钢股份的股价分时线在 11 月 22 日高开后不久直接上冲均价线，并封上涨停板。该股开盘后成交量迅速放大，RSIFS 指标的各条指标线也在开盘不久后直接突破 80 线位置，这都是股价强势的反映，投资者可在此时追涨买入该股。

对于短线追高的投资者来说，通常情况下不需要执行加仓操作，只需在高位发出卖出信号时执行卖出操作即可。

如图 8-8 所示，柳钢股份自 2016 年 11 月 21 日启动上涨行情后，股价一路上行，并一直位于 5 日均线上方，由此可见该股走势之强。2016 年 12 月 9 日，该股出现疲态，股价大幅下跌且跌破了 5 日均线。与此同时，该股的 6 日 RSI 指标向下跌破了 80 线，这说明该股短期可能会出现方向调整，投资者宜卖出该股。

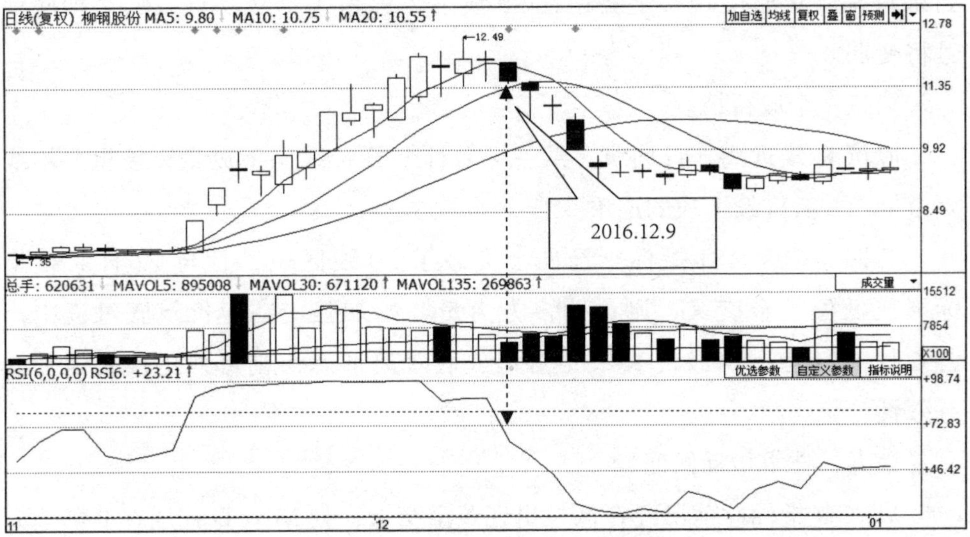

图 8-8 柳钢股份（601003）日 K 线走势图（二）

二、利用 6 日 RSI 指标短线抄底

当一只股票连续下跌多日，同时 6 日 RSI 指标在 20 线下方停留多日，则意味着该股即将启动反弹走势，投资者可考虑入场抄底。

利用 6 日 RSI 指标短线抄底的操盘系统包括以下几方面。

第一，大盘环境。

大盘可以处于下跌趋势的尾声或上涨趋势的回调整理行情中。短线抄底操作不适宜在大盘处于下行趋势启动初期或短线反弹趋势中进行，以免被套。买入股票前，投资者要确保大盘已经下跌一段时间，且已经显露出无力继续大幅下跌的态势。买入股票时，大盘指数 K 线位于 5 日均线上方，且 6 日 RSI 指标位于 50 线上方区域。

第二，选择操作目标股。

该只股票已经连续下跌多日，且经过幅度较大的杀跌，市场上恐慌氛围弥漫。6 日 RSI 指标在跌破 20 线后继续探底，并在 20 线下方横盘多日。

投资者要注意，6 日 RSI 指标在 20 线以下停留的时间越长越好。若 6 日 RSI 指标能够在 10 线以下区域横盘，将会增加抄底交易的有效性。如果只是“V 形反转”走势，在 20 线下方停留 1 个交易日，那么抄底信号将变弱。

第三，个股行情。

股价 K 线远离 5 日均线，某一交易日个股 K 线向上放量突破重要均线阻力位，并有继续上攻的迹象。

第四，6 日 RSI 指标已经向上突破了 20 线区域，且与 12 日 RSI 指标形成低位黄金交叉，则说明多方力量开始加强。在股价筑底过程中，若 6 日 RSI 指标与股价 K 线走势形成底背离形态，则可强化抄底信号的有效性。

第五，技术指标保证。

MACD 指标此前已经在低位出现黄金交叉，且 MACD 柱线在 0 轴下方由长变短，或在 0 轴上方由短变长，表明下跌动能已经得到完全释放。

第六，买入点。

股价 K 线放量向上突破 5 日均线，且 6 日 RSI 指标自 20 线下方拐头向上突破 20 线，并与 12 日 RSI 指标形成低位金叉，MACD 指标的柱线在 0 轴下方由长变短，或在 0 轴上方由短变长，可考虑第一次建仓该股。

第七，加仓点。

股价突破重要均线，如 10 日均线或 20 日均线，6 日 RSI 指标向上突破 50 线，或 MACD 指标在 0 轴上方附近形成金叉，可考虑加仓买入该股。

第八，止损点。

买入股票后，该股不涨反跌，且 6 日 RSI 指标重新跌破 20 线，则执行止损操作。

第九，卖出或清仓。

买入股票后，股价上行，6 日 RSI 指标进入 80 线上方区域后，可在 6 日 RSI 指标自 80 线上方拐头向下跌破 80 线时，执行卖出操作。

下面来看一下西部资源的案例。

假如投资者拟在 2017 年 5 月到 6 月期间入场，通过抄底交易的方式操作西部资源，那么，首先需要对大盘环境有所了解。只有大盘自底部反弹，才能入场参与抄底交易。图 8-9 为上证指数在 2017 年 5 月的走势情况。

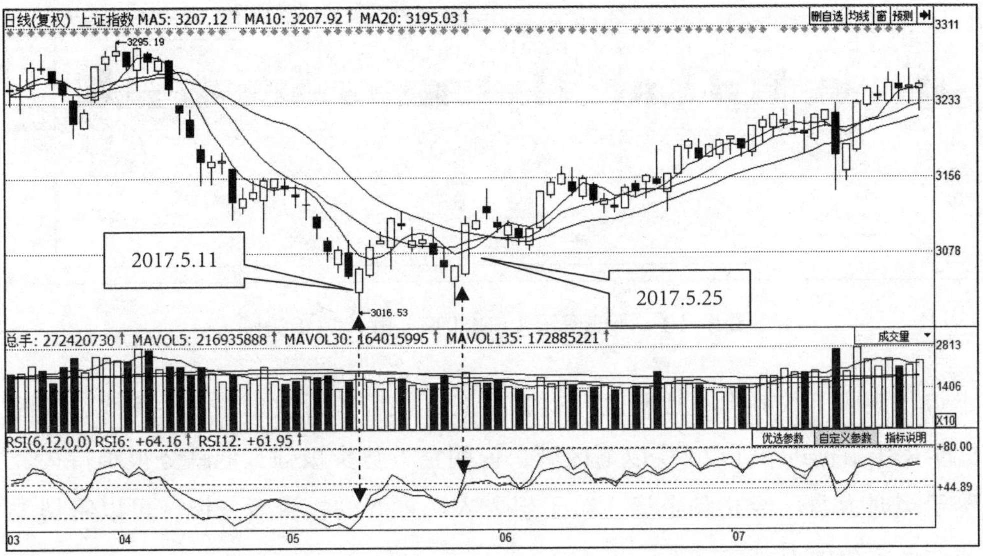

图 8–9　上证指数（000001）日 K 线走势图

从图 8-9 中可以看出，上证指数自 2017 年 4 月启动了一波下跌走势，指数 K 线连续拉出大阴线和中阴线，且 K 线距离 5 日均线越来越远。6 日 RSI 指标在 4 月底到 5 月初进入 20 线下方区域，说明空方力量即将用尽，未来多方有反攻的可能。

2017 年 5 月 11 日，上证指数自底部反弹向上，6 日 RSI 指标也同步自 20 线下方拐头向上，与 12 日 RSI 指标形成低位金叉，此时比较适合投资者进行抄底操作。

下面再来看一下西部资源的走势情况。

如图 8-10 所示，西部资源的股价自 2017 年 4 月底启动了一波快速下跌

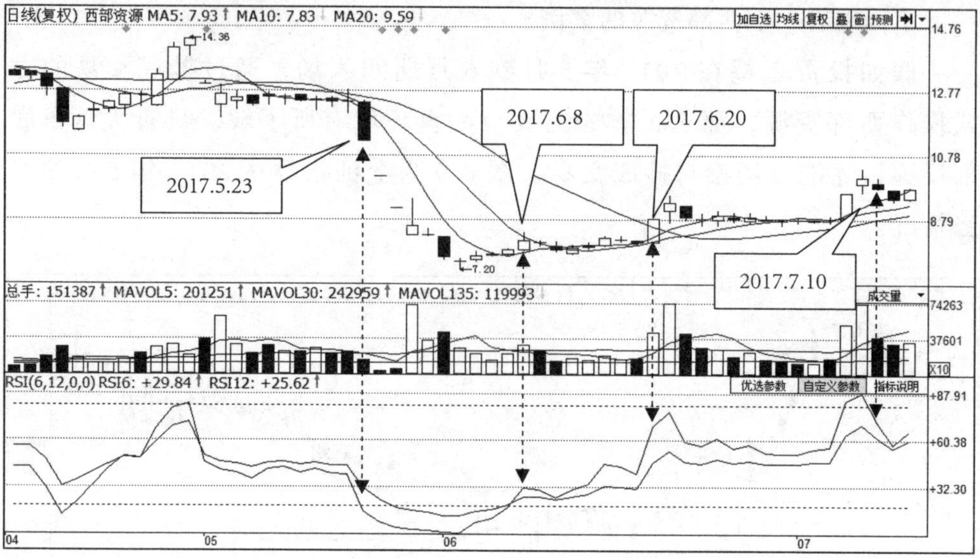

图 8-10　西部资源（600139）日 K 线走势图

走势。该股下跌势头非常迅猛，5 月 23 日，该股股价收出 1 根大阴线，此时 6 日 RSI 指标进入了 20 线以下区域，说明空方势头极强，但跌势很难持久。鉴于当时大盘已经止跌企稳，对于想要入场抄底的投资者来说，可以密切关注西部资源的走势。

6 月 8 日，上证指数已经处于震荡上行的途中，此时比较适宜入场操作个股。西部资源的股价小幅上攻，且 6 日 RSI 指标向上突破 20 线，并与 12 日 RSI 指标形成低位黄金交叉，投资者可在此时入场建仓该股。

其后，该股震荡上升，RSI 指标随之一路上扬。6 月 20 日，6 日 RSI 指标向上突破 50 线，投资者可考虑加仓该股。

2017 年 7 月 10 日，西部资源的 6 日 RSI 指标自 80 线上方拐头向上，并跌破 80 线，投资者可在此时执行卖出操作。激进型投资者可考虑卖出一半，待 6 日 RSI 指标跌破 50 线时，再执行清仓操作。

第三节　RSI 指标与左侧交易、右侧交易

左侧交易与右侧交易，是股市中常见的两种交易模式。左侧交易是指在一个操作周期内，在股价下跌至波谷前买入股票，并在股价上涨至高峰前卖出的一种交易模式。右侧交易是指在一个操作周期内，在股价走出波谷后买入股票，并在股价顶部形成后卖出股票的一种交易模式，如图 8-11 所示。

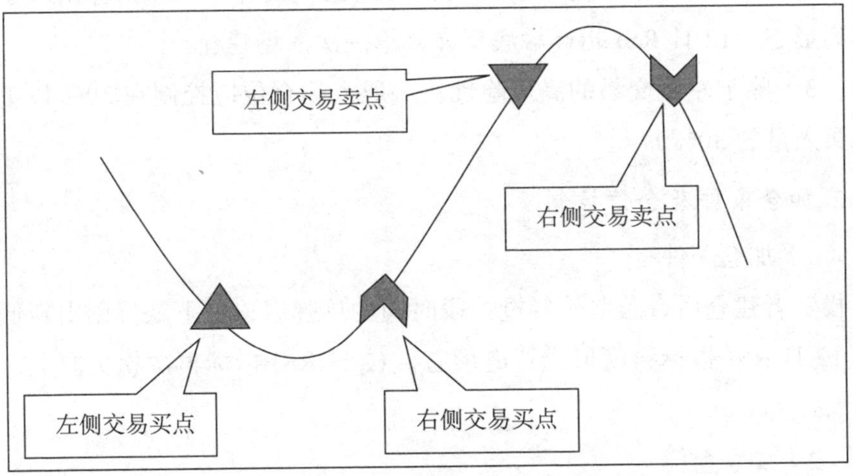

图 8-11　左侧交易与右侧交易

左侧交易模式强调对股价预判的及时性，即尽量做到在最低点前买入，在最高点前卖出。右侧交易模式则强调对股价真实运行趋势的确认，即当股价趋势走出低谷时买入，在股价顶部已经形成时卖出。

从本质上来说，两种交易模式并没有高低上下之分，投资者可以根据个人的投资偏好、性格作出适宜的选择。

基于 RSI 指标的左侧交易与右侧交易，更多地是借助 RSI 指标与股价 K

线背离的典型特征设计的。

一、以 RSI 指标为核心设计的左侧交易系统

基于 RSI 指标的左侧交易系统，是指以 RSI 指标为基础设计的交易系统。这里是以 12 日 RSI 指标为基础设置买入、卖出触发点位设计的一套交易系统，供读者参考。

该系统主要由以下几部分构成。

1. 买入条件及仓位控制

（1）大盘处于连续下跌多日的态势或触底反弹走势当中。左侧交易要求大盘已经有了明显的筑底或下跌尾声迹象。

（2）股价处于下跌途中且出现企稳迹象。股价与 RSI 指标出现了明显的背离形态，12 日 RSI 指标触底反弹，第一次入场建仓。

（3）鉴于左侧交易的高风险性，一般入场仓位应控制在 30% 以下（计划总买入量的 30%）。

2. 加仓条件及仓位控制

（1）加仓条件。

投资者建仓后，若股价经过一段时间的反弹后再度下跌且创出新低，股价与 12 日 RSI 指标再度形成背离形态，12 日 RSI 指标再次拐头向上，则可考虑加仓买入。

（2）加仓仓位。

第一次加仓仓位控制在 30% 以下（计划投入资金量的 30%）。

第二次加仓仓位控制在 30% 以下（计划投入资金量的 30%）。

剩余资金留作备用，除遇特别好的机会，否则不再加仓。

3. 卖出条件

（1）12 日 RSI 指标进入 80 线上方区域后出现拐头向下迹象，可考虑卖出股票。

（2）12 日 RSI 指标跌破 80 线，清空股票。

4. 止损条件

从理论上来说，基于 RSI 指标的左侧交易是不应该设定止损点的，因为股价反弹后再度下跌至下轨线位置时，投资者仍然可以考虑加仓买入。事实上每个投资者都有自己的心理防线，也就是说股价下跌超过一定幅度，可能都会难以接受，因而投资者最好能够将买入点向下一定的幅度设为止损位，例如 10% 或 20%。即投资者买入股票后，若股价下跌 10% 或 20%，则暂时离场。

下面来看一下华资实业的案例。

假如投资者拟在 2017 年 5 月入场，通过左侧交易的方式操作华资实业，那么，首先需要对大盘环境有所了解。只有大盘处于下跌行情的尾声，才能入场参与交易。图 8-12 为上证指数 2017 年 5 月前后的走势情况。

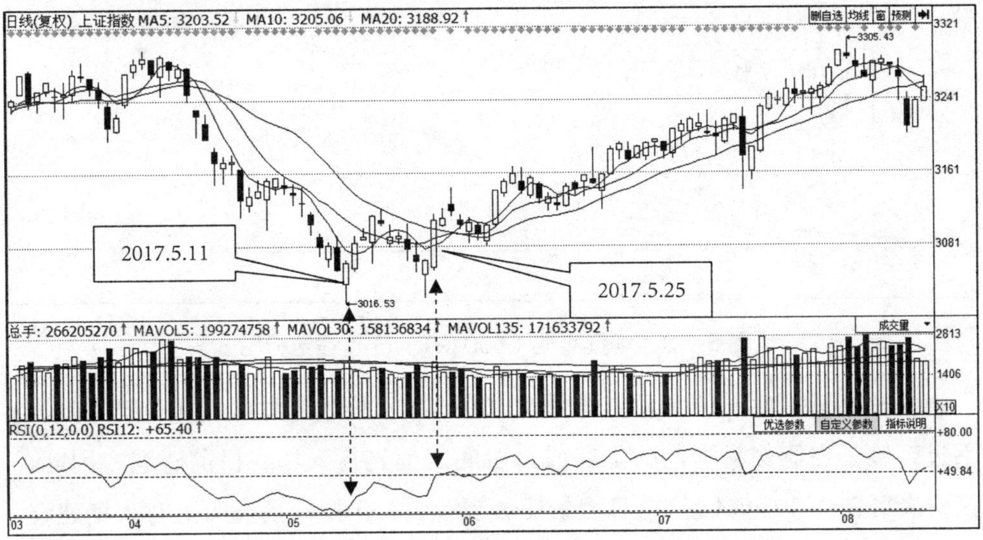

图 8-12　上证指数（000001）日 K 线走势图

从图 8-12 中可以看出，上证指数自 2017 年 4 月启动了一波下跌走势，12 日 RSI 指标在 4 月底 5 月初进入 20 线下方区域，这说明空方力量即将用尽，未来多方有反攻的可能。

2017 年 5 月 11 日，上证指数自底部反弹向上，12 日 RSI 指标也同步拐头向上，此时比较适合投资者进行中短线操作。

再来看一下华资实业的走势情况，如图 8-13 所示，华资实业的股价在 2016 年底启动下跌走势之后，一路震荡下行，到 2017 年 4 月下旬出现了筑底迹象。在 2017 年 4 月期间，股价 K 线与 RSI 指标出现了底背离形态，这说明股价下跌趋势即将结束。

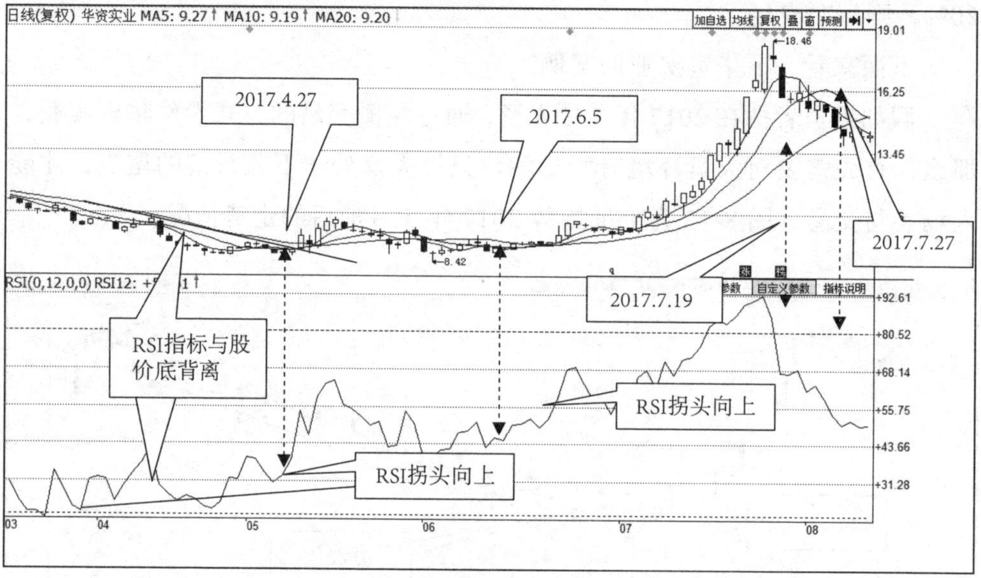

图 8-13 华资实业（600191）日 K 线走势图

投资者观察此时的大盘走势可知，2017 年 4 月下旬大盘也到了筑底阶段。不过，鉴于左侧交易强调的是在股价触底之前先行入场，提前建仓，因此，投资者可在 2017 年 4 月 27 日股价小幅反弹，RSI 指标拐头向上时入场建仓。

其后，该股经过几个交易日的震荡后再次下跌，且在 6 月 2 日创下了又一个新低。不过，RSI 指标形成的低点远远高于之前形成的低点，这说明 RSI 指标与股价再度出现底背离。6 月 5 日，该股股价出现小幅上涨，12 日 RSI 指标再度拐头向上，投资者可执行加仓操作。

2017 年 7 月 19 日，该股收出十字阴线，且 RSI 指标在 80 线上方出现拐头向下迹象，投资者可在当日卖出部分股票。7 月 27 日，该股收出 1 根大阴线，且 RSI 指标跌破 80 线，投资者可清仓离场。

通过对图 8-13 的案例分析可以看出，基于左侧交易系统的交易活动往往存在这样的问题：第一，买入过早，有可能被套在半山腰位置；第二，卖出过早，错过了股价后期大幅上涨的机会。正因为如此，投资者需要根据个人的偏好和经验适度修正、完善这一交易系统，使买点与卖点的把握更加准确。通常情况下，投资者可采取的修正措施包括以下几点。

第一，引入均线系统和量价关系分析系统，使买入和卖出时间后移，以提升准确性。

第二，引入其他技术指标进行分析，使买入信号更加准确。

一般而言，左侧交易系统需要投资者具备更加专业的知识，更丰富的经验，因此，笔者不建议新进入股市者参与左侧交易。

二、以 RSI 指标为核心设计的右侧交易系统

基于 RSI 指标的右侧交易系统，主要由以下几部分构成。

1. 买入条件及仓位控制

（1）大盘处于上升态势或触底反弹态势中。右侧交易对大盘走势的要求很高，只有大盘趋势向好，才是进行右侧交易的良机。

（2）股价处于上涨途中。股价自底部反弹向上，且股价反弹前与 RSI 指标形成了底背离形态。12 日 RSI 指标自底部区域向上突破 24 日 RSI 指标，是执行买入操作的最佳时机。

（3）右侧交易入场仓位可以根据市场情况适当调整，一般应控制在 40% 以下（计划投入资金量的 40%）。

2. 加仓条件及仓位控制

（1）加仓条件。

投资者建仓后，若股价上涨一段时间后，24 日 RSI 指标向上突破 50 线，则是较好的加仓点。

（2）加仓仓位。

第一次加仓仓位控制在 40% 以下（计划投入资金量的 40%）。

第二次加仓仓位控制在 20% 以下（计划投入资金量的 20%）。

3. 卖出条件

（1）12 日 RSI 指标自 80 线以下区域拐头向下，与 24 日 RSI 指标形成高位死叉，则执行卖出操作。

（2）24 日 RSI 指标跌破 50 线，则清空股票。

4. 止损条件

投资者第一次买入股票建仓后，若 24 日 RSI 指标并未上升，而是向下跌破了 20 线，则执行止损操作。

下面来看一下阳泉煤业的案例。

假如投资者拟在 2017 年 5 月入场，通过右侧交易的方式操作阳泉煤业，那么，首先需要对大盘环境有所了解。只有大盘趋势向好，才能入场参与交易。图 8-14 为上证指数在 2017 年 5 月的走势情况。

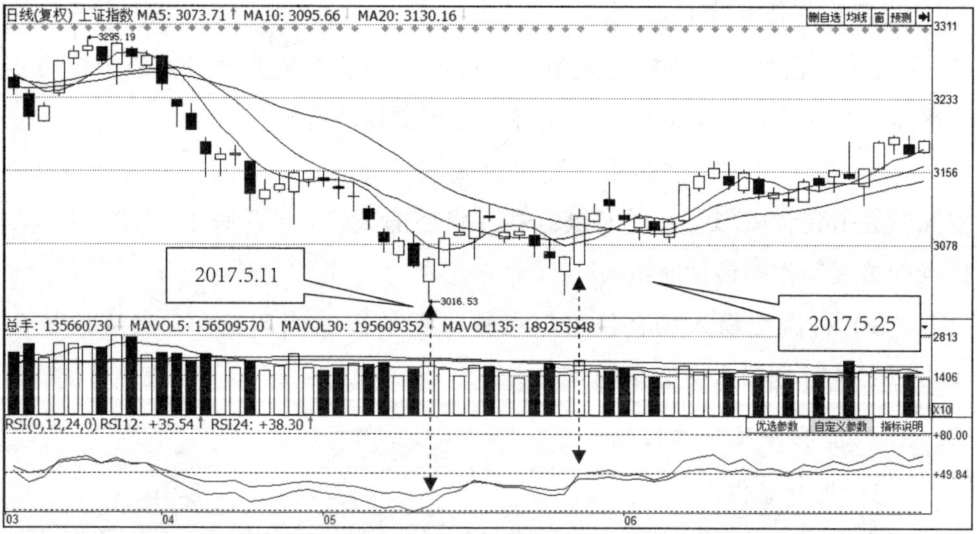

图 8-14　上证指数（000001）日 K 线走势图

从图 8-14 中可以看出，上证指数自 2017 年 4 月启动了一波下跌走势，12 日 RSI 指标在 4 月底 5 月初进入 20 线下方区域，这说明空方力量即将用尽，未来多方有反攻的可能。

2017 年 5 月 11 日，上证指数自底部反弹向上，12 日 RSI 指标也同步拐头向上。5 月 25 日，12 日 RSI 指标向上突破 24 日 RSI 指标，此时比较适合投资者进行中短线操作。

下面再来看阳泉煤业的走势情况，如图 8-15 所示，阳泉煤业的股价在 2017 年 4 月到 5 月期间随大盘的筑底而出现筑底行情，股价 K 线与 RSI 指标形成了底背离形态，这预示着股价在未来可能会出现反弹行情，投资者宜做好入场准备。

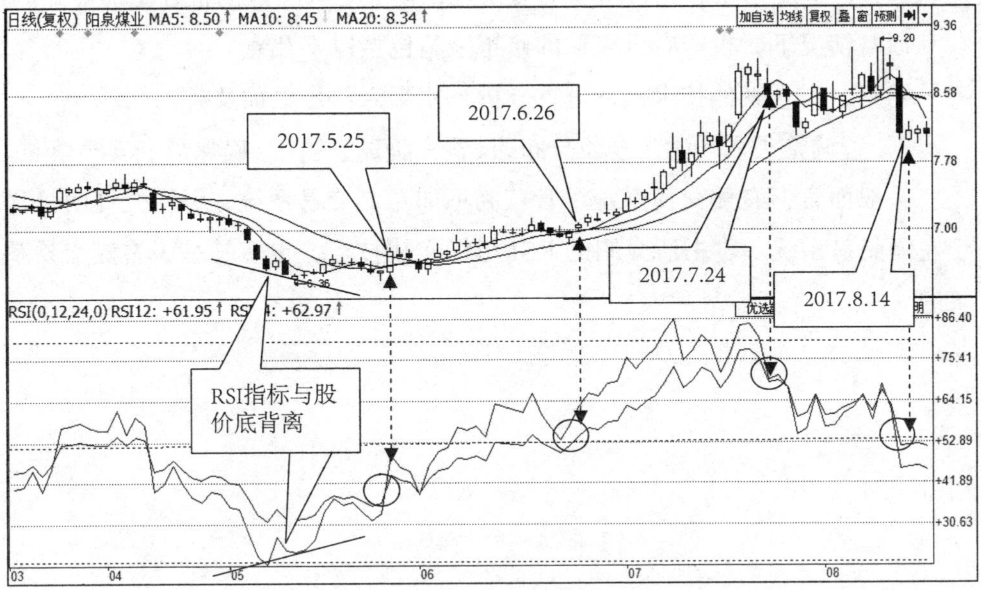

图 8–15　阳泉煤业（600348）日 K 线走势图

2017 年 5 月 25 日，阳泉煤业的股价出现反弹迹象，12 日 RSI 指标向上突破了 24 日 RSI 指标，形成了低位金叉形态。投资者观察此时的大盘走势可知，此时大盘已经自底部启动了反弹，投资者可在此时入场建仓该股。

其后，该股出现了震荡上升走势，24 日 RSI 指标在 6 月 26 日向上突破了 50 线，投资者可在此时加仓该股。

2017 年 7 月 24 日，阳泉煤业的股价自高位回落，12 日 RSI 指标自 80 线上方拐头向下，与 24 日 RSI 指标形成高位死叉形态，投资者可在此时卖出部分该股。

8 月 14 日，阳泉煤业的 12 日 RSI 指标和 24 日 RSI 指标跌破了 50 线，投资者可执行清仓操作。

通过对图 8-15 案例的分析可以看出，基于右侧交易系统的交易活动往往存在这样的问题：第一，买入过晚，买入时股价上升幅度较大；第二，卖出过晚，错过了股价最佳卖出机会。正因为如此，投资者可以根据个人的偏好和经验，适度修正、完善这一交易系统，使买点与卖点的把握更加准确。

通常情况下，投资者可采取的修正措施包括以下几点。

第一，引入其他技术指标进行分析，使买入信号更加及时。

第二，调整买入与卖出仓位分布，设置完善的止盈位，确保盈利安全落袋。

一般而言，右侧交易系统尽管获利不如左侧交易系统，但安全性明显优于左侧交易系统。本书所介绍的 RSI 指标实战技巧，也多是基于右侧交易系统的。